农银浦江商业银行业务新编系列教材

商业银行信贷管理

施继元 施惠琳 ◎ 主 编
刘 松 潘 慧 ◎ 副主编
黄 燕 吴 良

上海财经大学出版社

图书在版编目(CIP)数据

商业银行信贷管理/施继元,施惠琳主编. —上海:上海财经大学出版社,2017.11
(农银浦江商业银行业务新编系列教材)
ISBN 978-7-5642-2745-6/F・2745

Ⅰ.①商… Ⅱ.①施…②施… Ⅲ.①商业银行-信贷管理-高等学校-教材 Ⅳ.①F830.5

中国版本图书馆 CIP 数据核字(2017)第 117307 号

□ 责任编辑 袁 敏
□ 封面设计 杨雪婷

SHANGYE YINHANG XINDAI GUANLI
商 业 银 行 信 贷 管 理
施继元 施惠琳 主 编
刘 松 潘 慧
黄 燕 吴 良 副主编

上海财经大学出版社出版发行
(上海市中山北一路 369 号 邮编 200083)
网 址:http://www.sufep.com
电子邮箱:webmaster @ sufep.com
全国新华书店经销
上海华教印务有限公司印刷装订
2017 年 11 月第 1 版 2017 年 11 月第 1 次印刷

710mm×1000mm 1/16 17 印张 333 千字
印数:0 001—3 000 定价:48.00 元

农银浦江商业银行业务新编系列教材
编 委 会

主　编　　许文新　庄　湧

编委会　　马　欣　施继元　徐学锋　戴小平
成员　　　洪　玫　姜雅净　褚红素　黄　波
　　　　　　张　云　程丽萍　刘晓明　林　琳
　　　　　　施惠琳　曹晓红　高耘华　张劲驰
　　　　　　施　诚　李晨辉

总　序

努力构建以学生发展为中心的人才培养体系、以社会需求为导向的科研与学科发展体系，积极探索应用型人才培养模式改革，完善应用型人才培养模式，深化政产学研合作是上海立信会计金融学院建设国内外知名的高水平应用型财经大学的战略部署。

为此，上海立信会计金融学院与中国农业银行上海市分行签订战略合作协议，共建浦江学院浦江班，通过政府牵线、市长助推，全面创新合作办学管理机制和运行体系，探索以"订单式"人才培养新模式为特色的教研改革，着力在人才培养方案、双师型教学团队、应用型人才培养的教材体系、人才评价体系、实习实训基地、学生选拔机制和大学生社会实践等方面进行积极探索与实践，以期搭建一座沟通学生与社会之间培养、就业、复合、创新的桥梁。

经过两年多的实践与探索，在教学计划、教学内容、教学过程、教学评价、师资力量及大学生社会实践等方面进行全面深入的合作，取得了较为丰硕的成果，其中代表性的成果是上海立信会计金融学院与中国农业银行上海市分行合作开发的浦江学院特色教材系列。这批教材有以下特点：

● 行业性。教材以金融理论为基础，突出与商业银行的业务模块相结合，与商业银行的业务操作相联系，把培养学生的实践操作能力、应用协调能力全面渗透到知识体系中。

● 协同性。本套教材采取上海立信会计金融学院专任教师与中国农业银行上海市分行的一线业务骨干合作开发的模式，做到理论与实践相协同，两单位人员与资源相协同。

● 创新性。本套教材内容全面融入商业银行业务和操作模块，与当前最新的电子支付、网络银行的变迁紧密结合，这些创新是当前相关教材所不具备的。

以此教材系列的出版为契机,上海立信会计金融学院将进一步强化与中国农业银行上海市分行的战略合作,并以此为依托,把构建产学研战略合作和协同发展新模式,培养金融经济领域具有创新和可持续发展能力的高素质复合型专业人才作为学校发展的神圣使命,为服务上海国际金融中心、科技创新中心和自由贸易区建设贡献绵薄之力。

行校战略合作的方方面面得到了中国农业银行上海市分行领导和上海立信会计金融学院各级领导的大力支持和帮助。行校主要领导高度重视,亲自抓项目的落实及教材建设工作。在此,向他(她)们致以真挚的感谢和崇高的敬意!

许文新
2017年9月

前　言

在上海立信会计金融学院前后两任校领导、中国农业银行上海市分行前后几任主要领导的关心支持下,作为"农银浦江商业银行业务新编系列教材"之一的《商业银行信贷管理》终于"丑媳妇出来见公婆"了。

中国经济的快速增长和金融改革开放的深入为商业银行发展创造了良好的外部环境,股份制改造则为商业银行的健康快速发展创造了良好的内部条件。"三个办法一个指引"的颁布和落实促进了我国商业银行信贷业务流程的进一步完善。近十年来,我国商业银行的信贷管理实践发展迅速、成绩斐然。编写一本反映新监管要求、体现信贷管理创新和新的重点业务领域的《商业银行信贷管理》教材一直是我们在教学和课程建设中的愿望。原上海金融学院与农业银行上海市分行合作建设农银浦江学院,并将教材建设作为合作的重要内容之一,助推了我们愿望的实现。

在本书的编写筹备过程中,我们与多家中外资商业银行的专家进行过深入的交流,听取了民生银行总行的刘义、汇丰银行(中国)的孙海东、成都农商行的陈垦等专家的专业意见。在编写大纲的确定过程中,农业银行上海市分行监察室潘万兴总经理、信贷部施家俊高级专员等深度参与,为本教材编写思路和章节的选择提供了宝贵的意见。信贷部的蔡赟婷不仅充当学校和行内编写人员之间的联络员,也参与了提纲的讨论、文稿的校对等大量的工作。农业银行上海市分行人力资源管理部门的几任负责人及工作人员为教材的顺利编写提供了大量帮助。在此我们深表感谢!

本教材由上海立信会计金融学院施继元教授和农业银行上海市分行信贷部施惠琳总经理担任主编,上海立信会计金融学院的刘松、潘慧、黄燕、吴良老师担任副主编。具体编写任务分工如下:

第一、第二章　施继元、施惠琳
第三、第四章　吴　良
第五、第六章　黄　燕
第七、第九章　潘　慧

第八章　方　磊

第十、第十一章　刘　松

本书体现了"三个办法一个指引"下信贷业务流程的要求,体现了商业银行信贷业务新兴的领域。正如我们用较长的篇幅介绍贷款证券化,就是考虑到商业银行信贷资产规模膨胀情况下实现信贷资产流动成为商业银行信贷管理的重要内容之一。教材编写团队成员的构成以及教材编写体现了理论与实践的良好结合。教材在理论上反映了国内外信贷管理理论的新发展,在实践上体现了国内信贷管理的新拓展。本书可以作为高校金融类学生的教材,也可以作为金融机构信贷管理培训的教材或参考资料。

在教材编写工作中参考了大量的相关资料,在编列参考书目及资料来源时如有疏失,欢迎予以指出,编写组成员将不胜感谢,当然,文责自负。

最后,感谢上海财经大学出版社黄磊总编辑的关心、支持,感谢责任编辑袁敏老师的辛勤劳动和付出!

编　者

2017 年 9 月

目　录

总序/1

前言/1

第一章　信贷管理理论/1
本章要点/1
本章重要概念/1
第一节　信贷管理概述/1
第二节　信贷管理理论/7
　本章小结/12
　复习思考题/12

第二章　信贷管理制度/13
本章要点/13
本章重要概念/13
第一节　信贷政策/13
第二节　信贷管理制度/19
　本章小结/25
　复习思考题/25

第三章　信贷操作管理规程/29
本章要点/29
本章重要概念/29
第一节　信贷管理操作规程及其演化/29
第二节　贷款合同管理/34
第三节　用信管理/40

第四节 贷后管理/44

第五节 信贷合规管理/57

 本章小结/65

 复习思考题/66

第四章 信贷尽职调查/68

 本章要点/68

 本章重要概念/68

 第一节 信贷尽职调查的内容/68

 第二节 信贷尽职调查的方法/72

 第三节 财务报表分析与预测/73

 第四节 信贷业务尽职调查报告撰写/89

  本章小结/95

  复习思考题/95

第五章 信贷担保管理/98

 本章要点/98

 本章重要概念/98

 第一节 保证担保管理/98

 第二节 抵押担保管理/102

 第三节 质押担保管理/107

  本章小结/114

  复习思考题/114

第六章 流动资金贷款管理/115

 本章要点/115

 本章重要概念/115

 第一节 流动资金贷款概述/115

 第二节 流动资金贷款的基本流程/119

 第三节 国内贸易融资业务/126

  本章小结/135

  复习思考题/136

第七章　固定资产贷款管理/138

本章要点/138

本章重要概念/138

第一节　概述/138

第二节　项目评估/142

第三节　房地产开发贷款管理/146

第四节　项目融资管理/149

第五节　银团贷款管理/152

　　本章小结/155

　　复习思考题/155

第八章　消费信贷管理/157

本章要点/157

本章重要概念/157

第一节　消费信贷概述/157

第二节　个人信用分析与评分/162

第三节　个人住房贷款管理/166

第四节　信用卡业务管理/171

第五节　其他消费信贷管理/176

　　本章小结/184

　　复习思考题/185

第九章　小微企业贷款管理/187

本章要点/187

本章重要概念/187

第一节　小微企业贷款概述/187

第二节　小微企业贷款管理/188

　　本章小结/194

　　复习思考题/194

第十章　贷款证券化/196

本章要点/196

本章重要概念/196

第一节　贷款证券化概述/196

第二节　贷款证券化的发展历程和意义/204

第三节　贷款证券化的运作和管理/211
　　本章小结/216
　　复习思考题/217

第十一章　贷款风险管理/221
本章要点/221
本章重要概念/221
第一节　贷款风险概述/221
第二节　贷款风险管理过程/223
第三节　贷款风险管理策略/235
第四节　贷款操作风险管理/238
第五节　不良贷款处置管理/243
　　本章小结/258
　　复习思考题/259

第一章　信贷管理理论

本章要点

- 信贷的内涵
- 信贷管理的内涵
- 三性原则及其平衡
- 资产管理理论的发展
- 信贷管理的微观理论基础

本章重要概念

信贷;授信;信贷管理;信贷规模;真实票据理论;资产转换理论;预期收入理论;信息不对称;三重支付;三重归流

第一节　信贷管理概述

一、信贷的内涵

在一定场合,信贷常常与信用混用。所谓信用,是指以偿还和付息为条件的商品或货币的借贷关系或债权债务关系。信用的范围较广泛,包括银行信用、政府信用、商业信用、个人信用等。

信贷可以有狭义和广义之分。狭义上信贷是银行以偿还和付息等为条件按合同约定贷款给借款人,通常指银行贷款,也包括贴现、透支等业务。狭义的信贷概念相当于银行信用,银行与客户间产生的是债权债务关系。广义信贷则是银行提供的更大范围的信用,目前银行广义信贷的范围包括贷款、债券投资、股权及其他投资、买入返售资产、存放非存款类金融机构款项等资金运用类别,基本上比较全面地囊括了银行体系的各类信用投放渠道。[①]

在信贷管理实践中,商业银行往往将所运用核心技术相似的承兑、信用证、保函、担保等业务也纳入信贷的范畴。如《××银行信贷管理基本制度》第五条规定,信贷业务是××银行对客户提供的各类信用的总称,包括本外币贷款、承兑、贴现、信用证、担保等资产和或有资产业务。这个层面的信贷就是通常所讲的授信的概念。根据《商业银行授信工作尽职指引》,授信包括对客户的表内外授信。表内授信包括贷款、项目融资、贸易融资、贴现、透支、保理、拆借和回购等;表外授信包括贷款承诺、保证、信用证、票据承兑等。本书所采用的信贷的含义就是这种包含表内授信和表外授信的较宽泛的范畴,但不加以特别说明的话,信贷往往与贷款混同。

贷款有很多分类方式:按事先是否确定期限,可以分为活期贷款和定期贷款;按期限长短,可以分为短期(1年及1年以内)贷款、中期(1年以上、5年及5年以内)贷款、长期(5年以上)贷款;按贷款的保障程度,可以分为信用贷款、保证贷款、质押贷款、抵押贷款、票据贴现;按贷款对象,可以分为企业贷款、消费贷款;按偿还方式,可以分为一次性偿还贷款和分期偿还贷款;按贷款对象所属经济部门,可以分为工商企业贷款、房地产贷款、建筑业贷款、农业贷款、交通运输业贷款、科技贷款等。具体某一笔贷款可以从多个角度进行分类。随着贷款市场的不断发展,商业银行也会不断创新贷款品种以满足客户需求。供应链金融、绿色金融等金融创新的主要内容是银行信贷管理理念和模式的创新。

一般而言,信贷是商业银行的主要业务,但是央行对商业银行发放的贷款、政策性银行对客户发放的贷款等也属于信贷的范畴。

专栏 1—1

中国金融机构本外币信贷收支表

我国是以间接融资为主的国家,商业银行贷款是主要的融资方式。我国金融机构在贷款上表现出两个鲜明的特点:一是总量庞大,截至2016年6月底,中国金融机构贷款达到了106万亿多元;二是增长迅速,2016年6月比2015年6月增加了近10万亿元。

从表1—1的信贷收支表可以看到,存款类金融机构的主要资产是贷款,而住户贷款和非金融企业及机关团体贷款占了贷款的绝大部分。从表中还可以发现,2015年房地产新政后的一年间(2015年6月到2016年6月),居民中长期消费贷款增长了近4万亿元,占一年间新增贷款总量的1/3。

[①] 张晓慧. 如何理解宏观审慎评估体系[J]. 中国货币市场,2016(8):10—13.

表1—1　2015年6月、12月及2016年6月中国金融机构本外币信贷收支表

单位：亿元人民币

项　目	2015年6月	2015年12月	2016年6月
来源方项目			
一、各项存款	1 366 282.83	1 409 061.43	1 519 915.58
（一）境内存款	1 343 041.45	1 391 267.29	1 501 186.62
1. 住户存款	537 499.55	551 927.79	588 352.99
（1）活期存款	190 100.12	206 146.28	220 656.75
（2）定期及其他存款	347 399.44	345 781.50	367 696.25
2. 非金融企业存款	422 177.64	454 751.75	491 082.23
（1）活期存款	151 400.29	183 210.90	200 350.40
（2）定期及其他存款	270 777.35	271 540.85	290 731.83
3. 政府存款	242 508.87	242 544.68	272 626.74
（1）财政性存款	40 609.63	34 452.25	43 818.47
（2）机关团体存款	201 899.23	208 092.43	228 808.26
4. 非存款类金融机构存款	140 855.38	142 043.08	149 124.65
（二）境外存款	23 241.39	17 794.14	18 728.97
二、金融债券	22 276.73	23 647.43	37 322.44
三、对国际金融机构负债	805.17	823.16	2 347.17
四、其他	−155 951.03	−90 576.66	−60 306.33
资金来源总计	**1 233 413.71**	**1 342 955.35**	**1 499 278.87**
运用方项目			
一、各项贷款	944 483.46	992 902.46	1 064 246.96
（一）境内贷款	920 773.31	966 121.57	1 035 769.48
1. 住户贷款	248 561.96	267 325.29	296 514.45
（1）短期贷款	86 778.47	88 789.32	92 097.90
消费贷款	36 871.92	40 804.52	43 927.46
经营贷款	49 906.54	47 984.80	48 170.44
（2）中长期贷款	161 783.49	178 536.58	204 416.55

续表

项　目	2015年6月	2015年12月	2016年6月
消费贷款	130 403.16	145 882.12	169 884.65
经营贷款	31 380.33	32 654.46	34 531.90
2. 非金融企业及机关团体贷款	652 082.71	673 518.02	713 643.94
（1）短期贷款	267 662.55	269 086.12	277 457.11
（2）中长期贷款	343 910.01	356 361.58	380 461.23
（3）票据融资	37 900.98	45 838.17	53 290.62
（4）融资租赁	187.88	156.89	136.91
（5）各项垫款	2 421.29	2 075.26	2 298.07
3. 非存款类金融机构贷款	20 128.64	25 277.64	25 611.09
（二）境外贷款	23 710.15	26 780.89	28 477.48
二、债券投资	180 473.91	214 845.88	240 043.10
三、股权及其他投资	106 985.63	133 693.55	191 478.58
四、在国际金融机构资产	1 470.71	1 513.46	3 510.22
资金运用总计	1 233 413.71	1 342 955.35	1 499 278.87

注：(1)本表机构包括中国人民银行、银行业存款类金融机构；(2)银行业存款类金融机构包括银行、信用社和财务公司；(3)自2015年起，"各项存款"含非存款类金融机构存放款项，"各项贷款"含拆放给非存款类金融机构款项。

资料来源：中国人民银行官方网站。

二、信贷管理的内涵

信贷管理是各级主体对信贷业务进行的管理活动。根据国内情况，信贷管理包括宏观信贷管理和微观信贷管理两个方面。

（一）宏观信贷管理

宏观信贷管理是指，央行、银监会等银行业领导与监督管理机构通过制定和实施信贷政策、监管标准等方式对我国商业银行的信贷投放进行的管理。它表现为总量管理和结构管理两个方面。

信贷宏观总量管理主要通过贷款规模管理来实现。央行为实现货币政策目标而确定的某一时期（通常为一年）的新增贷款的最高限额、信贷规模总量、信贷规模的投放节奏。从1984年开始,信贷规模曾长期作为我国货币政策中介目标和实施货币政策的重要手段之一。从1998年1月1日起,中国人民银行对商业银行贷款增加量不再按年分季下达指令性计划,改为按年(季)下达指导性计划。这个指导性计划,作为中央银行进行宏观调控的监测目标,并供商业银行执行自编资金计划时参考。在2007年底,为了有效控制货币供应量增长,央行再度启用信贷规模控制,并且按季度控制,不仅控制商业银行信贷资金的投放总量,而且还控制贷款的投放节奏。信贷规模控制行政色彩浓厚,一定程度上妨碍了商业银行的自主经营权利。

信贷结构分为信贷资产存量结构和增量结构。存量结构是已经发放贷款的分布状况,增量结构就是新增贷款的投向比例。央行和银监会可以通过制定信贷结构政策,来达到优化信贷资金投向、搞活存量、优化信贷资金配置的目的。信贷投向结构管理体现政府信贷政策的扶持对象,比如可以通过制定贷款投向的区域、产业、企业性质、企业规模(如中小企业、小微型企业贷款占比)政策,来达到促进西部地区发展、农村地区发展、高新技术产业发展、小微企业发展的政策目标。

银监会也通过经济、法律、行政等手段对商业银行信贷活动进行管理。银监会通过制定监管指标,控制、引导商业银行信贷投放的总量和结构。常用的指标有资本充足率、存贷款比例[①]、客户授信集中度、中长期贷款比例指标、贷款质量、拨备覆盖率等。银监会还通过发布部门规章和通知等方式规范商业银行信贷管理,促进商业银行合法、合规、科学地经营,提高信贷管理水平。例如,在2009~2010年间,银监会为解决商业银行信贷管理中存在的突出问题、强化商业银行信贷风险管控、引导信贷资金合理配置、促进商业银行贷款的精细化管理,相继推出"三个办法、一个指引"四个部门规章,作为商业银行流动资金贷款、个人贷款、固定资产贷款和项目融资管理的规范。

(二)商业银行信贷管理

商业银行信贷管理是银行在现行法律法规的框架内,根据自身定位,遵循信贷资金循环周转规律,制定和执行信贷管理规章制度,合理配置信贷资金,平衡流动性、安全性和盈利性,实现盈利最大化的信贷活动。它具有广泛的内容,涉及信贷政策制定、信贷制度和流程设计、信贷资金组织、市场定位与拓展、信贷关系管理、贷款定价、风险防范与控制等方方面面的内容。我们将在后面的章节中对商业银行信贷管理的主要内容进行详细介绍。

三、信贷管理原则

信贷管理作为商业银行最重要的业务之一,遵循流动性、安全性、盈利性三性

[①] 1995年颁布实施的《商业银行法》要求我国商业银行贷存比控制在75%以内,通过修订《商业银行法》2014年10月取消了该监管比例的要求。

统一的原则。

（一）安全性原则

安全性是银行信贷管理中摆在第一位的因素。信贷管理中始终面对信用风险、市场风险、操作风险等各类风险，时刻存在贷款本金与利息无法全额收回的可能。贷款业务赚取的利差和服务费等收益相对贷款本金比例低，一旦贷款成为不良资产，银行将面临较大的损失。因此，保证贷款安全是商业银行贷款管理中的首要任务。为更好地保障贷款的安全，传统上商业银行习惯于发放有抵押担保的贷款，不过，从现代理念来讲，抵押担保其实并不必然能够保证贷款的安全性。

（二）流动性原则

信贷管理的流动性原则是指信贷资产能够迅速在不受损失的情况下转化为现金的能力。商业银行在配置信贷资产、构建信贷资产结构时必须考虑资金来源的流动性结构，考虑商业银行流动性管理的整体要求。为保证商业银行信贷管理符合流动性原则的要求，通常会通过控制合适贷存比的方式来保证商业银行将贷款控制在存款的一定比例之内，以减少发生流动性困难的可能性。为避免流动性困难，商业银行应合理配置流动性较弱的中长期贷款占比。贷款销售、贷款证券化等方式的出现则为信贷管理流动性提供了新的工具。

（三）盈利性原则

商业银行作为经营货币资金的特殊企业，盈利最大化是其经营目标，贷款业务自然应该遵循盈利性原则。存贷利差是商业银行主要的利润来源。贷款业务还可以帮助商业银行创造中间业务收入和投资收益。商业银行贷款管理中坚持盈利性原则的表现在于贷款决策时必须考虑业务的盈利能力，通过量化的盈利指标作为评估的重要依据。作为社会人的商业银行，社区利益、社会效益、国家利益等也应该作为考量其盈利性原则时的重要参考指标。

（四）三性原则的平衡

信贷管理的三性原则具有矛盾统一的关系。流动性与安全性统一，盈利性与安全性、流动性则往往表现为对立关系。特别是盈利性和安全性主要表现为对立关系，为追求较高的盈利水平往往需要承担较大的贷款风险。由于贷款预期损失是构成贷款成本的重要成分，盈利性和安全性、流动性之间也会表现为统一的一面。在同样的条件下，贷款的安全性高、流动性好将有助于提高其盈利水平。

在三性原则中，流动性是联结信贷资金盈利性和安全性的不可或缺的手段。信贷资产流动性安排可以起到平衡盈利性和安全性的作用。在实际信贷管理中，可通过设置或调整合理的流动性、盈利性和安全性指标，在保证安全性的前提下，尽可能地实现盈利的最大化。

四、信贷管理的意义

信贷管理的意义主要在于以下几点：

一是有利于保证国家宏观信贷政策的落实，促进区域政策、产业政策的落地，促进中小微企业的发展。

二是有利于形成健全的信贷管理制度，建立健全尽职制度，明确职责约束，促进商业银行信贷管理的法制化、制度化。

三是有利于提高商业银行信贷管理水平，提高贷款决策的科学性、合理性，提高信贷资产质量，提升银行的盈利水平和抗风险能力。

四是有利于商业银行信贷哲学与文化得到有效贯彻，有利于银行信贷管理规章制度有效落实，有利于规范员工信贷职业行为，促进信贷人员依法合规从事信贷工作。

第二节　信贷管理理论

一、资产管理理论的发展

信贷管理实践需要理论指导，商业银行信贷业务的不断创新发展体现商业银行信贷管理理论的创新发展。同时，信贷管理理论的发展也是信贷管理实践面临的困惑对理论创新产生迫切需求的必然结果。由于信贷资产是商业银行的主要资产形式，商业银行资产管理理论的主要内容也自然地表现为商业银行信贷资金配置的理论，是商业银行在控制风险前提下满足市场需求、实现自身盈利最大化的信贷实践的需要。

（一）真实票据理论

真实票据理论，又被称为商业贷款理论、生产性贷款理论，由18世纪英国著名经济学家亚当·斯密在《国富论》中提出。该理论认为商业银行的资金来源主要是流动性很强的活期存款，因此其资产业务应主要集中于短期自偿性贷款，即基于商业行为能自动清偿的贷款，以保持与资金来源高度流动性相适应的资产的高度流动性。短期自偿性贷款主要指短期的工业、商业流动资金贷款。由于这种理论强调贷款的自动清偿，因而也被称为自动清偿理论；又由于该理论强调商业银行贷款以商业行为为基础，并以真实商业票据作抵押，因而也被称为"真实票据论"。

商业贷款理论产生于商业银行发展初期，当时商品经济不够发达，信用关系不够广泛，社会化大生产尚未普遍形成，企业规模较小。企业主要依赖内源融资，需向银行借入的资金多属于商业周转性流动资金；当时金融市场很不完善，商业银行融资渠道和资产负债业务比较单一；中央银行体制尚未产生，没有作为最后贷款人的中央银行在商业银行发生清偿危机时给予救助,银行经营管理更强调维护自身的流动性,而不惜以牺牲部分盈利性作为代价。因此,银行资金运用结构单一,主要集中于短期自偿性贷款上。

真实票据理论为早期商业银行进行合理的资金配置与稳健经营提供了理论基础。真实票据理论符合强调重视第一还款来源作为贷款发放依据的现代信贷理论。所谓第一还款来源,是指企业正常经营活动所产生的现金流,是借款人生产经营活动产生可直接用于归还贷款的现金流量总和。

该理论重视商业银行资产流动性的同时会对其盈利水平的提高带来一定的消极影响,存在较为明显的局限性:一是没有认识到活期存款余额的相对稳定性,基于"公共汽车效应"活期存款的存取之间,总会有一个相对稳定的沉淀部分可用于发放中长期贷款。二是随着经济的发展,现实贷款需求日趋多样性。商业贷款理论不主张发放不动产贷款、消费贷款、长期性设备贷款和农业贷款,限制了商业银行自身业务的发展和盈利能力的提高。此外,它还忽视了贷款自偿性的相对性,即在经济衰退时期,即便是有真实票据做抵押的商业性贷款也会出现无法偿还的情况,依然存在信贷风险。因此,随着时间的推移,该理论的局限性日渐明显。为满足日益增长的市场需求及自身业务发展和扩大盈利水平,商业银行需要新的信贷管理理论以指导其实践。

(二)资产转换理论

商业银行希望通过发放更多的贷款以获得更高的收益水平,但是却受到传统流动性理论的束缚。随着20世纪20年代后金融市场不断发展、完善,尤其是短期证券市场的发展,为银行保持流动性提供了新的途径。20世纪30年代资产转换理论应运而生。该理论认为,银行保持流动性的关键不在于贷款期限与存款期限一致,而在于银行所持有的资产的变现能力。商业银行可以通过持有足够的易于转让的资产来消除流动性压力,将其余资金用以追求较高的收益。最典型的可转换资产是短期政府债券。资产转换理论为商业银行保持流动性提供了新的办法,扩大了银行资产运用的范围,丰富了资产结构,突破了商业贷款理论拘泥于短期自偿性贷款的资金运用的限制。商业银行一方面改变依赖短期贷款保持流动性的习惯,可用一部分资金发放中长期贷款;另一方面又可减少非盈利资产比例,将一部分现金转化为有价证券。这不仅满足了流动性需要,而且提高了商业银行的收益水平。

(三)预期收入理论

第二次世界大战后西方各国着力于经济的恢复和发展,凯恩斯主义盛行。政府扩大公共项目开支,进行大型基础建设项目,鼓励消费信用的发展。从消费者角度看,战后的"婴儿潮"刺激了对住房贷款和消费信贷的巨大发展。企业中长期贷款、消费贷款需求扩大。从银行自身角度看,商业银行与非银行金融机构的激烈竞争以及提高利润水平的内在需求,促使其渴望增加业务种类,提高收益率更高的贷款品种的发放。

1949年美国经济学家普罗克诺首先提出"贷款流动性的预期收益理论",稳定的贷款必须有适当的以借款预期收益或现金收入为依据的归还日期表。贷款的流动性取决于借款人的预期收入,而不是其期限长短。借款人的预期收入有保障,期限较长的贷款仍然可以安全收回,借款人的预期收入不稳定,期限短的贷款也会丧失流动性。

预期收入理论为商业银行业务大力发展中长期设备贷款、分期付款的消费贷款和房屋抵押贷款等提供了有利的理论支撑。但它显然也有缺陷,外部经济条件及企业经营状况不断变化,期限长的贷款未来的不确定性更强,预期收入准确预测的难度大,加大了银行信贷经营风险。

二、信贷管理的微观理论基础

资产管理理论解决了商业银行信贷业务发展的方向性问题。在商业银行信贷业务的具体经营中,如何设置信贷业务流程、如何合理设定贷款期限、如何保障信贷资金的安全等也需要科学的理论指导。信息不对称理论、信贷资金循环周转理论等就是指导信贷实践的重要理论。

(一)信息不对称理论

银行发放贷款在赚取利差的同时更要确保贷款本金的安全。导致银行信贷资金风险的主要原因来自于银行对借款人状况的不了解,也即银行与借款人之间的信息不对称。

信息是客观事物运动状态和存在方式的反映,信息的产生源于事物运动变化过程中形成的差异。信息经济学研究的是非对称信息下的决策或者对策论问题。根据非对称信息发生的时间,即发生在合约订立以前还是以后,可以将非对称信息分为事前不对称和事后不对称。根据非对称信息的内容,可以分为针对交易对手的行动(即隐藏行动)以及针对交易对手的信息或知识(即隐藏信息)。信息不对称可以导致逆向选择和道德风险。逆向选择是指在信息不对称的情况下,具有信息优势的个人依据他所掌握的私人信息进行决策时导致市场失灵的行为。"二手车市场"就是著名的例子。而在合约签订以后,由于信息不对称,交易者的行为不总是被交易对手所知,所以交易者可能会采取一些对交易对手不利的行为,这就是道德风险。例如,汽车驾驶员在投保以后往往开车就没有以前那么仔细了。为了避免逆向选择和道德风险,保证市场机制的运行,就需要努力消除信息不对称。信号发送与信息甄别是一种使处于信息劣势的一方获得原本不公开信息的制度设计。信号发送是指拥有私人信息的一方通过采取可被观测到的行动向另一方发送信号来显示私人信息。相反,信息甄别则指处于信息劣势的一方通过一定的措施甄别接收到的信息的行为。

信息不对称对信贷管理的主要影响体现在：

1. 信息不对称导致信贷配给

信贷配给是信贷市场的普遍现象，有时特定的贷款申请人即使愿意支付更高的利率也无法获得银行贷款，有时只能获得其中的一部分。信贷市场不能在所谓的"均衡利率"下实现供求平衡的原因在于信贷市场的信息不对称。斯蒂格利茨和韦斯(1981)认为由于信息不对称导致的借款人的逆向选择和道德风险，使得信贷配给成为信贷市场的长期现象。

由于信贷资金是配给的，那么银行就必须建立一个有效的信贷配给制度来保证盈利的实现。现行的信贷操作制度就是这样的制度安排。企业提供的规范的财务报表能够提供大量的有关企业品质及偿债能力的信息，银行在发放贷款时必须加以有效利用，以尽量避免信息不对称导致的银行信贷风险。

2. 信息不对称决定了贷款操作的基本规程

在商业银行贷款业务中，借款人拥有私人信息，因此相对于商业银行具有信息优势。为此，借款人必须向银行提供财务报表等资料，这是发送信息的行为，银行在接收到这些资料后通过现场调查等手段，分析企业的财务与非财务因素，判断借款人的信用状况和偿还能力，这是信息甄别，这个环节具体体现在贷前调查和贷时审查审批上。由于贷款发放环节可能存在借款人不按规定使用信贷资金，甚至出现贷款挪作非法用途的可能，因此，需要加强贷款发放环节的管理。"三个办法一个指引"强调的"实贷实付"管理就是为了降低国内以前在贷款发放环节经常出现的风险。在贷款发放以后存在借款人的道德风险，因此在贷款发放后仍然需要对借款人进行贷后检查，以了解借款人的经营状况、贷款使用情况等信息。由此可见，信息不对称决定了贷款操作的基本流程。

信息不对称是造成信贷风险的根源。通过合理设置信贷业务流程，明确岗位职责，提高履职能力，切实提高信贷管理水平，尽量降低信息不对称程度，这样才能更好地降低信贷风险、提升盈利水平。

(二)信贷资金循环周转理论

企业将借入的信贷资金投入生产经营，通常依靠生产经营产生的现金流以归还贷款本息，因此，能否顺利在生产经营过程中产生可以用来还贷的资金成为决定贷款安全性的决定性因素。信贷资金循环周转理论就是一种直观描述。见图1—1。

图1—2中，D代表存款，g代表银行信贷资金，G代表产业资金，G′代表包含了增值部分的新产业资金，Pm代表资金的生产经营形态，A代表劳动力资本，W代表商品价值，W′代表包含增值部分的新商品价值，g′代表贷款本息和，D′代表存款本息和。

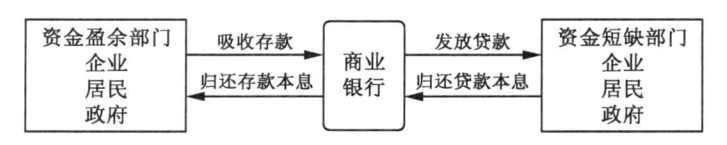

```
资金盈余部门    吸收存款         发放贷款    资金短缺部门
企业        ————————→  商业  ————————→   企业
居民        ←————————   银行  ←————————    居民
政府        归还存款本息         归还贷款本息    政府
```

图 1—1　信贷资金循环周转

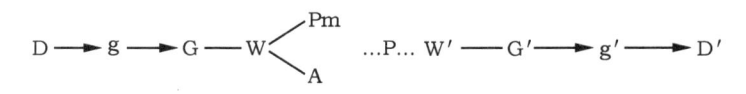

$$D \longrightarrow g \longrightarrow G \longrightarrow W \begin{matrix} Pm \\ \diagup \\ \diagdown \\ A \end{matrix} \cdots P \cdots W' \longrightarrow G' \longrightarrow g' \longrightarrow D'$$

图 1—2　信贷资金"三重支付、三重归流"周转示意图

图 1—2 说明了信贷资金从筹集、贷放、使用至最后归流到出发点的整个过程，即通常所说的"三重支付、三重归流"。第一重支付：D→g，资金盈余方将资金存入商业银行；第二重支付：g→G，信贷资金由银行贷给借款人；第三重支付：$G \longrightarrow W \begin{smallmatrix} Pm \\ \diagup \\ \diagdown \\ A \end{smallmatrix}$，企业将获得的信贷资金作为生产经营资金，用于购买材料和支付劳动者工资。第一重归流：W'→G'，借款企业实现销售收入；第二重归流：G'→g'，借款人将贷款本金和利息归还给银行；第三重归流：g'→D'，银行将存款本息归还给存款人。如果除去一头一尾的支付与归流，即除去银行吸收存款及归还存款本息的环节，信贷资金的周转过程就成为通常所说的"双重支付、双重归流"。

信贷资金运动从表面上看是独特的价值运动形式：g→g'，但是通过"双重支付、双重归流"的周转过程，可以发现信贷资金是再生产过程中的货币资金运动，与再生产过程中的资金循环、周转具有密切联系。银行效益建立在企业效益之上，信贷资金的增值部分主要来自于企业的生产过程，是劳动者创造的剩余价值的一部分。

从"三重支付、三重归流的"整个过程看，存款人为保证存款本息的安全回收，会选择安全性高的银行去存款。商业银行为保证贷款的回收，实现所谓的"自偿"，会认真地筛选贷款企业。只有在借款人生产经营正常，生产出来的产成品适销对路，能够顺利实现销售并收回货款时，企业才能通过生产经营活动获得偿还贷款的现金流。同时，银行也必须关注借款人的诚信，避免借款人主观上"有钱不还"的违约风险，才能保证信贷资金循环的实现。

资产转换周期是与信贷资金循环周转密切相关的一个重要概念。它是指银行信贷资金由金融资本转化为实物资本，再由实物资本转化为金融资本的过程。它分为两种情况：一个是生产转换周期，是借款人用资金购买原材料、生产、销售到收回销售款的整个循环过程；另一个是资本转换周期，是指借款人用资金进行固定资产的购置、使用和折旧的循环。资产转换周期决定贷款的期限。流动资金贷款的期限需要考虑流动资金的存货转换周期和应收账款转换周期的长短,固定资产贷款则应该参考拟用贷款购置的固定资产的转换周期长短。例如,《流动资金贷款管理暂行办法》第六条规定,贷款人应根据借款人生产经营的周期特点,合理设定流动资金贷款期限,以实现对贷款资金回笼的有效控制。

信贷资金循环周转理论的另一个重要启示是要在贷款管理中时刻重视现金流理念。用来偿还贷款的只能是未来的现金流,任何一个环节无法回收现金则意味着资金循环周转的中断,意味着信贷资金风险的发生。

本章小结

信贷不仅仅指商业银行的贷款业务,它包含了表内授信和表外授信业务。商业银行资产管理理论是商业银行信贷资金配置的理论,它的发展体现了商业银行在控制风险前提下满足市场需求、实现自身盈利最大化的信贷实践的需要。信息不对称理论、信贷资金循环周转理论是决定信贷流程设计和管理要点的基础理论。

复习思考题

1. 辨析信贷、信用和授信三个概念的异同。
2. 为什么在我国比较重视宏观信贷管理?
3. 信贷管理的主要内容有哪些?请搜集相关资料予以说明。
4. 结合实际,举例说明贷款的主要类型。
5. 举例说明在信贷管理中如何实现"三性原则"的平衡。
6. 简要说明商业银行资产管理理论发展的内在逻辑。
7. 信息不对称对信贷管理有何影响?
8. 举例说明"三重支付、三重归流"对商业银行信贷管理的影响。

参考文献

1. 江其务,周好文. 银行信贷管理[M]. 北京:高等教育出版社,2004.
2. 中国银行业协会. 解读贷款新规[M]. 北京:中国金融出版社,2010.
3. 戴小平. 商业银行学(第二版)[M]. 上海:复旦大学出版社,2012.
4. 蔡鸣龙. 商业银行信贷管理[M]. 厦门:厦门大学出版社,2014.
5. 张晓慧. 如何理解宏观审慎评估体系[J]. 中国货币市场,2016(8):10—13.

第二章　信贷管理制度

本章要点

- 信贷哲学与信贷文化
- 信贷政策的内容
- 信贷管理制度设计的原则
- 主要的信贷管理制度

本章重要概念

信贷哲学；信贷文化；信贷政策；信贷组织；委托代理问题；岗位责任制；审贷分离制度；授权、授信制度；分级审批制度；贷款审批委员会

第一节　信贷政策

一、信贷哲学与信贷文化

（一）信贷哲学

所谓信贷哲学，是指商业银行在信贷管理中所遵循的理念，这种理念对银行贷款管理中的优先次序（priority），即贷款中优先考虑的因素，加以明确。银行通常在下面两种情况中加以选择：贷款中追求基于稳健承销标准的高质量贷款组合；在高度灵活的承销标准基础上追求贷款的迅速增长与市场份额的扩大。前一种理念强调信贷的稳健发展，后一种理念则比较积极，追求信贷业务的快速发展。不同的银行往往表现出不同的信贷哲学。信贷哲学与银行的发展历史、银行所处的环境有关，甚至银行领导阶层的风格也会对其产生影响。例如，中国农业银行将面向"三农"、服务城乡作为其使命，明确将支持"三农"作为其优先考虑的使命；将"稳健行远"作为其核心价值观和发展之法，正确处理发展速度、规模、质量和结构的关系，努力实现风险与收益的有效匹配，走持续稳健的发展之路。使命是中国农业银

行开展全部活动的根本原因和终极责任的集中反映。中国农业银行致力为中国"三农"事业贡献力量,为最广大城乡客户提供优质金融产品与服务。

商业银行的信贷哲学通过其信贷文化表现出来。

(二)信贷文化

企业文化是企业在经营活动中形成的经营理念、经营目的、经营方针、价值观念、经营行为、社会责任、经营形象等的总和。信贷文化是企业文化在商业银行信贷业务中所表现出来的企业文化。它体现商业银行的贷款优先次序、传统和哲学,在贷款管理的各个环节中无所不在。信贷文化对商业银行十分重要。信贷哲学和信贷政策必须由恰当的信贷文化来支持和表达。只有形成有效的信贷文化,才能保障信贷人员的行为与体现商业银行的信贷哲学。

信贷文化是商业银行企业文化的重要组成部分,是商业银行在长期的信贷经营活动中形成的,是信贷从业者普遍认可、共同遵守的信贷经营管理的价值理念和行为规范的总和,主要包括信贷对象选择、信贷风险认知、信贷业务取向等内容。Caouette、Altman 和 Narayanan(1998)认为信贷文化是信贷组织内部的原则、行动、威慑与奖励的集合。①

信贷文化体现信贷哲学。以中国农业银行为例,其"稳健行远"的持续稳健发展的理念体现为"诚信、稳健、审慎、合规"的信贷文化。具体表现为:"细节、合规、责任"三位一体的管理文化;违规就是风险、安全就是效益的风险文化;德才兼备、以德为本、尚贤用能、绩效为先的用人文化。

二、信贷政策

商业银行的信贷哲学和文化应通过书面的贷款政策加以明确与表达。书面的信贷政策也是商业银行保证贷款符合监管标准的需要。

(一)信贷政策的含义

信贷政策是银行指导和规范贷款业务,管理和控制信用风险的各项方针、措施和程序的总称,是银行从事贷款业务的准则。② 它反映银行贷款的理念和文化,表明贷款的优先权、贷款的程序以及监督贷款活动的手段,为信贷员和管理层提供单笔贷款发放以及构建贷款组合的行为准则。

(二)信贷政策的内容

信贷政策的内容主要有:

前言:表述银行的信贷哲学,表明银行的信贷政策是银行信贷活动的指导方

---

① Milind Sathye, James Bartle, Michael Vincent Raymond Boffey, *Credit Analysis and Lending Management*, John Wiley & Sons Australia, Ltd., 2003.

② 乔治·H. 汉普尔,多纳德·G. 辛满森著. 陈雨露,刘毅,郑艳文译. 银行管理——教程与案例(第五版)[M]. 北京:中国人民大学出版社,2002.

针,使银行信贷从业人员意识到他们必须充分了解贷款政策并能够对贷款政策提出有效的改进意见。

目的:阐明银行的内部和外部任务,具体包括市场地位、盈利目标、贷款组合占比及增长目标等。

战略:信贷政策应详细说明风险管理战略,包括种类、地域、单一客户限额及占比、最大若干家客户限额及占比、银行应该避免的贷款类型和借款人类型等。

贷款的权限与审批:规定不同级别信贷员、信贷小组和贷款委员会的贷款权限。信贷员的审批权限取决于其经验和服务能力,也与其所在银行的资本与贷款规模有关。贷款审批权限因贷款的类型不同而不同。信贷小组的审批权限高于小组中任何成员的审批权限。

信用标准:详细说明贷款组合应达到的质量,规定不同贷款的发放标准,规定不适合发放贷款的标准,合格担保品的种类、价值评估与抵押率,借款人信用评估的标准、责任与程序。

美国联邦存款保险公司对商业银行进行信贷检查的手册中要求商业银行以书面形式对贷款政策的以下内容予以明确:[①]

● 贷款组合的目标(从贷款种类、期限、规模和质量方面说明好的贷款组合的特点);

● 信贷人员和贷款委员会贷款审批权限的具体规定(规定每个信贷人员和贷款委员会可以审批的贷款品种、最高贷款限额以及需要何种签字);

● 信贷部门内部分配工作任务和汇报信息的责任界限;

● 对客户贷款申请的报送、评估和决策的贷款运作程序;

● 每笔贷款申请需要递交的文件以及贷款机构必须保存的文件(财务报表、担保合同等);

● 贷款机构内部责任制度,保存和检查贷款档案的负责人的具体规定;

● 有关取得、评估和完善贷款抵押的准则;

● 确定贷款利率、费用以及贷款偿还条款有关程序的说明;

● 对所有贷款都适用的质量标准的说明;

● 所有未偿还贷款预定上限的说明(总贷款与总资产的最高比例);

● 对贷款机构主要业务区域即主要放贷地区的说明;

● 关于发现和解决问题贷款程序的说明。

国内商业银行的信贷政策主要包括年度信贷政策指引、行业信贷政策、行业客户分类标准和客户名单、行业限额等。商业银行,如中国农业银行在进行信贷审查

[①] 彼得·S. 罗斯,西尔维娅·C. 赫金斯著. 刘园译. 商业银行管理(原书第八版)[M]. 北京:机械工业出版社,2011.

时将信贷政策审查作为重要内容,审查信贷业务是否符合国家产业和行业政策、环境保护政策、外部监管要求和该行信贷政策的有关规定。由于商业银行的信贷政策不是一成不变的,因而在信贷政策审查时须以最新的信贷政策为依据。①

商业银行的信贷政策随经济环境和内部因素差异而不同。宏观经济和产业的不同发展阶段的信贷政策不同,如最近20年商业银行房地产信贷政策的调整。金融市场的不同发展阶段的信贷政策不同,如由于企业批发贷款市场竞争加剧,利润水平降低,在政策的推动下商业银行越来越重视中小微信贷市场,制定大力发展中小微企业贷款的信贷政策。信贷政策也与银行治理结构与人员素质等内部因素相关。在我国,不同所有制商业银行的信贷哲学和理念不同,信贷政策上存在较大差异,商业银行领导层更迭,商业银行信贷人员素质、银行自身规模大小等因素都对银行的信贷政策产生影响。

专栏2—1

中国农业银行出台《中国农业银行2015年信贷政策指引》②

《中国农业银行2015年信贷政策指引》(以下简称《指引》)于日前"出炉",将为农行在经济新常态下进一步优化信贷结构、转变发展方式提供重要"指南",也进一步强调了在服务实体经济和县域"三农"发展方面的业务重点。

《指引》深入贯彻农行2015年工作会议精神,紧扣新常态下的新需求、新变化和新挑战,紧扣积极发展、理性发展、创新发展、稳健发展的理念,提出了全年信贷经营管理的总体要求、结构调整和风险防控的重点以及配套措施,作为今年信贷经营策略的指导性意见。2015年,农业银行信贷业务将重点比质量、比效益、比创新、比风控、比管理,坚持稳中求进和服务实体经济不动摇,按照"严、紧、准、实、稳"的要求,围绕"稳增长、调结构、惠民生、促发展"做优增量、做活存量,加快创新步伐,守住风险底线,实现信贷业务健康可持续发展。

《指引》要求,继续深入挖掘新常态下稳增长的新动力和新兴增长极,加大对县域和"三农"、重大基础设施和基础产业、先进制造业和战略性新兴产业、新型服务业和民生领域、新兴区域增长极、优质小微企业、优质个人客户以及并购等新型信贷业务的投放力度。同时,坚决贯彻国家产业结构调整政策和农业银行"绿色信贷"战略,严禁介入违规建设项目、环保不达标项

---

① 许修和.农业银行修订法人客户信贷审查手册[N].中国城乡金融报,2014—02—18.
② 岑婷婷,武欣.农行2015年信贷政策指引"出炉"[N].中国城乡金融报,2015—03—03.

目、淘汰落后产能项目,以及缺乏资源、技术、物流、成本优势的低水平重复建设项目等。

为引导信贷投放,《指引》明确了结构调整的量化指标,制定了营销拓展重点项目、新兴产业、新型PPP融资模式的支持政策,出台了适应国家"三大经济带"和对外开放战略的管理举措,积极推动公司业务转型,加快互联网金融创新,并进一步优化了行业、客户、产品分类管理要求及信贷资源配置等配套措施。

面对当前日益严峻的信贷风险防控压力,《指引》要求:重点强化对隐性集团客户、担保链担保圈、多头融资过度授信客户和类信贷业务等重点领域的风险管理,加快信贷业务审查审批中心和法人信贷业务放款中心建设,全面推进依法治行、合规办贷。针对经济下行压力大、部分企业经营困难的形势,要拓宽风险化解渠道、明确风险化解政策,切实防范化解客户信用风险。

(三)宏观信贷政策

商业银行信贷是货币投放的重要渠道。宏观审慎管理也要求金融机构按照经济增长的合理需要及自身的资本水平进行合理的信贷投放。因此,信贷政策是宏观经济政策的重要组成部分。在我国,制定和实施信贷政策是中国人民银行的重要职责。中国人民银行根据国家宏观调控和产业政策要求,对金融机构信贷总量和投向实施引导、调控和监督,促使信贷投向不断优化,实现信贷资金优化配置并促进经济结构调整。

目前,我国的宏观信贷政策大致包含四方面内容:一是与货币信贷总量扩张有关,政策措施影响货币乘数和货币流动性。例如,规定汽车和住房消费信贷的首付款比例、证券质押贷款比例等。二是配合国家产业政策,通过贷款贴息等多种手段,引导信贷资金向国家政策需要鼓励和扶持的地区及行业流动,以扶持这些地区和行业的经济发展。三是限制性的信贷政策。通过"窗口指导"或引导商业银行通过调整授信额度、调整信贷风险评级和风险溢价等方式,限制信贷资金向某些产业、行业及地区过度投放,体现扶优限劣原则。四是制定信贷法律法规,引导、规范和促进金融创新,防范信贷风险。

宏观信贷政策主要着眼于解决经济结构问题,通过引导信贷投向,调整信贷结构,促进产业结构调整和区域经济协调发展。信贷政策的有效贯彻实施,不仅要依靠经济手段和法律手段,必要时还需要借助行政性手段和调控措施。在我国目前间接融资占绝对比重的融资格局下,信贷资金的结构配置和使用效率在很大程度上决定着全社会的资金配置结构和运行效率。信贷政策的实施效果极大地影响着货币政策的有效性。信贷政策的有效实施,对于疏通货币政策传导渠道、发展和完善信贷市场、提高货币政策效果发挥着积极的促进作用。

1998年以前,中国人民银行对各金融机构的信贷总量和信贷结构实施贷款规模管理,信贷政策主要是通过中国人民银行向各金融机构分配贷款规模来实现的。信贷政策的贯彻实施依托于金融监管,带有明显的行政干预色彩。近年来,随着社会主义市场经济的不断发展,中国人民银行的信贷政策正在从过去主要依托行政干预逐步向市场化的调控方式转变。[1]

三、信贷的技术原则和程序

信贷的技术原则与程序是贷款政策的延伸和具体化,它由两个部分组成:第一部分规定设计、管理贷款组合时应遵守的技术原则和程序;第二部分介绍不同种类贷款的具体操作程序和参数。在国内,商业银行通过发布信贷手册或指南的方式对信贷管理中应遵循的基本规则和不同类型贷款具体管理方法等作出明确的规定。通常不同类型的贷款由不同的贷款操作指南加以规范。

表2—1为国外商业银行的贷款管理原则与程序的简要列示。

表2—1　　　　　　　　贷款管理的原则与程序的主要内容[2]

信贷管理
1. 保险保护
2. 贷款文件的标准格式以及安全利益
3. 问题贷款的回收与核销
4. 法律限制与服从
5. 贷款定价
6. 借款人的财务信息
7. 与利益相冲突的职业道德
8. 贷款审查
操作程序与参数
1. 不动产抵押贷款 (1)贷款的描述 (2)目的 (3)优先偿付期 (4)评估标准[3] (5)定价:利率、费用、补偿性余额 (6)最小与最大金额

---

[1] 中国人民银行金融市场司. 信贷政策简介[EB/OL]. http://www.pbc.gov.cn/jinrongshichangsi/147160/147289/147304/2899801/index.html.

[2] 乔治·H. 汉普尔,多纳德·G. 辛满森著. 陈雨露,刘毅,郑艳文译. 银行管理——教程与案例(第五版)[M]. 北京:中国人民大学出版社,2002.

[3] 对不动产抵押贷款要求的(1)~(9)项也适用于第2~11类贷款。

续表

操作程序与参数
（7）保险要求 （8）担保品要求 （9）政策的批准程序 2. 应收账款贷款 3. 存货贷款 4. 定期贷款 5. 证券购买贷款 6. 农业贷款 7. 小企业贷款 8. 消费贷款 9. 家庭财产贷款 10. 信用卡贷款 11. 购入贷款

四、信贷组织

信贷政策需要信贷人员加以落实，信贷组织就是商业银行内从事信贷相关工作、通过信贷业务将信贷政策落到实处的业务部门和分支机构。从业务流程来看，可分为前台、中台、后台。前台主要为从事市场营销与客户关系管理的授信经营部门，即公司业务部门、专门的信贷事业部及支行等。中台主要为授信业务的管理部门，如授信管理部门、风险管理部门及放款中心、法律合规部门等。后台主要为从事业务操作处理的部门，如会计结算部门等。前、中、后的划分不一定很精确，有些还存在交叉。

不同的商业银行其组织架构设计不尽相同，随银行的规模和重点信贷业务不同而有所差异，大银行与小银行的信贷组织架构存在明显的区别。商业银行自身业务的发展及目标市场的变化也会导致其内部信贷组织形态的变革，例如，现在很多商业银行成立了诸多的信贷事业部。

第二节　信贷管理制度

一、信贷管理制度的内涵

"没有规矩，不成方圆。"规矩指的就是制度。所谓制度，是社会组织或团体中要求全体成员共同遵守并按一定程序办事的规程和行动准则。邓小平同志说过："制度问题带有根本性、全局性、稳定性和长期性"；"制度好可以使坏人无法横行；制度不好，可以使好人无法充分地做好事，甚至会走向反面"。

商业银行信贷管理制度是指商业银行在信贷管理中制定实施的系列规章制度

的总和，它是银行信贷人员必须共同遵守的规章制度和行为准则，它由信贷管理基本制度、管理办法、操作流程、实施办法、实施细则等组成制度体系。

银行信贷管理需要有好的制度设计来规范、约束信贷从业人员，有效激励、充分调动员工积极性，激励"好人做好事"，约束"坏人做不成坏事"，努力提高银行信贷管理水平，提升银行的盈利水平和抗风险能力。

二、信贷管理制度设计的原则

好的制度设计要解决的主要问题是商业银行如何让银行员工愿意从事信贷工作，在信贷工作岗位上愿意把工作做好，实现银行利益最大化的问题，即如何构建一个能实现"激励相容"的信贷管理制度。

（一）"激励相容"信贷管理制度设置的根本原则

制度设计理论认为，基于信息不对称和理性人的假设，委托代理问题普遍存在，因此好的制度必须实现"激励相容"。实现代理人按自利原则行事，在追求个人利益的同时实现企业利益最大化的目标，这样的制度安排，就是"激励相容"的安排。"激励相容"原则可以平衡个人利益与单位利益之间的矛盾，让个人利益和单位利益得到很好的兼顾。在信贷管理中，信贷人员作为代理人，如何通过有效的制度设计消除委托代理问题是当前我国商业银行亟待解决的重大问题。

（二）权利与责任相称原则

信贷管理中普遍实行岗位责任制，通过信贷手册、规章制度等明确规定各岗位的职责和权利。在设计岗位职责和权利时必须注意权利和责任的对称。当岗位职责较重而缺乏必要的权利时，个人的积极性以及信贷业务流程的效率将受到影响。当权利较大而承担的责任较小时，则可能出现滥用权力的问题。另外，在制度设计中要充分考虑到信贷业务流程中岗位设置较多的情况，梳理清楚不同岗位的职责划分，避免出现因为职责划分不清晰而出现的扯皮及无法有效追责的现象，同时在制度设计时要强化岗位间的相互监督与制约，提高风险预防水平。

（三）激励约束相结合的原则

激励机制是信贷管理体制设计的重要内容。商业银行应坚持与绩效挂钩的正向激励。激励不仅应该包含较好的物质待遇，还应该重视精神激励，培养员工的归属感、成就感，满足员工职业发展和自我实现的需要。

信贷风险与员工的判断力和职业道德等密切联系，以避免因为员工失职、以权谋私甚至恶意犯罪等行为给银行可能带来的损失。制度的有效性与制度的约束力大小有正相关关系。在强调较高水平的正向激励外，必要的约束机制必不可少。负向激励可以采取经济处罚、行政处分及诉诸法律等手段。经济处罚包括罚款，扣发考核性工资、奖金、期酬，扣除风险保证金等。行政处分包括通报批评、警告、记过、记大过、降级、撤职、留用察看、开除、离岗清收、限期调离、停职、解聘专业技术职务、除名、解除劳动合同等。涉嫌犯罪的，移送国家公安、司法机关处理。这些处理方式可以并处。信贷流程的再造、严格的岗位责任制和有效激励约束机制是20世纪90年代中期后中国信贷资产质量大幅度提升的极为重要的原因。

制度约束力大小取决于对违反制度行为处罚的力度以及违规行为逃脱处罚的可能性的大小。因此，严格执行规章制度，做到制度面前人人平等，对一切违反制度的行为进行公正的处罚的重要性不亚于制度的制定。

当然，为鼓励员工积极开拓市场、开展业务，对信贷人员的合规免责制度也相当重要。商业银行对信贷人员已经尽职但仍然造成的损失予以免责。《商业银行授信工作尽职指引》第五十二条规定：对于严格按照授信业务流程及有关法规，在客户调查和业务受理、授信分析与评价、授信决策与实施、授信后管理和问题授信管理等环节都勤勉尽职地履行职责的授信工作人员，授信一旦出现问题，可视情况免除相关责任。

三、主要的信贷管理制度

（一）信贷岗位责任制

银行将信贷管理每一环节的管理责任和权限落实到部门、岗位、个人，严格划分各级信贷工作人员的职责和权限，并按照规定的标准进行考核及奖惩。主责任人、经办责任人制度是不少银行对信贷岗位责任制的具体设计。在信贷业务办理过程中，调查、审查、审批、经营管理各环节的有权决定人为主责任人，具体承办的信贷人员为经办责任人，相应承担各自的责任。

《商业银行授信工作尽职指引》第九条规定：商业银行应建立授信工作尽职问责制，明确规定各个授信部门、岗位的职责，对违法、违规造成的授信风险进行责任认定，并按规定对有关责任人进行处理。"三个办法一个指引"也要求建立明确的信贷岗位责任制，比如《流动资金贷款管理办法》第五条强调贷款人应完善内部控制机制，实行贷款全流程管理，全面了解客户信息，建立流动资金贷款风险管理制度和有效的岗位制衡机制，将贷款管理各环节的责任落实到具体部门和岗位，并建立各岗位的考核和问责机制。

行长负责制是岗位责任制的一种。各级行长在授权范围内对贷款的发放和收回负全部责任。行长是贷款管理的责任人，行长对授权范围内的贷款安全全权负责，保证信贷资产安全是其主要的职责。行长授权的主管人员对行长负责。

（二）审贷分离制度

《商业银行法》第三十五条规定，商业银行贷款，应当对借款人的借款用途、偿还能力、还款方式等情况进行严格审查。商业银行贷款，应当实行审贷分离、分级审批的制度。审贷分离是指在办理信贷业务过程中，将调查、审查、审批各环节的工作职责进行分离，由不同部门或岗位承担，实行各环节相互制约、相互监督的机制。《贷款通则》第四十条规定:"贷款调查评估人员负责贷款调查评估,承担调查失误和评估失准的责任;贷款审查人员负责贷款风险的审查,承担审查失误的责任;贷款发放人员负责贷款的检查和清收,承担检查失误、清收不力的责任。"根据"三个办法一个指引"的要求,商业银行通常将贷款审查审批环节的分工细化,分别设立审查岗和审批岗。因此,贷款调查岗主要是对客户情况进行调查核实和尽职调查,写出调查报告并签署意见,报送贷款审查部门审查。信贷调查人员承担因调查情况不实导致贷款失误的主要责任。商业银行设立专门的审查岗位,对受理贷款进行审查。审查人员承担因审查不认真、未能及时发现和反映问题而造成贷款失误的主要责任。贷款审批岗负责贷款审批,按照贷款审批权限来对是否发放贷款进行决策。在贷款审批过程中,贷款审批部门和审批人要承担审批失误的主要责任。

(三)授权、授信管理制度与分级审批制度

商业银行分支机构数量庞大、层级众多,业务经营情况不断变化,因此,建立以统一管理、分级授权为基础的授权授信体系,合理确定授权权限,对于商业银行提高信贷审批效率、有效防范信贷风险具有重要的意义。

授权管理是商业银行对其所属业务职能部门、分支机构和关键业务岗位开展业务权限的具体规定。授权当事人分为授权人和受权人。授权人为商业银行总行,受权人为商业银行的职能部门及其分支机构。商业银行在其法定经营范围内,实现逐级有限授权,根据业务职能部门和分支机构的经营管理水平、风险控制能力、主要负责人的业绩等实行区别授权,根据经营业绩、风险状况、授权制度执行情况及主要负责人任职情况,及时调整授权。

授信管理是商业银行对其业务职能部门和分支机构所辖服务区及其客户所规定的内部控制的授信最高限额。根据授信类型的不同,相应地可以分为表内授信和表外授信。授信当事人分为授信人和受信人。授信人为商业银行业务职能部门与分支机构,受信人为商业银行业务职能部门和分支机构所辖服务区及其客户。授信可分为基本授信和特别授信。基本授信是商业银行根据信贷政策以及每个地区、客户的基本情况所确定的信用额度。特别授信是商业银行根据政策、市场情况变化及客户的特殊需求,对特殊项目或超过客户基本授信额度所给予的授信。商业银行授信管理中应该坚持差别授信、因地制宜、及时调整、内部掌握的原则。商业银行对客户的授信额度建立在其风险和财务状况综合评估的基础上,综合考虑客户的客观信用需求、其他银行对客户的授信情况以及银行自身信贷政策而慎重和科学地决定。银行对其提供的各类信用总额不得超过其授信额度。银行可以根据情况变化调整或取消授信。

《贷款通则》明确要求商业银行实行分级审批制度。分级审批制度是指不同级别的分支机构、不同级别的信贷审批人员根据其获得的授权审批权限,在权限内自主进行贷款审批决策的制度。《商业银行授信工作尽职指引》第三十二条规定,商业银行授信决策应在书面授权范围内进行,不得超越权限进行授信。《流动资金贷款管理暂行办法》第七条规定,贷款人应将流动资金贷款纳入对借款人及其所在集团客户的统一授信管理,并按区域、行业、贷款品种等维度建立风险限额管理制度。

分级审批实际上是分级授权的问题,是商业银行授权、授信管理制度的具体表现。如《流动资金贷款管理办法》第十七条规定,贷款人应根据贷审分离、分级审批的原则,建立规范的流动资金贷款评审制度和流程,确保风险评价和信贷审批的独立性。贷款人应建立健全内部审批授权和转授权机制。审批人员应在授权范围内按规定流程审批贷款,不得越权审批。

分级审批的重点为是否给予及如何给予不同层次的经营管理单位及个人授予审批权限。审批权限的授予要与银行的目标客户群体的特征、贷款业务种类及信贷管理人员的素质相适应,要综合考虑贷款安全性、满足客户需求的效率性、信贷管理人员的权利与责任匹配度、充分调动员工积极性等因素,保证银行信贷业务健康平稳地发展。

(四)贷款审批委员会制度

商业银行对某一具体金额以上或疑难的贷款实行审批委员会审批制度。贷款审批委员会贷审会一般由行长担任主席,由信贷相关部门(如信贷部、风控部、资金计划部等部门)的主要负责人和具有评审能力的人员组成,构成人数一般为单数。贷审会实行无记名投票表决。

一般而言,贷审会审批贷款应坚持以下原则:集体审批原则、少数服从多数原则、集体负责原则、行长一票否决原则。每位参与审批的成员,审批讨论研究结束,都要签署明确的"同意发放"、"不同意发放"、"再提交贷审会审议"的意见及理由,并对所签意见负责。对贷审会表决同意发放的贷款,行长有一票否决权;贷审会表决不同意发放的贷款,行长不得决定发放。贷审会制度应避免集体负责原则中的责任虚化的问题。

贷审会成员普遍具有丰富的信贷管理经验,集体审批有利于提高贷款决策水平、保障贷款安全性。但是,一些贷款项目在技术、工程、市场等方面的评估上相当复杂,完全依靠行内人员无法保证准确把握贷款项目的前景,因此商业银行还应建立和完善专家议事制度,必要时聘请外部专家组成专家组参与决策,保证信贷决策的科学性。

(五)离任审计制度

离任审计制度是商业银行对信贷人员在脱离本岗位时对其整个任职期间所承担经济责任履行情况所进行的审查、鉴证和总体评价活动。信贷人员因提升、岗位调动或跳槽等因素离开原所任职务、岗位时,应按规定进行离任审计。

离任审计制度是商业银行内部控制和稽核制度的有机组成部分,它是一种有效的约束机制,有利于增强信贷人员在任职期间的经济责任意识、提高信贷人员依法合规从事信贷工作、管控好信贷风险的自觉意识和自律能力,从而提高信贷资产质量和效益、降低信贷风险。

专栏 2—2

某城市商业银行的贷款审批制度

浙江省 TZ 城市商业银行以服务中小微企业作为其市场定位,2005 年其 84% 的贷款在支行审批人一级完成审批,99% 以上的贷款在总行片区信贷主管完成审批,只有 1% 的贷款需要上报总行层级完成审批,参见图 2—1。

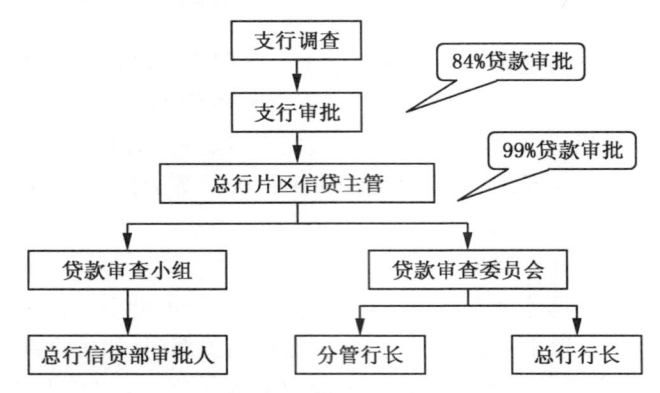

图 2—1 TZ 城市商业银行信贷审批结构

TZ 城市商业银行的审批结构是其自身的信贷业务结构的需要。从表 2—2 可以发现,该行是真正的小微企业伙伴银行,在当年,该行的单笔贷款金额小,绝大部分贷款在 500 万元以下,500 万元以上的仅占 0.81%。将贷款审批权下移有利于该行提高决策效率,更好地满足小微企业的资金需求特点。

表 2—2　　　　TZ 城市商业银行 200×年贷款结构

贷款额	户　数	户数占比（%）	总金额（万元）	金额占比（%）
10 万元以下(含)	5 159	29.02	42 675	4.62
10 万~30 万元	6 622	37.26	149 012	16.13
30 万~50 万元	2 752	15.48	119 860	12.97
50 万~100 万元	1 985	11.17	167 339	18.11
100 万~500 万元	1 112	6.26	245 428	26.56
500 万元以上	144	0.81	199 709	21.61
合计	17 774	100.00	924 023	100.00

资料来源:根据相关资料编写。

本章小结

信贷哲学是商业银行在信贷管理中所遵循的理念,信贷文化是商业银行在长期信贷经营活动中所形成的,是信贷从业者普遍认可、共同遵守的信贷经营管理的价值理念和行为规范的总和。信贷政策是银行指导和规范贷款业务,管理和控制信用风险的各项方针、措施和程序的总称,是银行从事贷款业务的准则。信贷哲学和文化通过书面化的信贷政策来体现。信贷政策实施需要具体化的信贷的技术原则和程序以及具体操作实施的信贷组织。

委托代理问题需要好的信贷管理制度予以克服。"激励相容"、权利与责任相称、激励约束相结合是设计信贷管理制度应遵循的原则。岗位责任制、审贷分离、授权授信与分级审批制度、贷款审批委员会制度、离任审计制度等是当前比较重要的信贷管理制度。

复习思考题

1. 举例说明不同商业银行的信贷文化的异同。
2. 信贷政策的主要内容有哪些?
3. 信贷制度设计怎样才能克服委托代理问题?请举例说明。
4. 什么是商业银行信贷的授权授信管理?
5. 案例分析:

陕西A县信用社的激励制度设计

信用联社主要服务于农村,而且贷款数额都很小,从几百到几千,上万元的业务不多。而且,主要的存贷业务都是依靠大量的农村信贷员来完成,几百名信贷员散布在方圆上百公里的四乡八村里,人员分散、项目琐碎、工作量大,管理如果跟不上,就会产生一系列问题。这也是影响信用社发展的一个难点。

A县农信社从2003年正式推行"亲属担保法",就是将代办员的儿子、女儿及老伴作为代办员的担保人。"亲属担保法"要求农信社每个代办员每年签订一份《预防民事、刑事案件经济担保责任书》,规定每个代办员必须找到3名担保人,若代办员发生违法违纪造成经济损失时,担保人应负共同赔偿责任。这3名担保人中必须有一个是代办员的配偶,其他2位可以是亲属或朋友,应具有较强的经济实力和行为能力的公民。

农信社的代办员绝大多数是不脱产的农民,在本乡本土是非常重视自己的信誉和脸面的,"亲属担保法"使得他们为了自己的亲友、配偶一般不敢铤而走险。从实际效果来看非常有效,解决了农村信用社系统中普遍存在、难以控制的代办员职务犯罪现象,"亲属担保法"施行3年多来,A县农信社没有发生过一起代办员职务犯罪行为。

2000年起,对工作时间长、成绩突出、无经济案件和重大责任事故的村级代办员实行退职养老制度,逐步建立个人台账,全县统一管理。只要在信用社工作 15 年以上,按业务量每月就可以拿到 30 元到数百元不等的退休金。至 2004 年,养老金专户存款达 329 万多元,276 名村级代办员中已经有 41 名符合条件者办理了退职养老手续。

据统计,截至 2006 年 10 月,该农信社农业贷款已占到全县金融机构支农贷款总量的 90% 以上,贷款农户数占总户数的 75% 以上,户均贷款达 1 万元以上,较 1997 年增长了 6 倍多。同时,由于代办员贴身为农民理财,可以明确地掌握每个农民的信贷状况,农信社不良贷款占比不断下降,到 2006 年 10 月底已经下降到 10% 以下,是所在地市所有农信社中不良贷款占比最小的一个。① 截至 2005 年,该县信用联社的 20 个信用社连续 4 年全部盈利,利润增加 4 倍以上,获陕西信用社系统"最佳经济效益奖";连续 8 年经济零案件,荣获国家级"诚信单位"称号;连续 5 年取得了所在市信用系统综合考评第一的佳绩。

资料来源:小丽,郗望,秦海洋. 澄城县信用联社理事长、党委书记丁仁兴记事[N]. 陕西日报,2005-11-22;毛海峰,武勇,邓华宁. 亲属担保法:破解农村小额信贷难题——陕西澄城县农信社改革调查[N]. 经济参考报,2006-12-04.

问题:

(1) 该县农信联社对代办人员实行了哪些新制度?这些制度为什么能够取得较好的效果?

(2) 该县农信联社的做法具有推广价值吗?能否在股份制商业银行或国有商业银行中推行?请说明理由。

6. 案例分析:

某国有商业银行的信贷管理新规则

2000 年 3 月,某国有商业银行总行出台了规范信贷决策行为的若干规定以及相配套的一系列规章制度,构建了"横向制衡、纵向制约"以"信贷新规则"为核心的信贷管理制度体系。按照信贷新规则要求,实行审贷部门分离制度,在办理信贷业务过程中,将调查、审查、审批、经营管理等环节的工作职责分解,由不同经营层次和不同部门承担,实现其相互制约和支持。

按照"横向平行制约"原则,按规定设立客户部门和信贷管理部门,成立贷款审查委员会。同时,结合风险控制和业务拓展的需要,按照区别对待和分类指导的原则,逐步完善了授权管理、授信管理、客户评级、贷后管理等制度,使信贷操作流程更趋完善合理,该国有商业银行"三位一体"的信贷管理制度体系已基本建立。

经过三年的不懈努力,该国有商业银行信贷经营、决策行为日趋规范,调查、审

---

① 毛海峰,武勇,邓华宁. 亲属担保法:破解农村小额信贷难题——陕西澄城县农信社改革调查[N]. 经济参考报,2006-12-04.

查、贷审会审议、行长审批等环节的质量有了很大提高,逆程序操作现象基本杜绝,越权、变相越权行为大大减少。总行2002年贷审会共否决信贷事项62笔,金额达150.8亿元;贷审中心否决报备信贷业务20笔,金额达4.8亿元。

2001年8月7日,该国有商业银行总行机关报《中国城乡金融报》曝光第一次信贷大检查违规人员,同时刊登的还有总行行长撰写的评论员文章《对触"高压线"者决不姑息》。消息传出,全行上下受到了极大的震动,接受了一次深刻的制度教育。

三年来,各级行监察审计部门、信贷管理部门、客户部门相互配合,组织了多层面的信贷检查,其中一级分行的抽查面达到50%以上,二级分行及支行的自查面达到了100%。通过信贷检查,处理了一批触犯"高压线"的违规主责任人和经办责任人。据检查力度较大的9家分行的不完全统计,两年来共处理相关责任人包括经济处罚达4 268人次。总行6次信贷大检查共处理违规主责任人和经办责任人62人,其中撤职24人、记大过16人、记过14人、警告8人、通报批评31家单位。

从2003年起,该国有商业银行总行决定对城市分行实行每月问责制;省级分行实行每季问责制,总行实行每半年问责制。资产质量问责制所涵盖的范围,既应包含信贷部门管理监测的资产,也应包含风险资产管理部门管理处置的不良资产。它既区别于奖惩制,也区别于诫勉制。问责制的对象是各级行行长,问责内容包括职责是否到位、为什么没有到位。它不是单纯的惩罚追究制,而是对工作加强监督与督促的制度。

新规则实施后取得了积极效果,该国有商业银行新增贷款不良比率大幅下降。新规则实施前的3年间(1997~1999年)发放贷款6 950亿元,按五级分类不良贷款41.90%;新规则实施后的3年(2000~2002年)发放贷款8 263亿元,五级分类不良贷款4.43%。①

问题:

(1)该国有商业银行为什么要实施"信贷新规则"?

(2)该国有商业银行信贷制度改革的主要内容有哪些?请结合信贷管理制度设计的基本原理分析采取这些改革措施的原因。

(3)该国有商业银行的信贷约束机制主要有哪几个方面?结合当前的形势,谈谈国有商业银行可以从哪些方面完善信贷管理的激励约束机制。

参考文献

1. 江其务,周好文. 银行信贷管理[M]. 北京:高等教育出版社,2004.

---

① 夏雨,朱沙. 农行发起信贷"新文化"运动[N]. 经济日报,2003-12-26.

2. 中国银行业协会. 解读贷款新规[M]. 北京:中国金融出版社,2010.

3. 戴小平. 商业银行学(第二版)[M]. 上海:复旦大学出版社,2012.

4. 蔡鸣龙. 商业银行信贷管理[M]. 厦门:厦门大学出版社,2014.

5. 彼得·S. 罗斯,西尔维娅·C. 赫金斯著. 刘园译. 商业银行管理(原书第八版)[M]. 北京:机械工业出版社,2011.

6. 岑婷婷,武欣. 农行2015年信贷政策指引"出炉"[N]. 中国城乡金融报,2015—03—03.

7. 毛海峰,武勇,邓华宁. 亲属担保法:破解农村小额信贷难题——陕西澄城县农信社改革调查[N]. 经济参考报,2006—12—04.

8. 夏雨,朱沙. 农行发起信贷"新文化"运动[N]. 经济日报,2003—12—26.

9. 许修和. 农业银行修订法人客户信贷审查手册[N]. 中国城乡金融报,2014—02—18.

10. Milind Sathye, James Bartle, Michael Vincent Raymond Boffey, *Credit Analysis and Lending Management*, John Wiley & Sons Australia, Ltd.,2003.

第三章 信贷操作管理规程

本章要点

- 信贷管理操作规程的内涵
- 信贷管理操作规程的演化
- 贷款新规确定的贷款流程各环节
- 贷款合同管理
- 用信管理
- 贷后管理

本章重要概念

操作规程；实贷实付；贷放分控；受托支付；合规；合规风险；合规管理

第一节 信贷管理操作规程及其演化

一、信贷管理操作规程的内涵

操作规程或操作规范一般指的是作业人员的操作程序或操作规定。信贷管理操作规程是商业银行建立信贷业务内部管理相互制约机制、实现对信贷业务规范运作及程序化管理的基本管理制度和操作程序。

二、我国商业银行操作规程的演变

（一）资金指令性管理

资金指令性管理的主要内容为统存统贷和差额包干。

"统存统贷，亦称"统收统支"，是我国银行信贷计划管理的一种形式。基本内容为：信贷资金的管理分配权统一归中国人民银行总行，各基层银行的存款全部上缴总行，贷款也由总行统一平衡后核定计划指标，逐级下达，各级银行不得随意突破。

这种管理制度的主要特点是：资金分配高度集中统一，存款和贷款两条线管理，互不相关。在我国，实行这种高度集中统一的计划管理体制的时间较长，对于集中资金支持经济发展起过一定的作用。其弊端有：对信贷业务"统"得过死，基层银行毫无业务自主权，不利于调动其工作积极性；分配上的"大锅饭"，导致资金的严重浪费。1979年改为"差额控制"办法，1981年又改为"差额包干"办法，即各级银行自下而上按照中国人民银行总行统一的规定编制信贷差额计划，由总行统一平衡，包干的差额由总行统一核定，然后逐级分配下达执行。其主要内容是"统一计划，分级管理，存贷挂钩，差额控制"。

(二)"实贷实存"管理

20世纪80年代初，为了克服"差额包干"管理办法的弊病，加强金融宏观调控，使信贷资金由直接管理为主逐步向间接管理为主转变，国家决定推行"统一计划、划分资金、实贷实存、相互融通"的办法，将中国人民银行与专业银行和其他金融机构的资金分配关系改为借贷关系，国有专业银行、其他金融机构要在中国人民银行设立贷款账户和存款账户，向中国人民银行的借款要转到存款账户内才能使用。实贷实存的管理模式将信贷计划与资金分开，实行先存后贷，先存后用，不得透支。这些做法改变了过去有计划就有资金的状况，使得国有专业银行在信贷资金使用上不再完全依靠中国人民银行，增加了国有专业银行经营管理的自主性。但是，实贷实存管理模式下各专业银行的信贷资金依然全部纳入国家综合信贷计划之中，国有专业银行仍受到信贷规模的控制，所以在资金管理上很难适应改革开放和经济快速发展的需要。

(三)审贷分离阶段

进入20世纪90年代，为了适应市场经济体制改革的需要，我国开始进行金融体制改革，建立由国务院领导的独立执行货币政策的中央银行宏观调控体系，将政策性金融与商业性金融分离，建立以国有商业银行为主体、多种金融机构并存的金融组织体系，并逐步完善具有统一开放、有序竞争、严格管理特征的金融市场体系。改革开放初期，国内银行业基本沿用专业银行模式下的信贷流程，信贷员一人集贷前调查、贷时审查于一身，缺乏监督与制约机制，造成了较多的问题贷款。在此情况下，我国商业银行开始借鉴国际先进经验，以安全性、流动性、盈利性为原则，逐步探索并建立了审贷分离制度。

1995年颁布的《商业银行法》明确规定："商业银行贷款应当对借款人的借款用途、偿还能力、还款方式等情况进行严格审查。商业银行贷款，应当实行审贷分离、分级审批的制度。"审贷分离制度以法律形式得以确定。

(四)信贷管理开始向国际接轨

以1996年实施《贷款通则》为标志，我国商业银行信贷管理体制逐渐从传统的、具有计划经济特色的管理手段——信贷规模控制，转向强调商业银行自我控制和约束、符合国际惯例的间接调控方式——信贷质量管理。银行业监管部门着手加强对金融机构内部控制的指导,明确要求商业银行要加强信贷过程中的内部控制,防范信贷风险的发生。在这一阶段中,我国在商业银行监管和信贷管理层面进行了一系列改革,加快了商业银行向市场化、商业化转型的步伐。

(五)信贷全流程管理阶段

2009年7月,《固定资产贷款管理暂行办法》和《项目融资业务指引》经过充分论证和广泛征求意见,正式颁布实施。2010年2月,《流动资金贷款管理暂行办法》和《个人贷款管理暂行办法》颁布并自发布之日起在业内实施。至此,中国银监会旨在规范银行信贷业务的"三个办法一个指引"全部出台。"三个办法一个指引"强调对贷款的全流程管理,重点加强对贷款协议、贷款使用与支付、贷后管理等当前薄弱环节的管控,以此提升银行信贷管理精细化水平。贷款新规中的全流程管理不同于以往的"流程管理",是建立在解决当前信贷管理时弊基础上的真正的全流程管理,并对改进我国银行业信贷管理起到了积极而深远的作用。

1."三个办法一个指引"的管理重点

(1)分阶段发放贷款资金,防止挪用。

新规将"实贷实存"转变为"实贷实付"。实贷实付是指银行业金融机构根据贷款项目进度和有效贷款需求,在借款人需要对外支付贷款资金时,根据借款人的提款申请以及支付委托,将贷款资金主要通过贷款人受托支付方式支付给符合合同约定的借款人交易对象的过程。

(2)强化"贷放分控",加强内部治理机制。

贷放分控是指银行业金融机构将贷款审批和贷款发放作为两个独立的业务环节,分别管理和控制,以达到降低信贷业务操作风险的目的。贷放分控中的"贷"是指信贷业务流程中贷款调查、审查、审批等环节,尤其是贷款审批环节,以区别贷款发放与支付环节。"放"是指放款,特指贷款审批通过后,由银行审核,将符合条件的贷款发放或支付出去的环节。

(3)大额贷款借款人实行"受托支付"。

新规要求大额贷款实现由"自主支付"向"受托支付"为主转变。受托支付是贷款资金的一种支付方式,指贷款人(依法设立的银行业金融机构)根据借款人的提款申请和支付委托,将贷款资金支付给符合合同约定用途的借款人交易对象,目的是为了减小贷款被挪用的风险。以固定资产贷款为例,贷款资金单笔金额超过项目总投资5%或超过500万元人民币须采用受托支付方式。

(4)贷款环节更细化,"紧箍咒"起效。

真正实现"贷前、贷中、贷后"全流程管理。

(5)借款人作出承诺方可贷款。

(6)个人贷款执行面谈、面签,以防冒领。

(7)测算流动资金需求,防止超限。
(8)强化了贷款用途,不准发放无指定用途的贷款。
(9)违规贷款将受到严肃处理。

2. 贷款新规的核心原则

(1)全流程管理原则

新规要求无论是固定资产贷款、流动资金贷款还是个人贷款,必须在贷前管理、贷中管理和贷后管理这三个环节实施全流程管理。在全流程管理的每一个环节进行有效的信贷风险管理行为,按照有效制衡的原则将各环节职责落实到具体的部门和岗位,并建立明确的问责机制。

(2)诚信申贷原则

应包括两方面内容:一是承诺,借款人恪守诚实守信原则,按贷款人要求的具体方式和内容提供贷款申请材料,并且承诺所提供材料真实、完整、有效;二是证明,借款人应证明其设立合法、经营管理合规合法、信用记录良好、贷款用途明确合法以及还款来源明确合法等。

(3)协议承诺原则

协议承诺原则要求借款人在合同中承诺申贷材料信息真实、有效;贷款的真实用途;贷款资金的支付方式和双方的权利与义务。

(4)实贷实付原则

要求在借款人需要对外支付贷款资金时,银行应根据贷款项目进度、有效贷款需求以及借款人的提款申请和支付委托,将贷款资金通过受托支付方式支付给符合合同约定的借款人交易对象。实贷实付原则的关键是让借款人按照贷款合同的约定用途支付贷款,从源头上控制信贷资金被挪用风险,为贷款资金流向实体经济提供制度保障。

(5)贷放分控原则

我国银行业传统信贷业务操作中贷款审批与贷款发放不分的弊端由来已久,贷放分控指商业银行将贷款审批和贷款发放作为两个独立业务环节,分别管理和控制,这有助于改变贷放不分的弊端,达到降低信贷业务操作风险的目的。贷放分控的要义是贷款审批通过不等于放款。

(6)贷后管理原则

在要求做好原有贷后检查和贷款分类工作的同时,强调贷款资金必须监管、按用途使用,做好对借款人账户的监控;加强用借款合同的相关约定来指导和约束贷后管理工作,明确贷款人按新规要求必须承担的贷后管理的法律责任。

3. 贷款新规确定的贷款流程

按贷款新规,贷款管理的全流程为:贷款申请→受理与调查→风险评价→贷款审批→合同签订→贷款发放→贷款支付→贷后管理。

（1）贷款申请

借款人向银行申请贷款时，银行应重点确认借款人主体资格是否符合要求，申请书是否包括借款人名称、企业性质、经营范围、申请贷款的种类、期限、金额、方式、用途、用款计划、还本付息计划等主要内容，提供的材料是否达到银行的要求，是否承诺所提供材料的真实、完整、有效。

（2）受理与调查

银行在受理借款人的借款申请后，应安排相应客户经理负责管理该贷款事宜。客户经理应采用现场与非现场相结合的方法，收集借款人的财务与非财务信息，尽量减少双方信息不对称的距离，对其资质、信用状况、财务状况、经营情况等进行调查分析，评定资信等级，评估项目效益和还本付息能力、担保质量和贷款风险程度，并就具体信贷条件进行初步洽谈。客户经理根据调查内容撰写书面报告，提出调查结论和信贷意见。

（3）风险评价

银行信贷人员将调查结论和初步贷款意见提交银行审批部门，由审批部门对贷前调查报告及贷款资料进行全面的风险评价，设置定量或定性的指标和标准，对借款人情况、还款来源、担保情况等进行审查，全面评价风险因素。风险评价隶属于贷款决策过程，是贷款全流程管理中的关键环节之一。

（4）贷款审批

按照"审贷分离、分级审批"的原则，贷款有权审查部门对上报材料进行核实、评定、复测风险度，提出意见，确定授信（贷款）方案，形成书面审查报告，报贷审会审议，并报经行长签批，完成授信（贷款）的决策。

（5）合同签订

授信（贷款）方案批准后，借贷双方签订书面的借款合同就成为贷款发放的基础。它是明确双方权利和义务的法律文件。对于保证担保贷款，银行还需与担保人签订书面保证合同；对于抵质押担保贷款，银行还须签订书面抵质押合同，并办理登记等相关法律手续。

（6）贷款发放

完成了合同签订并办理了相关的放贷手续，还必须确认借款人达到了银行的放款用款条件，银行按照合同约定的方式对贷款资金进行支付并实施管理与控制，监督贷款资金按约定用途使用。

（7）贷款支付

贷款人应根据借款人的行业特征、经营规模、管理水平、信用状况等因素和贷款业务品种，合理约定贷款资金支付方式及贷款人受托支付的金额标准，在可能的情况下，尽可能采用受托支付方式，确保信贷资金不被挪用。

（8）贷后管理

贷后管理包括银行在贷款发放后对借款人遵守合同约定、经营状况、担保状况进行检查与监控；对已放贷款进行贷款分类，确认贷款的风险程度，采取有效措施来降低贷款风险的行为。

(9)收回与处置

贷款按时收回及问题处置是贷款安全性、流动性、效益性原则的基本要求。它关系到商业银行预期收益的实现和信贷资金的安全。银行应提前提示借款人到期还本付息；对贷款需要展期的，贷款人应审慎评估展期的合理性和可行性，科学确定展期期限，加强展期后管理；对于确因借款人暂时经营困难不能按期还款的，贷款人可与借款人协商贷款重组；对于逾期贷款，贷款人应及时发出催收通知单，做好逾期贷款本息的催收工作，并按规定加收罚息，必要时可通过诉讼或仲裁程序解决。属于担保贷款的，贷款人可以要求保证人承担保证责任，或者依法行使抵押权或质权；对于不良贷款，贷款人要按照有关规定和方式，予以核销或保全处置。

第二节 贷款合同管理

一、贷款合同概述

(一)贷款合同的定义

贷款合同是指银行业金融机构以贷款人的身份与自然人、法人、其他组织之间就贷款的发放、使用、收回等相关事宜签订的规范借贷双方权利与义务的书面法律文件。

(二)贷款合同的内容

当事人的名称(姓名)和住址；贷款种类；币种；贷款用途；贷款金额；贷款利率；贷款期限(或还款期限)；还款方式；借贷双方的权利与义务；担保方式；违约责任；双方认为需要约定的其他事项。

(三)贷款合同的分类

贷款合同分为格式合同和非格式合同两种。其中，格式合同是指银行业金融机构根据业务管理要求，对贷款业务制定的在机构内部普遍使用的统一的、标准的格式。

二、贷款合同管理的定义及模式

(一)贷款合同管理的定义

贷款合同管理是指按照银行业金融机构内部控制与风险管理的要求，对贷款合同的制定、修订、废止、选用、填写、审查、签订、履行、变更、解除、归档、检查等一系列行为进行管理的活动。

（二）贷款合同管理模式

（1）贷款合同作为一个法律文件，除了条款合理、合法以外，还必须有较高的严密性，不能留有法律漏洞，因此，合同管理工作具有很强的专业性，应设专门的法律工作部门或岗位归口管理。

（2）贷款合同管理应采用银行本机构法律工作部门统一归口管理和各业务部门、各分支机构分级划块管理相结合的管理模式。

三、贷款合同的主要内容

（一）贷款种类

签署合同当事人双方应明确双方签署的是贷款合同还是担保合同。如是贷款合同，是流动资金贷款合同还是固定资金贷款合同；如是担保合同，是保证合同还是抵（质）押合同，这是合同首先应确认的事项。

（二）贷款金额

贷款金额是表明贷款人向借款人提供的具体货币数量，该金额是计算贷款利息的依据。贷款金额不得超过银行批准的授信额度中对应的额度金额。

（三）贷款期限

贷款期限要根据借款人的资产转换周期、其他还款来源等情况，由借贷双方共同协商后确定。

贷款期限最长一般不得超过 10 年，超过 10 年应当报中国银行业监管机关备案。票据贴现的贴现期限最长不得超过 6 个月，贴现期限为从贴现之日起到票据到期日止。

借款人不能按期归还贷款的，应当在贷款到期日前 10 个工作日向银行提出展期申请，并填写《借款展期申请书》。是否同意展期由银行审核后决定，申请保证贷款、抵押贷款、质押贷款展期的，还应当由保证人、抵押人、出质人出具同意的书面证明。

流动资金贷款展期期限累计不得超过原贷款期限；固定资金贷款展期，中期贷款（3～5 年期）展期期限不得超过原贷款期限的一半，长期贷款（5 年以上）展期期限不得超过 3 年且只能展期一次。借款人未申请展期或申请展期未得到批准，其贷款从到期日次日起即为逾期贷款，转入逾期贷款账户进行处理。

（四）贷款利率

贷款人应当按照中国人民银行规定的基准贷款利率，根据每笔贷款的时间长短、担保情况和风险程度，自行确定利率浮动比例。

短期贷款（期限在一年以下含一年）按贷款合同协议中约定的贷款利率计息，贷款合同期内遇利率调整不分段计息。计息方式分为按季结息和按月结息，由贷款人与借款人协商约定。按季结息的以每季度末月的 20 日为结息日，按月结息的以每月的 20 日为结息日。对贷款期内当期结息日不能按期支付的利息，在下一个结息日按复利计收贷款逾期利息，最后一笔利息在贷款到期归还时利随本清。

中长期贷款(期限在一年以上)利率，实行一年一定贷款利率，每满一年后(分笔拨付的以第一笔贷款的发放日为准)再按当时相应档次的法定贷款利率确定下一年度利率。中长期贷款实行按季结息，每季度末月 20 日为结息日，对贷款期内当期结息日不能按期支付的利息，在下一个结息日按复利计收贷款逾期利息。

贷款展期，期限累计计算。累计期限达到新的利率期限档次时，自展期之日起，按展期日挂牌的该档次利率计息；达不到新的期限档次时，按展期日的原档次利率计息。

(五)贷款的用途

贷款用途是指本笔贷款用在什么地方。企业应按照合同约定的用途使用贷款，不得挪作他用，确保贷款资金去了该去的地方。合同中明确此项条款，对于控制风险、保证贷款资金的安全，意义重大。

《贷款通则》还规定了以下对贷款用途的限制：

(1)借款人不得用贷款从事股本权益性投资，国家另有规定的除外；

(2)借款人不得用贷款在有价证券、期货等方面从事投机经营；

(3)除依法取得房地产资格的借款人以外，不得用贷款经营房地产业务，依法取得经营房地产资格的借款人，不得用贷款从事房地产投机；

(4)借款人不得套取贷款用于借贷牟取非法收入。

(六)提款前提条件

借款人一般应满足以下条件后方可开始提款：

(1)借款人已在贷款人或其分支机构开立贷款账户和人民币账户。

(2)借款人已向贷款人提交《贷款证》。如果本借款合同的担保为保证担保，保证人的贷款证也应同时交给贷款人。

(3)借款人已向贷款人提交当地工商行政管理部门年检合格的营业执照副本(复印件)。

(4)借款人已向贷款人提供注册资本已按规定交纳的验资报告。

(5)借款人已向贷款人提交该企业董事会或其他有权部门关于同意签订和履行本协议的决议书和授权书。

(6)借款人已向贷款人提交该企业中有权签署本合同及与本合同有关的文件和单据的人员名单及上述人员的签章样本。

(7)与本合同项下有关的担保合同已经生效。

(8)贷款人已收到借款人提交的提款申请书。

(9)借款人已交纳了一定比例的保证金。

(10)借款人已向贷款人就申贷材料信息的真实性、贷款的真实用途及贷款的支付方式进行了承诺。

(11)借款人满足了合同中的声明与保证。

(12)借贷双方约定的其他提款条件已经满足。

(七)借款归还计划

(1)明确具体的还款日期和还款金额。

(2)贷款人在短期贷款到期1个星期之前、中长期贷款到期1个月之前,应当向借款人发送还本付息通知单。

(3)明确合同项下借款人支付的款项和贷款人从借款人账户扣收的款项应先用于支付到期利息,然后用于偿还到期本金。

(4)明确要求借款人在此授权,如借款人未按还款计划还款,银行有权扣划借款人在银行开立的账户中的任何款项。

(八)担保

合同中应明确担保方式和相应责任,载明与谁签订《保证合同》或《抵(质)押合同》。明确在本合同项下债务履行期间内,如遇保证人财务状况恶化或其他原因导致偿债能力明显下降,或遇抵押物和质物的贬值、毁损、灭失,致使担保能力明显减弱或丧失时,贷款人有权要求借款人更换保证人或重新提供新的抵押物、质物来担保本合同项下债务。

(九)声明与保证

声明与保证包括借款人的声明与保证和贷款人的声明与保证,表明各自应承担的义务。

1. 借款人声明

借款人声明一般包括:

(1)企业的法律地位合法、有效;

(2)本合同是其真实意思的表达,是在平等、自愿基础上签署的;

(3)向贷款人提供的文件、资料、报表是真实有效的;

(4)借款人没有隐瞒任何已发生或即将发生的有可能使贷款人不同意发放本合同项下贷款的事件。

2. 借款人保证

借款人保证一般包括:

(1)按本合同约定使用借款;

(2)按本合同约定归还借款本息和有关费用;

(3)按银行的要求如期提供最新财务报表,并对其真实性、准确性和有效性负责;

(4)借款人与其他人签订的协议在法律上不会损害贷款人在本合同项下的任

何权利和利益；

(5)接受贷款人的信贷检查与监督,并给予足够的协助与配合；

(6)借款人不得以任何方式减少注册资本,进行重大产权变动和经营方式的调整须事先征得贷款人书面同意；

(7)借款人保证当发生重大事件时将及时通知贷款人。

3. 贷款人声明

贷款人声明一般包括：

(1)贷款人的法律地位合法、有效；

(2)贷款人有权签署本合同及有关文件,履行本合同项下的权利和业务,贷款人发放本项贷款已取得必要的授权。

4. 贷款人保证

贷款人保证一般包括：

(1)按照本合同约定,向借款人提供贷款；

(2)执行中国人民银行关于利率和利息计收规定。

(十)违约事件及处理

违约事件包括借款人违约事件和贷款人违约事件,合同中应明确各自的违约事件及当违约事件发生后双方所能够行使权力而采取的措施。

1. 借款人违约事件

借款人违约事件一般包括：

(1)借款人未按本合同约定的用途使用贷款；

(2)借款人未按本合同约定偿还或支付到期本金、利息、逾期罚息等应付款；

(3)借款人违反了保证和声明；

(4)借款人因任何原因停止生产经营、终止营业、被宣告破产；

(5)有事实证明借款人已丧失还款能力,或本合同项下债务履行期间保证人财务状况恶化或其他原因导致偿债能力明显下降,或遇抵押物、质物的贬值、毁损、灭失,致使担保能力明显减弱或丧失,借款人未按贷款人的要求提供新的保证人或抵押物、质物；

(6)借款人违反了本合同中有关其义务的任何其他规定。

2. 借款人违约事件处理

出现违约,贷款人一般可采取的措施：

(1)要求借款人限期纠正违约事件；

(2)停止借款人提款或取消借款人尚未提用的借款额度；

(3)宣布本合同项下的借款本息全部提前立即到期,贷款人有权立即从借款人开立的存款账户中扣款用于偿还被贷款人宣布提前到期的所欠全部债务,借款人就贷款人的上述扣款无条件放弃抗辩权；

(4)宣布借款人在与贷款人签订的其他借款合同项下的借款本息立即到期,要求借款人立即偿还贷款本息及费用;

(5)按本合同规定向借款人计收逾期利息、挪用利息;

(6)依法实现抵押权或质权。

3. 贷款人违约事件

贷款人违约事件一般包括:

(1)贷款人无正当理由未按本合同约定向借款人提供贷款;

(2)贷款人违反本合同约定擅自加收或变相加收贷款利息或其他费用;

(3)贷款人违反贷款人声明与保证任何内容。

4. 贷款人违约事件处理

出现违约,借款人一般可采取的措施:

(1)要求贷款人限期纠正上述违约事件;

(2)提前还款,并且不支付任何提前还款损失赔偿金。

四、贷款合同需注意的问题

(一)贷款合同的主从合同

根据合同间是否有主从关系,可将合同分为主合同与从合同。主合同,是指不依赖其他合同而能够独立存在的合同;从合同,是指必须以其他合同的存在为前提而存在的合同。

商业银行的贷款合同通常由借款合同和担保合同组成,借款合同为主合同,担保合同为从合同。主从合同之间具有借款担保衔接一致的法律关系,主从合同必须对应一致。而在信贷业务合同签订中,存在签订合同时不认真,合同编号错误或填写有误,导致主合同所指定的从合同没有对应关系,或从合同所依存的主合同不存在,或从合同所对应的主合同为其他主合同的现象;也存在从合同先于主合同签订,即从合同签订的时间在前,主合同签订的时间在后,导致法律逻辑错误,给银行的担保权实现埋下较大的法律风险隐患。

(二)限制性条款的应用[1]

Restrictive Covenants,在国内有三种译法:限制性条款、约束性条款和保护性条款,一般译为限制性条款。通常来说,限制性条款包括肯定条款和否定条款,前者要求借款者采取一定的行动,如定期向银行提供财务报表,维持一定的财务比率和资本结构,后者则对借款者的一些行为加以限制,如借入新的债务、购买额外的固定资产、兼并、出售资产、股利分配等。

国外银行的借款合同通常附有很多限制性条款,从财务信息到非财务信息,多方面

---

[1] 胡奕明,唐松莲. 我国商业银行贷款谈判力分析[J]. 上海金融,2007(1):21—25.

对借款人实施约束和监督。这些条款的设立,银行可以更加强化监管的内容和力度,减少道德风险,规避违约和破产风险,遏制企业的过度投资,从而保护债权人的利益。

我国商业银行也在合同中使用限制性条款,在借款合同存在一些财务信息和非财务信息限制性条款,如对还款要求、限制贷款用途要求等条款。由于认识和管理水平的原因,在条款的设计上,无论数量、形式均非常有限,无法做到为不同客户量身定做而影响了使用效果,有待于银行业在这方面加以完善与提高。

第三节　用信管理

一、用信管理的定义

用信管理是指信贷业务审批后至信用发放的一系列信贷管理行为的总和。主要包括落实信用发放条件、签订合同、办理担保手续、放款审核、受托支付审核和发放信用等信贷业务实施工作。

二、用信管理的主要内容

(一)用信管理部门分工及岗位职责

信贷业务用信管理涉及授信执行、客户、信贷管理、法律、运营等多个部门的多个岗位,由授信执行部门牵头,各岗位共同参与完成,各自在职责范围内承担相应责任。

1. 授信执行部门

负责制定、修改用信管理制度办法;对用信管理工作进行检查和评价;

放款审核岗负责对照信贷批复要求,对信用发放条件、贷款使用条件等批复要求的落实情况,信贷合同、担保及其他放款手续的规范性进行审核。审核发现问题的,经营行要按要求进行整改,整改不到位不得发放。出现异议的,报上级行信贷管理(授信执行)部门审定。

2. 客户部门

客户经理负责按照信贷业务批复文件要求与客户商谈,落实审批方案要求;在合同签订前对信贷业务进行复核;选用填制信贷合同、签订合同;办理抵质押担保,取得抵质押权证后办理移交保管手续;信息录入业务管理系统,打印借款凭证或制作其他信用发放单证,制作放款通知书,信贷档案资料归档等。

经营行可在客户部门(或其他部门)设立专岗,负责抵质押担保办理、移交、信贷档案管理等实施工作。

3. 信贷管理部门

审查人员负责对信贷业务批复的各项内容进行解释说明。

4. 法律事务部门

负责合同合法性审查及其他信贷业务实施过程中涉及法律问题的审查。

5. 运营部门

柜员负责审核发放单证,对信用业务进行发放账务处理;保管各类抵质押权证、登记表外账;对质押单证进行止付、开立保证金账户、办理保证金足额缴存的账务处理;配合客户部门监督信贷资金的支付使用,办理受托支付账务处理。

(二)法人客户信贷业务用信管理

1. 信贷业务批复的基本结构及主要内容

法人客户信贷业务批复的基本结构主要包括信贷方案、信用发放条件、贷款使用条件、合同约定内容和管理要求五部分内容(除信贷方案外,其他为非必备内容)。

(1)信贷方案。主要包括用信主体(或借款人)、信贷业务种类、币种和金额、用途、期限、价格(含利率、费率等)、担保方案、还款方式、审批有效期等要素。

(2)信用发放条件。即要求客户(包括担保人)在信用发放前需履行义务的事项。

(3)贷款使用条件。即针对特定客户提出的,在贷款发放至客户账户后、客户使用贷款资金前必须满足的条件。

(4)合同约定内容。即需要在信贷合同中约定的对用信主体的有关要求和约束性条件。

(5)管理要求。即针对具体信贷业务提出的贷后监管要求。

2. 信贷批复内容的落实要求

(1)信贷方案的落实。用信主体、信贷业务种类、币种和金额、用途、期限、价格、担保方案、还款方式等要素应按照批复要求完整、准确地填写到合同中。

(2)信用发放条件的落实。信用发放条件原则上应在签订信贷合同前落实。如需要,应列入合同条款,在合同签订后、信用发放前落实到位。

(3)贷款使用条件的落实。贷款使用条件的要求应在合同中体现。合同签署后贷款资金发放至客户账户,客户须落实贷款使用条件后再提款使用。

(4)合同约定内容的落实。批复要求在合同中约定的事项要逐条添加到合同补充条款中。

(5)管理要求。管理要求要在贷后监管中逐项落实。

(三)信贷批复落实情况的审核

1. 信用发放条件落实情况的审核

根据信贷业务审批层级和业务种类的不同,对法人客户信贷业务首笔信用发放时信用发放条件落实情况实行分层审核:

(1)总行审批信贷业务附信用发放条件的,信用发放条件落实情况由一级分行放款审核岗审核,并根据批复文件的要求向总行备案。

(2)一级分行审批的固定资产贷款附信用发放条件的,信用发放条件落实情况原则上由一级分行放款审核岗审核。一级分行可将审核权转授至信贷经营管理综合评价结果为 A 类的二级分行。

(3)一级分行审批的除固定资产贷款外的其他业务、二级分行审批的全部业务,附信用发放条件的,信月发放条件落实情况由二级分行放款审核岗审核。

(4)经营行审批的信贷业务,附信用发放条件的,信用发放条件落实情况由经营行放款审核岗审核。

2. 其他信贷批复内容落实情况的审核

(1)合同中信贷方案各要素填写情况、贷款使用条件落实情况、批复中"合同约定"内容添加情况由经营行放款审核岗审核。

(2)管理要求落实情况检查根据贷后管理相关规定执行。

(四)法人客户信贷业务实施基本操作流程及各环节具体要求

1. 客户部门按照批复要求落实信用发放条件

经营行收到信贷批复后,向客户发放信用前,客户经理要复核信贷业务最新情况,审核是否在信贷审批有效期之内、有无重大风险变动。符合要求的,经营行客户部门落实信贷批复中的信用发放条件,落实后填写《信用发放条件落实清单》(以下简称《清单》),附证明材料。

2. 选用、填写合同

经营行客户经理选用、填写主从合同。合同选用、填写的要求按银行合同管理相关规定执行。

3. 信用发放条件落实情况审核及合同预审

(1)经营行客户经理填写《法人客户信贷业务放款审核表》(以下简称《放款审核表》)的基本信息,与填好的清单、合同、相关材料一并交放款审核岗审核。信用发放条件落实情况需上级行审核的,客户经理将清单和证明材料(经营行盖章)报上级行。

(2)有权审核行放款审核岗审核信用发放条件落实情况。经营行(上级有权审核行)放款审核岗对材料完备的报审业务,必须尽快处理。由非经营行审核签字的,可将清单以传真或扫描等方式发回经营行,并填写审核日志备查。

(3)经营行放款审核岗在合同签字生效前进行合同预审。审核的主要内容为:

①合同选用是否正确;

②信贷批复方案各要素是否完整、准确地在合同中体现,填写是否规范;

③批复提出的"合同约定"、"贷款使用条件"等是否完整、准确地添加到合同中;

④按合同管理规定需法律审查的合同,法律审查人员是否出具了审查意见。

审核发现问题的,要通知客户经理及时整改。

4. 合同双方签字盖章

客户与银行在主从合同上签字盖章,签字盖章的要求按银行合同管理相关规定执行。

5. 办理抵质押担保手续

经营行客户经理(或授信执行人员)与抵押(出质)人共同办理抵质押担保手续。取得抵质押权证后按信贷档案管理要求复印、扫描,与柜员办理移交手续,取得柜员签字的回执,由柜员进行账务登记和保管。

法人信贷业务抵质押担保手续应实行双人办理。办理人要在《放款审核表》上签字。

需先签订合同后落实信用发放条件或信用发放条件中要求办理担保的,可根据需要调整上述步骤的先后顺序,但合同签订前须经放款审核岗预审。

三、用信管理的要点

(一)贷款的发放

强调贷放分控、实贷实付。贷款人应设立独立的责任部门或岗位,负责贷款发放审核。贷款人在发放贷款前应确认借款人满足合同约定的提款条件,并按照合同约定的方式对贷款资金的支付实施管理与控制,监督贷款资金按约定用途使用。

1. 放款审核

客户经理将签署后的合同、抵质押权证复印件、移交回执等交经营行放款审核岗进行放款前审核。审核内容包括但不限于:主从合同签字盖章的合规性;抵质押担保办理的合规性,需办理止付手续的是否按规定办理,需缴纳保证金的是否按规定开立保证金账户、足额缴纳了保证金,需办理保险的是否按规定办理了保险手续、保险合同已生效等。

审核后在《放款审核表》上签署意见。

2. 放款

放款审核岗审核同意后,客户经理录入业务管理系统,打印制作借款凭证或其他信贷业务发放单证,客户和银行有权签字人签字盖章,制作放款通知书,有权签字人签字。

3. 柜员进行会计账务处理

客户经理将已批准的放款审核表、放款通知书和信贷业务发放凭证交网点柜员,柜员确认后按规定进行账务划转。账务处理后将需返还资料交客户经理。

4. 档案归集、留存

贷款发放后,客户经理在业务管理系统中核对放款结果,将应交客户留存的资料交客户签收,银行合同和内部运作资料按规定归档。

(二)贷款的支付

贷款人受托支付是指贷款人根据借款人的提款申请和支付委托,将贷款通过借款人账户支付给符合合同约定用途的借款人交易对象。

借款人自主支付是指贷款人根据借款人的提款申请将贷款资金发放至借款人账户后,由借款人自主支付给符合合同约定用途的借款人交易对象。

贷款人应设立独立的责任部门或岗位,负责贷款支付审核和支付操作。采用贷款人受托支付的,根据借款人的用款申请和支付委托,贷款人应审核交易资料是否符合合同约定条件。在审核通过后,将贷款资金通过借款人账户支付给借款人交易对象,由经营行放款审核岗负责支付前的审核。

采用借款人自主支付方式的,贷款人应要求借款人定期汇总报告贷款资金支付情况,并通过账户分析、凭证查验、现场调查等方式核查贷款支付是否符合约定用途。

第四节 贷后管理

一、贷后管理的定义

贷后管理是银行在贷款发放后对合同执行情况及借款人经营管理情况进行检查或监控的信贷管理行为。其主要内容包括监督借款人的贷款使用情况、跟踪掌握企业财务状况及其清偿能力、检查贷款抵押品和担保权益的完整性这三个方面。其主要目的是督促借款人按合同约定用途合理使用贷款,及时发现并采取有效措施纠正、处理有问题贷款,并对贷款调查、审查与审批工作进行信息反馈,及时调整与借款人合作的策略与内容。

二、贷后检查

(一)信息不对称与贷后检查

一笔贷款从银行发放或支付给借款人的那一刻起,就进入到了贷后阶段。而贷款能够到期按时归还,除了客观上的贷款期限与借款人的资产转换周期及其他特定还款来源的到账时间相匹配,贷款金额适当,用途合理、真实外,主要依靠借款人良好的经营效果和还款意愿来保证,但借款人的经营状况、财务状况、还款意愿、担保等情况不是一成不变的,银行很难第一时间得到信息,产生了信息不对称,借款人贷时情况好不等于贷后也好,银行唯有加强贷后跟踪检查,密切关注借款人的各种蛛丝马迹的变化,尤其应关注出现的预警信号,才能在信息不对称的情况下尽早发现风险,以便及时采取措施,从而避免损失或将损失降到最低。

(二)贷后检查的主要内容

1. 借款人基本情况及贷款使用情况

(1)客户是否按约定用途使用贷款;

(2)客户的法律地位是否发生变化；
(3)借款人名称、公司性质、主要产品生产；
(4)贷款项目是否正常进行，项目进度、计划与借款合同是否一致；
(5)借款人是否在诚实地履行合同中的各项承诺。

2. 财务状况及清偿能力
(1)财务报表是否连续完整；
(2)要求借款人及时提供最新的各种财务报表，并定期进行财务分析。

3. 还本付息
(1)贷款的期限、金额、目前余额；
(2)贷款的还本付息情况；
(3)贷款是否展期；
(4)贷款的偿还有无足够现金流量；
(5)除产品销售外，有无其他还款来源；
(6)如不能按时还本付息，找出原因。

4. 担保抵押
(1)担保抵押的手续是否齐备、合法；
(2)抵押品的估值、现值及出售的难易程度；
(3)抵押品的完好程度；
(4)是否重复抵押；
(5)超额押值是否充分；
(6)担保人的资格、财务状况有无变化。

5. 经营预测
(1)借款人所在行业的变动趋势；
(2)借款人在行业中的地位及变动趋势；
(3)借款人的产品成本、销售收益的变动趋势；
(4)借款人与我公司的业务往来。

6. 档案管理
借款人的各种证明、文件、财务报表、借款合同等档案材料齐全完整。

(三)贷后检查的主要方法

贷款发放以后，信贷人员都应做好跟踪检查工作，应经常与借款客户保持联系，每月或每季登门拜访客户，视察借款企业的经营管理及产销情况；定期审阅借款企业的财务报表，分析财务状况的变动趋势，密切注意是否有风险预警，还要注意借款客户管理层的人事变动、身体状况，以及通过各种途径了解借款企业与其他银行的资金往来及其与其他债权债务人、经营合作者的关系，以全面掌握借款企业的运作情况。

(四)预警信号风险提示

1. 与客户品质有关的信号

(1)企业负责人失踪或无法联系;

(2)客户不愿意提供与信用审核有关的文件;

(3)在没有正当理由的情况下撤回或延迟提供与财务、业务、税收或抵押担保有关的信息或要求提供的其他文件;

(4)资产或抵押品高估;

(5)客户不愿意提供过去的所得税纳税单;

(6)客户的竞争者、供货商或其他客户对授信客户产生负面评价;

(7)改变主要授信银行,向许多银行借款或不断在这些银行中间借新还旧;

(8)客户频繁更换会计人员或管理人员;

(9)作为被告卷入法律纠纷;

(10)有些债务未在资产负债表上反映或列示;

(11)客户内部或客户的审计机构使用的会计政策不够审慎。

2. 客户在银行账户变化的信号

(1)客户在银行的头寸不断减少;

(2)对贷款的长期占用;

(3)缺乏财务计划,如总是突然向银行提出借款需求;

(4)短期贷款和长期贷款错配;

(5)银行存款出现异常变化;

(6)经常接到供货商查询核实头寸情况的电话;

(7)突然出现向新交易商转移大额资金;

(8)对贷款的需求出现异常增长。

3. 客户管理层变化的信号

(1)管理层行为异常;

(2)财务计划和报告质量下降;

(3)业务发展战略频繁变化;

(4)对竞争变化或其他外部条件变化缺少对策;

(5)核心盈利业务削弱和偏离;

(6)管理层主要成员家庭出现问题;

(7)长期合作的伙伴不再进行合作;

(8)不遵守授信的承诺;

(9)管理层能力不足或不团结;

(10)缺乏技术工人或有劳资争议;

(11)存在从未实现的计划;

(12)管理层的重大人员变动。

4. 业务运营环境变化的信号

(1)库存水平的异常变化；

(2)工厂设备维护或设备管理落后；

(3)核心业务发生变动；

(4)缺乏操作控制、程序、质量控制等；

(5)主要产品线上的供货商或客户流失。

5. 财务状况变化信号

(1)付息或还本拖延,不断申请延期支付或申请实施新的授信或不断透支；

(2)申请实施授信支付其他银行的债务,不交割抵押品,授信抵押品情况恶化；

(3)违反合同规定；

(4)支票收益人要求核实客户支票账户的余额；

(5)定期存款账户余额减少；

(6)贷款需求增加,短期债务超常增加；

(7)客户自身的配套资金不到位或不充足；

(8)杠杆率过高,经常用短期债务支付长期债务；

(9)现金流不足以支付利息；

(10)其他银行提高对同一客户的利率；

(11)客户申请无抵押授信产品或申请特殊还款方式；

(12)交易和文件过于复杂；

(13)银行无法控制抵押品和质押权；

(14)应收账款的收回拖延；

(15)资产负债表结构的重大变化；

(16)成本的上升和利润的下降；

(17)过分依赖短期借款来满足长期资金需要。

6. 其他预警信号

(1)业务领域收缩；

(2)无核心业务并过分追求多样化；

(3)业务增长过快；

(4)市场份额下降；

(5)销售集中于一些客户。

7. 客户履约能力风险提示

(1)成本和费用失控；

(2)客户现金流出现问题；

(3)客户产品或服务的市场需求下降；

(4)还款记录不正常;
(5)欺诈,如在对方付款后故意不提供相应的产品或服务;
(6)弄虚作假(如伪造或涂改各种批准文件或相关业务凭证);
(7)对传统财务分析的某些趋势(如市场份额的快速下降)未作解释;
(8)客户战略、业务或环境的重大变动;
(9)某些欺诈信号,如无法证明财务记录的合法性;
(10)财务报表披露延迟;
(11)未按合同还款;
(12)未做客户破产的应急预案;
(13)对于信息的反应迟缓。

三、贷款风险分类

(一)贷款分类方法的演进

1998年以前,我国商业银行的贷款分类办法基本上是沿袭财政部1998年颁布的《金融保险企业财务制度》中的规定,把贷款划分为正常、逾期、呆滞、呆账四种类型,后三种合称为不良贷款,在我国简称"一逾两呆"。

逾期贷款是指逾期未还的贷款,只要超过一天即为逾期。呆滞是指逾期两年或虽未满两年但经营停止、项目下马的贷款。呆账是指按照财政部有关规定确定已无法收回,需要冲销呆账准备金的贷款。

我国商业银行的呆账贷款大部分已形成应该注销而未能注销的历史遗留问题。这种分类方法简单易行,在当时的企业制度和财务制度下,的确发挥了重要的作用,但是,随着经济改革的逐步深入,这种办法的弊端逐渐显露,已经不能适应经济发展和金融改革的需要了。比如未到期的贷款,无论是否事实上有问题,都视为正常,显然标准不明;再比如,把逾期一天的贷款即归为不良贷款似乎又太严格了。另外这种方法是一种事后管理方式,只有超过贷款期限,才会在银行的账上表现为不良贷款。因此,它对于改善银行贷款质量,提前对问题贷款采取一定的保护措施,常常是无能为力的。所以随着不良贷款问题的突出,这类分类方法也到了非改不可的地步。

1998年5月,中国人民银行参照国际惯例,结合我国国情,制定了《贷款分类指导原则》,要求商业银行依据借款人的实际还款能力进行贷款质量的五级分类,即按风险程度将贷款划分为五类:正常、关注、次级、可疑、损失,后三种为不良贷款。这种分类方法是银行主要依据借款人的还款能力,即最终偿还贷款本金和利息的实际能力,确定贷款遭受损失的风险程度,其中后三类称为不良贷款。

五级分类是国际金融业对银行贷款质量的公认的标准,这种方法是建立在动态监测的基础上,通过对借款人现金流量、财务实力、抵押品价值等因素的连续监测和分析,判断贷款的实际损失程度。也就是说,五级分类不再依据贷款期限来判断贷款质量,能更准确地反映不良贷款的真实情况,从而提高银行抵御风险的能力。

2003年银监会发布的《关于推进和完善贷款风险分类工作的通知》规定,从2004年起,停止执行"一逾两呆"分类制度,同时把实施五级分类的范围从贷款扩大到表外业务。

从2004年1月1日起,国有独资商业银行、股份制商业银行两类银行将奉行国际标准,取消原来并行的贷款四级分类制度,全面推行贷款五级分类制度。2007年银监会发布的《贷款风险分类指引》规定商业银行贷款五级分类是贷款风险分类的最低要求,各商业银行可根据自身实际制定贷款分类制度,细化分类方法,但不得低于五级分类的要求,并与五级分类方法具有明确的对应和转换关系。目前已有多家银行实行了贷款风险多级分类,例如,中行实行的是52221的十二级分类、工行实行的是43221的十二级分类、交行实行的是52111的十级分类等。

(二)贷款风险分类定义与原则

1. 贷款分类的定义

《贷款风险分类指引》(以下简称《指引》)第二条指出,贷款分类是指商业银行按照风险程度将贷款划分为不同档次的过程,其实质是判断债务人及时足额偿还贷款本息的可能性。

2. 贷款分类应达到的目标

根据《指引》第三条规定,其目标有:

(1)揭示贷款的实际价值和风险程度,真实、全面、动态地反映贷款质量;

(2)及时发现信贷管理过程中存在的问题,加强贷款管理;

(3)为判断贷款损失准备金是否充足提供依据。

3. 贷款分类的原则

根据《指引》第四条规定,贷款分类应遵循以下原则:

(1)真实性原则。分类应真实客观地反映贷款的风险状况。

(2)及时性原则。应及时、动态地根据借款人经营管理等状况的变化调整分类结果。

(3)重要性原则。对影响贷款分类的诸多因素,要根据指引的核心定义确定关键因素进行评估和分类。

(4)审慎性原则。对难以准确判断借款人还款能力的贷款,应适度下调其分类等级。

(三)贷款分类的核心定义

《指引》规定,至少将贷款划分为正常、关注、次级、可疑和损失五类,后三类合称为不良贷款。贷款分类更具有弹性,可能多于五类以上的分类方法。

《指引》第五条对五类贷款进行了如下定义。

正常:借款人能够履行合同,没有足够理由怀疑贷款本息不能按时足额偿还。

关注：尽管借款人目前有能力偿还贷款本息，但存在一些可能对偿还产生不利影响的因素。

次级：借款人的还款能力出现明显问题，完全依靠其正常营业收入无法足额偿还贷款本息，即使执行担保，也可能会造成一定损失。

可疑：借款人无法足额偿还贷款本息，即使执行担保，也肯定要造成较大损失。

损失：在采取所有可能的措施或一切必要的法律程序之后，本息仍然无法收回，或只能收回极少部分。

（四）五级分类的详细标准

贷款五级分类标准详见第十一章第五节"不良贷款处置管理"部分。

专栏 3—1

某商业银行的十级分类

为实现贷款精细化管理，促进审慎经营、风险为本的经营理念，充分揭示信贷资产的实际价值和风险程度，提高信贷资产风险分类水平，为计提贷款损失提供充足依据，某商业银行在实际工作中采用了十级分类的方法。其分类十级标准如表3—1所示。显然，相对五级分类，十级分类的方法能更好地区分贷款的内在风险大小，有利于更精准地进行管理。

表3—1　　　　　　一般企业信贷资产风险十级分类标准

五级分类	十级分类以及核心定义	基本特征
正常类贷款	正常1：借款人经营状况良好，连续保持良好的信用记录。借款人在行业中享有较高声誉，产品市场份额较高，所在行业前景好。借款人能够履行合同，有充分把握按时足额偿还贷款本息。	借款人经营管理状况良好，产品（商品）市场充分。企业处于成长状态，贷款及时回笼，盈利能力较强。还款意愿良好，能正常还本付息，连续保持良好的还款记录。或被分类的信贷资产属于低风险业务，范围为：全额存单质押、全额凭证式国债质押、全额银行承兑汇票质押、全额保证金项下授信业务、银票贴现、银行保证。
	正常2：借款人经营状况稳定，连续保持良好的信用记录。借款人处于良性发展状态，规模适中，所在行业前景好。借款人能够履行合同，有能力按时足额偿还贷款本息。	借款人经营管理状况良好，产品（商品）有市场。企业处于良性发展状态，利润继续保持增长。借款人能够履行合同，有能力足额偿还贷款本息。
	正常3：借款人经营状况稳定，连续保持良好的信用记录。所在行业发展具有一定不确定性。借款人能够履行合同，没有足理由怀疑贷款本息不能按时足额偿还。	借款人经营管理状况较好。财务状况、盈利能力和现金流量比较好，企业与产品的生命周期已处于顶峰或开始下滑。对借款人最终偿还贷款有充分把握。

续表

五级分类	十级分类以及核心定义		基本特征
关注类贷款	关注1	借款人有能力偿还贷款本息,但借款人经营稳定性一般,对借款人的持续偿债能力需加以关注。	1. 借款人有能力偿还贷款本息,但借款人经营稳定性一般,对借款人的持续偿债能力需加以关注。 2. 借款人或有负债(如对外担保、签发商业汇票等)过大或与上期相比有较大幅度上升。
	关注2	借款人目前有能力偿还贷款本息,但借款人经营稳定性和所在行业一般,存在可能影响借款人偿债能力的不利因素。	1. 借款人目前有能力偿还贷款本息,但借款人经营稳定性和所在行业一般,存在可能影响借款人偿债能力的不利因素。 2. 借款人改制(如分立、兼并、租赁、承包、合资、股份制改造等)对贷款偿还可能产生不利影响。 3. 借款人的主要管理层发生重大变化,对企业的未来经营可能产生不利影响。 4. 法定代表人和主要经营者的品行出现了不于贷款偿还的变化。 5. 贷款的抵(质)押物价值下降,可能影响贷款归还;保证人与借款人有关联关系,可能影响保证责任的履行。 6. 贷款本金或利息逾期30天以内的贷款或已发生表外业务垫款。或连续逾期3期(含)以下的抵押贷款。
	关注3	借款人目前有能力偿还贷款本息,但借款人经营效益、经营性现金流量连续下降,存在可能影响借款人偿债能力的不利因素。	1. 借款人目前有能力偿还贷款本息,但借款人经营效益、经营性现金流量连续下降,存在可能影响借款人偿债能力的不利因素。 2. 借款人的主要股东、关联企业或母子公司等发生了重大的不利于贷款本息偿还的变化。 3. 借款人经营管理存在问题,或未按合同约定用途使用贷款。 4. 借款人的固定资产贷款项目出现重大的不利于贷款偿还的因素(如基建项目工期延长、预算调增过大等)。 5. 贷款的抵(质)押物价值下降至低于贷款发放时的评估价值,可能影响贷款归还;保证人的财务状况出现负面变化,可能影响保证责任的履行。

续表

五级分类	十级分类以及核心定义		基本特征
关注类贷款	关注3	借款人目前有能力偿还贷款本息,但借款人经营效益、经营性现金流量连续下降,存在可能影响借款人偿债能力的不利因素。	6. 本金或利息虽未逾期,但借款人还款意愿差,或有利用兼并、重组、分立等形式恶意逃废银行债务的嫌疑。
			7. 贷款本金或利息逾期31~90天以内的贷款或表外业务垫款30天以内。或连续逾期3~6期(含6期)的抵押或按揭贷款。
			8. 借款人之直接关联公司的贷款被列为次级或以下。
			9. 借款人涉及对其财务状况或经营可能产生重大不利影响的未决诉讼。
			10. 借款人在其他金融机构的贷款被列入次级或涉及重大诉讼。
次级类贷款	次级1	借款人目前的还款能力不足或抵押物不足值。此类贷款存在影响贷款足额偿还的明显缺陷,如果这些缺陷不能及时纠正,银行贷款遭受损失的可能性较大。	1. 借款人目前的还款能力不足或抵押物不足值,存在影响贷款本息足额偿还的明显缺陷,如果这些缺陷不能及时纠正,银行贷款遭受损失的可能性较大。
			2. 借款人已不得不通过出售、变卖主要的生产和经营性固定资产来维持生产经营,或者通过拍卖抵押品、履行保证责任等途径筹集还款资金。
			3. 借款人内部管理出现问题,对正常经营构成实质损害,妨碍债务的及时足额清偿。
	次级2	借款人的还款能力出现明显问题,完全依靠其正常营业收入无法足额偿还贷款本息,即使执行担保,也可能造成一定损失。	1. 借款人的还款能力出现明显问题,完全依靠其正常营业收入无法足额偿还贷款本息,及时执行担保,也可能造成一定损失。
			2. 借款人经营出现巨额亏损,支付困难并且难以获得补充资金来源。
			3. 借款人不能偿还其他债权人债务。
			4. 借款人采用隐瞒事实等不正当手段取得贷款。
			5. 借款人有重大违法经营行为。
			6. 信贷档案不齐全,重要法律性文件遗失,并且对还款构成实质性影响。
			7. 贷款本金或利息逾期91天至180天的贷款或表外垫款31天至90天。

续表

五级分类	十级分类以及核心定义	基本特征
可疑类贷款	借款人无法足额偿还贷款本息，即使执行担保，也肯定要造成较大损失。	1. 借款人处于停产、半停产状态，固定资产贷款项目处于停建、缓建状态。 2. 借款人实际已严重资不抵债。 3. 借款人进入清算程序。 4. 借款人或其法定代表人涉及重大案件，对借款人的正常经营活动造成重大影响。 5. 借款人改制后，难以落实债务或虽落实债务，但不能正常还本付息。 6. 经过多次谈判借款人明显没有还款意愿。 7. 已诉诸法律追收贷款本息。 8. 本金或利息逾期181天以上的贷款或表外垫款91天以上。
损失类贷款	在采取所有可能的措施或一切必需的法律程序之后，贷款本息仍然无法收回，或只能收回极少部分。	1. 符合《财政部关于印发〈金融企业呆账核销管理办法〉的通知》（财金[2008]28号）规定的被认定为呆账条件之一的信贷资产。 2. 借款人无力偿还贷款，即使处置抵（质）押物或向担保人追偿也只能收回很少的部分，预计贷款损失率超过90%。

（五）贷款分类考虑的主要因素

《指引》第六条明确了贷款分类应考虑如下主要因素：

1. 借款人的还款能力

借款人的还款能力是一个综合概念，既包括财务因素，如借款人现金流量、财务状况，还包括影响还款能力的非财务因素，如还款意愿、管理问题等。

《指引》第七条指出，对贷款进行分类时，要以评估借款人的还款能力为核心，把借款人的正常营业收入作为贷款的主要还款来源，贷款的担保作为次要还款来源。

银行贷款最终是要靠借款人手中的现金来偿还的，将借款人正常营业收入产生的现金流量作为贷款的第一还款来源、担保作为第二还款来源是确保贷款资金安全的正确选择，不能认为有了担保贷款就一定没有风险。因此，还款能力分析主要通过现金流量分析来实现的。现金流量分析是指金融机构根据借款人现金流量表中现金及现金等价物的信息，分析现金流量表结构是否合理和净现金流量的变动趋势，判断借款人经营活动和筹资活动及投资活动的净现金流量变化对还款能力产生的影响。

财务状况的评估是指金融机构在通过采取现场调研，在了解借款人经营状况和资金实力的基础上，对借款人财务报表中有关数据资料进行重新计算、对比确认、重点研究，着重分析借款人长短期偿债能力、盈利能力、营运能力等财务指标，从而达到全面评估借款人的财务状况的目的这样一种行为。

非财务因素是指除会计信息以外所有影响企业经营的重要因素。这个因素非常宽泛，几乎无所不包，因此分类方法很多，内容各有侧重，《商业银行授信工作尽职指引》附件4列示了30多条非财务因素，分为五大类：

(1)管理者分析，包括人品、诚信、经验、组织架构、授信动机、道德水准等。

(2)产品分析，包括产品定位、核心产品、市场表现、研发能力等。

(3)生产过程分析，包括是否劳动或资本密集型、供应链依存度、设备与技术状况等。

(4)行业分析，关注的是行业准入门槛、结构、特征、政策等因素。

(5)宏观经济环境分析，包括社会购买力、利率、汇率等15项宏观经济因素。

2. 借款人的还款记录

借款人的还款记录是判断借款人还款意愿的重要依据。我们无法预知借款人将来是否有还款意愿，在清分时只能从历史记录中所发生的事情来综合判断借款人的还款意愿。例如，是否按时还本付息，是否有用欺骗的方式来套取银行贷款，是否有恶意拖欠交易对象的货款等事实，来判断借款人的诚信度，以此来推断借款人的还款意愿，从而判定贷款的风险程度。但也不能就此认为借款人过去几次都能按时还本付息，将来也能如何，有时候可能是一个刻意造出的假象，以麻痹银行信贷人员的警惕性，借此掩盖其暗中转移资金和财产最终逃废银行债务的目的。

3. 借款人的还款意愿

还款意愿是指借款人按合同规定还本付息的主观愿望。分类时，要结合借款人的历史还款记录并参考其他因素，如借款的真实意图、双方交往、合作情况、预警信号等，来综合判断借款人的还款意愿，即还款的主观意愿是否强烈。

4. 贷款项目的盈利能力

主要考察项目的发展前景如何，项目投产后是否有市场，项目预期收益有多少，对贷款本息足额及时偿还有什么影响。

5. 贷款的担保

担保分析是指金融机构对由借款人或第三人提供的债权保障措施(保证、抵押和质押三种方式)进行分析，主要从法律上的有效性、价值上的充分性、担保续存期间的安全性和执行上的可变现性进行评估，判断担保作为第二还款来源对借款人还款能力的影响。

对于抵（质）押物的估价，《贷款风险分类指导原则》第十六条规定，对抵（质）押物的评估有市场的按市场价格定价；没有市场的按同类抵（质）押物最低价格计算。

6. 贷款偿还的法律责任

法律责任主要是指借贷双方所应承担经济方面的法律责任，它对于银行来讲是确保贷款本息能及时足额偿还的法律保证。因此，分类时尤其应注意分析借款人和担保人是否具备主体资格、主从合同是否匹配、合同要素是否齐全、条款含意是否存在漏洞、代理签字人员签字是否经过合法授权等。

7. 银行的信贷管理状况

贷款业务的整个流程要求加强信贷管理，调查、审查、审议、审批各个环节必须合规，各个岗位必须尽职把关，这样才能最大限度地减少政策性风险、操作性风险，确保信贷资金的安全。

（六）小企业贷款分类

2007年7月银监会颁布了《小企业贷款风险分类办法（试行）》，规定银行可根据贷款逾期时间，并结合借款人的风险特征和担保因素，参照小企业贷款逾期天数风险分类矩阵，对小企业贷款进行分类，该分类方式是小企业贷款风险分类的最低要求。

表3-2　　　　　　　　　小企业贷款风险分类矩阵

担保方式＼逾期时间	未逾期	1～30天	31～90天	91～180天	181～360天	361天以上
信用	正常	关注	次级	可疑	可疑	损失
保证	正常	正常	关注	次级	可疑	损失
抵押	正常	正常	关注	关注	次级	可疑
质押	正常	正常	正常	关注	次级	可疑

（七）贷款分类应注意的内容

(1)《贷款风险分类指导原则》第十三条规定，不能用客户的信用评级代替对贷款的分类，信用评级只能作为贷款分类的参考因素。

因为信用评级和贷款分类的用途不同，其目的也是不一致的。

(2)同一笔贷款是否可以拆分。《指引》第九条规定，同一笔贷款不得进行拆分分类。本条修正了此前实施的《贷款分类指导原则》的规定。

(3)分类的频率。《指引》第十四条规定，商业银行应至少每季度对全部贷款进行一次分类。本条修正了此前实施的《贷款分类指导原则》第十四条的商业银行应至少每半年对全部贷款进行一次分类的规定。为了更准确地定位已放贷款的真实状况,商业银行必须每季度对贷款进行一次清分(即分类)。

(4)《指引》第十四条规定,如果影响借款人财务状况或贷款偿还的因素发生重大变化,应及时调整对贷款的分类。

借款人基本面的各种情况,尤其是影响贷款偿还的因素发生了重大变化,使银行原来对贷款的分类判断失去了存在的基础,银行有必要立即针对新情况对贷款的分类进行调整,显示贷款的真实类别,以便银行能及时采取措施应对发生的变化。

(5)贷款的分类管理。《指引》第十条规定,至少应归为关注类的贷款为:

①本金和利息虽尚未逾期,但借款人有利用兼并、重组、分立等形式恶意逃废银行债务的嫌疑;

②借新还旧,或者需通过其他融资方式偿还;

③改变贷款用途;

④本金或者利息逾期;

⑤同一借款人对本行或其他银行的部分债务已经不良;

⑥违反国家有关法律和法规发放的贷款。

《指引》第十一条规定,至少应归为次级类的贷款为:

①逾期(含展期后)超过一定期限,其应收利息不再计入当期损益;

②借款人利用合并、分立等形式恶意逃废银行债务,本金或者利息已经逾期;

③需要重组的贷款。

《指引》第十二条规定,重组贷款是指银行由于借款人财务状况恶化,或无力还款而对借款合同还款条款作出调整的贷款。

重组贷款如果仍然逾期,或借款人仍然无力归还贷款,应至少归为可疑类。

重组贷款的分类档次在至少6个月的观察期内不得调高,观察期结束后,应严格按照本指引规定进行分类。

重组贷款如按修订后的还款条件正常还款(其中按月正常还款6个月以上的,按季或半年正常还款1年以上的,按年正常还款2年以上的),可以考虑升级至关注类或正常类。

对借款人利用破产、解散、分立、兼并、租赁、转让、承包等形式恶意逃避银行债务的,如贷款本息未逾期,则分类不得高于关注类;如贷款本息已逾期,分类不得高于可疑类。账外经营挂账的应收账款,其分类不得高于可疑类。

(八)贷款损失准备计提

贷款风险分类的一个重要作用是帮助商业银行认识到贷款风险大小,据此计提充足的贷款损失准备金,提高商业银行抵御风险的能力。具体内容参见第十一章。

第五节 信贷合规管理

一、信贷合规管理内涵

(一)合规与合规风险

银行只要经营就存在经营风险,它除了外部风险以外,从巴林银行的倒闭到近年来很多大型商业银行相继暴露出的重大案件来看,合规风险逐渐成为除信用风险、市场风险和操作风险之外的我国商业银行面临的重要风险。

合规,原意是"遵从、依从、遵守"。包含以下两层含义:(1)遵守法律法规及监管规定;(2)遵守企业伦理和内部规章,以及社会规范、诚信和道德行为准则等。根据巴塞尔银行监管委员会关于合规风险的界定,银行的合规特指遵守法律、法规、监管规则或标准。《商业银行合规风险管理指引》对合规的含义也进行了如下明确:"是指商业银行的经营活动与法律、规则和准则相一致。"

"合规风险"是指银行因未能遵循法律法规、监管要求、规则、自律性组织制定的有关准则、已经适用于银行自身业务活动的行为准则,而可能遭受法律制裁或监管处罚、重大财务损失或声誉损失的风险。合规风险是三大风险之上的更基本的风险,在银行全面风险框架中居主导核心地位。

因此,在吸取大量银行案件的教训后,银行业合规问题日益引起监管者和商业银行的高度关注和重视,合规管理作为专门的银行风险管理技术也日益得到全球银行业的普遍认同。

(二)合规管理与信贷合规管理

合规管理是指商业银行应确保其经营活动与适用于银行业经营活动的法律、行政法规、部门规章及其他规范性文件、经营规则、自律性组织的行业准则、行为守则和职业操守相一致。银行合规管理通过独立的机制,负责识别、评估、提供咨询、监控和报告银行的合规风险。

信贷合规管理是指商业银行应确保其信贷活动与适用于该活动的法律、行政法规、部门规章及其他规范性文件、经营规则、自律性组织的行业准则、行为守则和职业操守相一致。

(三)信贷合规管理的作用

1. 信贷合规管理可以规范员工行为

要规范员工的行为,必须从合规、合理、合法等一些基础性的工作做起。客户经理要遵循信贷管理规范;促使信贷管理人员严格按照"三个办法一个指引"进行贷前、贷时、贷后的工作。

2. 严守职业操守,正确营销客户

职业操守作为银行合规文化的核心,更是对正确营销客户起着至关重要的作用。银行是个接触面很广的行业,特别是从事客户经理这项工作,交流范围更加广泛。在与客户的初期交流过程中,最重要的就是以什么态度去面对。拥有良好的职业道德操守,才能在与各类客户的交流中坚守合规操作的底线。

3. 信贷合规管理能够遵守操作流程、规范操作标准

目前贷款各环节的操作流程是经过多年的实际工作经验总结出来的标准化操作程序,具有完善的风险防范体系。从近年来发生的信贷风险案例来分析,"十个案件九违章"。有章不循、违规操作、检查不细是发生不良贷款的主要原因。只有严格遵守业务操作流程、规范操作标准,才能使贷款合规、风险可控。

4. 信贷合规管理能够从制度上保证信贷业务全流程的风险监控

信贷合规管理通过建立、建全一系列的规章制度来规范信贷业务流程各环节的操作和监督,明确什么能做、什么不能做、应该如何做,从操作层面和监管层面双管齐下,才能够更好地实施信贷业务全流程的风险监控和管理。

二、信贷合规管理的主要内容

(一)借款主体

1. 主体资格

按照《贷款通则》有关规定,借款主体应具备以下资格条件:

(1)是否为法人主体,且取得国家有权机构的登记、备案及年检手续;如果不是,是否有上级授权。

(2)借款主体是否取得经人民银行核准的贷款卡,如果没有,不得办理信贷业务。

(3)借款主体是否已在银行的其他分支机构办理过信贷业务;如果有,必须要求借款人到原办理机构办理业务。

(4)机关法人及其分支机构不得申请贷款。

2. 与商业银行的关系

(1)商业银行不得向关系人发放信用贷款;向关系人发放担保贷款的条件不得优于其他借款人同类贷款的条件。关系人是指:商业银行的董事、监事、管理人员、信贷业务人员及其近亲属;上述人员投资或者担任高级管理职务的公司、企业和其他经济组织。

(2)商业银行不得向关联方发放无担保贷款。商业银行不得接受本行的股权作为质押提供授信。商业银行不得为关联方的融资行为提供担保,但关联方以银行存单、国债提供足额反担保的除外。

(3)商业银行向关联方提供授信发生损失的,在两年内不得再向该关联方提供授信,但为减少该授信的损失,经商业银行董事会、未设立董事会的商业银行经营

决策机构批准的除外。

（4）商业银行的一笔关联交易被否决后，在6个月内不得就同一内容的关联交易进行审议。

（5）商业银行对一个关联方的授信余额不得超过商业银行资本净额的10%。商业银行对一个关联法人或其他组织所在集团客户的授信余额总数不得超过商业银行资本净额的15%。商业银行对全部关联方的授信余额不得超过商业银行资本净额的50%。计算授信余额时，可以扣除授信时关联方提供的保证金存款以及质押的银行存单和国债金额。

（二）贷款担保

商业银行贷款，借款人应当提供担保。商业银行应当对保证人的偿还能力，抵押物、质物的权属和价值，以及实现抵押权、质权的可行性进行严格审查。

（三）贷款合同

（1）商业银行贷款，应当与借款人订立书面合同。合同应当约定贷款种类、借款用途、金额、利率、还款期限、还款方式、违约责任和双方认为需要约定的其他事项。

（2）借款合同应当约定借款种类，借款用途、金额、利率，借款期限、还款方式，借、贷双方的权利、义务，违约责任和双方认为需要约定的其他事项。

（3）应当严格审查借款人资格合法性、融资背景以及申请材料的真实性和借款合同的完备性，防止借款人骗取贷款，或以其他方式从事金融诈骗活动。

（4）贷款人要按借款合同规定按期发放贷款。贷款人不按合同约定按期发放贷款的，应偿付违约金。借款人不按合同约定用款的，应偿付违约金。

（5）借款人提前归还贷款，应当与贷款人协商。

（四）贷款利率

（1）商业银行应当按照中国人民银行规定的贷款利率的上下限，确定贷款利率。

（2）金融机构办理贷款业务，不得违反规定提高或者降低利率以及采用其他不正当手段发放贷款。

（3）贷款人除按中国人民银行规定计收利息之外，不得收取其他任何费用；委托贷款，除按中国人民银行规定计收手续费之外，不得收取其他任何费用。

（五）贷款三查制度

（1）商业银行贷款，应当对借款人的借款用途、偿还能力、还款方式等情况进行严格审查。商业银行贷款，应当实行审贷分离、分级审批的制度。

（2）贷款调查：对借款人的信用等级以及借款的合法性、安全性、盈利性等进行调查，核实抵押物、质物、保证人情况，测定贷款的风险度。

（3）贷款审批：贷款人应当建立审贷分离、分级审批的贷款管理制度。审查人员应当对调查人员提供的资料进行核实、评定,复测贷款风险度,提出意见,按规定权限报批。

(4)贷后检查:贷款发放后,贷款人应当对借款人执行借款合同情况及借款人的经营情况进行追踪调查和检查。

(5)贷前调查应当做到实地查看,如实报告授信调查掌握的情况,不回避风险点,不因任何人的主观意志而改变调查结论。贷时审查应当做到独立审贷,客观公正,充分、准确地揭示业务风险,提出降低风险的对策。贷后检查应当做到实地查看、如实记录,及时将检查中发现的问题报告有关人员,不得隐瞒或掩饰问题。

(6)应当严格审查借款人资格合法性、融资背景以及申请材料的真实性和借款合同的完备性,防止借款人骗取贷款,或以其他方式从事金融诈骗活动。

(7)商业银行实施有条件授信时应遵循"先落实条件,后实施授信"的原则,授信条件未落实或条件发生变更未重新决策的,不得实施授信。

(六)贷款责任追究

商业银行应根据授信工作尽职调查人员的调查结果,对具有以下情节的授信工作人员依法、依规追究责任。

(1)进行虚假记载、误导性陈述或重大疏漏的;

(2)未对客户资料进行认真和全面核实的;

(3)授信决策过程中超越权限、违反程序审批的;

(4)未按照规定时间和程序对授信和担保物进行授信后检查的;

(5)授信客户发生重大变化和突发事件时,未及时实地调查的;

(6)未根据预警信号及时采取必要保全措施的;

(7)故意隐瞒真实情况的;

(8)不配合授信尽职调查人员工作或提供虚假信息的;

(9)其他。

建立授信风险责任制,明确规定各个部门、岗位的风险责任。对违法、违规造成的授信风险和损失逐笔进行责任认定,并按规定对有关责任人进行处理。

(1)调查人员应当承担调查失误和评估失准的责任;

(2)审查和审批人员应当承担审查、审批失误的责任,并对本人签署的意见负责;

(3)贷后管理人员应当承担检查失误、清收不力的责任;

(4)放款操作人员应当对操作性风险负责;

(5)高级管理层应当对重大贷款损失承担相应的责任。

根据《金融违法行为处罚办法》第十六条规定,金融机构在贷款业务是不得有下列行为:(1)向关系人发放信用贷款;(2)向关系人发放担保贷款的条件优于其他借款人同类贷款的条件;(3)违反规定提高或者降低利率以及采用其他不正当手段发放贷款;(4)违反中国人民银行规定的其他贷款行为。金融机构有上述行为之一的,给予警告,没收违法所得,并处违法所得1倍以上5倍以下的罚款,没有违法所得的,处10万元以上50万元以下的罚款;对该金融机构直接负责的高级管理人员、其他直接负责的主管人员和直接责任人员,给予撤职直至开除的纪律处分;情节严重的,责令该金融机构停业整顿或者吊销经营金融业务许可证;构成违法向关系人发放贷款罪、违法发放贷款罪或者其他罪的,依法追究刑事责任。

(七)产业政策

(1)按照最新产业政策指导目录,借款主体从事的行业是否为淘汰类;如果是,银行不得发放贷款。

(2)经营条件和新建项目是否满足产业标准要求,尤其是钢铁、水泥、煤焦化以及煤炭开采等产业。

(八)业务品种

(1)按照监管要求,业务是否属搭桥贷款业务;如果是,银行不得办理。

(2)对房地产开发企业不得发放流动资金贷款。

(3)银行业金融机构在项目核准前不得发放流动资金贷款、项目前期贷款以及搭桥贷款用于固定资产建设。

(九)项目合规手续

(1)按照投资体制管理规定,项目采取何种(审批、核准或备案)立项方式,申请项目是否按照规定的方式取得立项手续,否则,不能发放项目贷款。

(2)2013年国家对部分项目的审批核准权限适当下放,项目立项要严格按照下放权限执行,否则不得发放贷款。

(3)项目资本金比例严格按照国家规定要求执行。

(4)项目其他合规手续的取得(环保、用地、施工许可、开工许可、用水等),否则,一般情况不能发放项目贷款。

(十)房地产开发项目合规手续

(1)对未取四证的项目(国有土地使用证、建设用地规划许可证、建设工程规划许可证、建筑工程施工许可证),不得发放任何形式的贷款。

(2)房地产开发贷款,应要求其开发项目资本金比例不低于35%。

(十一)贷款用途

(1)流动资金贷款主要用于借款人日常生产经营周转;不得用于固定资产、股权等投资,不得用于国家禁止生产、经营的领域和用途。

(2)项目贷款(含固定资产)用途通常是用于建造一个或一组大型生产装置、基础设施、房地产项目或其他项目,包括对在建或已建项目的再融资。

(3)不得用贷款从事股本权益性投资,以授信作为注册资本金、注册验资和增资扩股;不得用贷款在有价证券、期货等方面从事投机经营,不得违反国家有关规定从事股票、期货、金融衍生产品等投资;除依法取得经营房地产资格的借款人以外,不得用贷款经营房地产业务;依法取得经营房地产资格的借款人,不得用贷款从事房地产投机,不得套取贷款用于借贷牟取非法收入,不得违反国家外汇管理规定使用外币贷款,信贷资金不得用于财政支出。

(4)严格审查和监控贷款用途,防止借款人通过贷款、贴现、办理银行承兑汇票等方式套取信贷资金,改变借款用途。

(十二)发放与支付

1. 流动资金贷款

确认提款条件和支付方式(受托或自主)。如与借款人新建立信贷业务关系且借款人信用状况一般及支付对象明确且单笔支付金额较大的,须采用受托支付方式;采用借款人自主支付方式的,贷款人应按借款合同约定要求借款人定期汇总报告贷款资金支付情况,并通过账户分析、凭证查验或现场调查等方式核查贷款支付是否符合约定用途。

2. 项目贷款(含固定资产)

确认提款条件和支付方式(受托或自主),单笔金额超过项目总投资5%或超过500万元人民币的贷款资金支付,应采用贷款人受托支付方式;采用借款人自主支付方式的,贷款人应要求借款人定期汇总报告贷款资金支付情况,并通过账户分析、凭证查验、现场调查等方式核查贷款支付是否符合约定用途。

3. 房地产开发贷款

参考项目贷款(含固定资产)的发放与支付方式,同时执行贷款行房地产开发贷款管理办法相关规定。

(十三)流动资金贷款额度测算

(1)流动资金贷款业务必须进行额度需求测算。

(2)在调查基础上,预测各项资金周转时间变化,合理估算借款人营运资金需求量。

(3)将估算出的借款人营运资金需求量扣除借款人自有资金、现有流动资金贷款以及其他融资,即可估算出新增流动资金贷款额度。

具体计算方法见《流动资金贷款管理暂行办法》附件中《流动资金贷款需求量的测算参考》。

(十四)监管额度红线

(1)单一客户贷款集中度为最大一家客户贷款总额与资本净额之比,不应高于10%;

(2)单一集团客户授信集中度为最大一家集团客户授信总额与资本净额之比,不应高于15%;

(3)银行对全部关联方的授信余额不得超过商业银行资本净额的50%;

(4)除国务院规定外,有限责任公司和股份有限公司对外股本权益性投资累计额未超过其净资产总额的50%。

(十五)不准贷款规定

借款人有下列情形之一者,不得对其发放贷款:

(1)不具备经工商行政管理机关(或主管机关)核准登记的企(事)业法人、其他经济组织、个体工商户或具有中华人民共和国国籍的具有完全民事行为能力的自然人规定的资格和条件的;

(2)生产、经营或投资国家明文禁止的产品、项目的;

(3)违反国家外汇管理规定的;

(4)建设项目按国家规定应当报有关部门批准而未取得批准文件的;

(5)生产经营或投资项目未取得环境保护部门许可的;

(6)在实行承包、租赁、联营、合并(兼并)、合作、分立、产权有偿转让、股份制改造等体制变更过程中,未清偿原有贷款债务、落实原有贷款债务或提供相应担保的。

客户未按国家规定取得以下有效批准文件之一的,或虽然取得,但属于化整为零、越权或变相越权和超授权批准的,商业银行不得提供授信:项目批准文件;环保批准文件;土地批准文件;其他按国家规定需具备的批准文件。

三、信贷合规管理重点环节

(一)贷款发放环节

【重点】 贷款批复条件的落实质量,主要核实贷款风险保障措施落实情况和资金支付使用约束条框履行情况,主要包括贷款担保、风险保证金缴存、项目贷款资本金到位情况;是否存在批复事项变化未报批发放贷款的情况。

1. 贷款的抵(质)押担保或保证担保落实情况

需办理抵押登记的,银行信贷人员是否同担保人一起到有权登记部门办理抵押担保登记,并取得他项权利证书;担保手续办理后,是否按规定填写《抵质押物清单》,办理他项权利证书、产权证明等交接手续,最后交会计部门入库保管。

2. 风险保证金缴存情况

检查重点:风险保证金是否按照规定缴存,是否存在迟缴、少缴等弄虚作假的情况;是否存在提前使用风险保证金的情况;专业担保公司提供担保的,是否开设专户,担保金是否足额到位、专户管理。

3. 配套自有资金(资本金)到位情况

按照贷款批复要求,检查自有资金是否按规定到位,项目贷款资本金是否按约定比例到位,是否存在虚假资本金到位及贷款到位后抽逃资本金问题,是否先使用资本金(自有资金)、后使用银行贷款。

(二)合同签订环节

【重点】 贷款合同签订的规范操作、风险控制和法律效力等。

贷款合同文本的使用是否正确,借款合同和担保合同填制内容是否完整,有关签章是否齐全;合同要素填写、修改、删减、注释及条款增减是否按规范要求操作;约定的贷款金额、用途、期限、利率、贷款方式和支付方式等是否与批复相符;担保合同与主合同内容是否衔接一致;借款借据填写是否完整,是否按合同约定的用款计划一次或分次填制《借款借据》,《借款借据》内容是否与借款合同一致;是否按照规定在每笔贷款发放前进行了出账前法律审查。

(三)贷款资金支付使用环节

【重点】 贷款企业账户开设、使用和管理等是否符合规定要求。

1. 企业账户开设情况

是否按规定在银行开设并使用相关存款账户,包括基本账户、一般账户、信贷资金结算账户、项目贷款资金存款账户和项目收入存款账户,各存款账户是否专户使用,账户之间资金是否混用或串用。

2. 贷款资金支付审核把关情况

贷款支付程序是否按规定操作,各环节审核手续是否完善规范,审核把关监督工作是否落实到位,大额及关联企业资金汇划是否存在风险隐患;信贷资金支付依据是否充分,资金支付进度是否与借款人收购进度或资本金到位及项目实施进度一致,资金支付、收购量、收购进度与贷款支付是否匹配。

3. 支付方式使用情况

贷款资金支付管理是否符合银监会和我行制度办法规定,支付方式选择是否合规,是否存在化整为零规避受托支付的情况,实行受托支付时是否做到贷款发放与资金支付同步,有关支付条件和资料依据是否具备及真实完整。核查固定资产贷款和项目贷款支付,单笔金额超过项目总投资5%的或单笔金额超过500万元人民币的贷款资金支付是否采取受托支付方式,是否在贷款发放当天或次日支付给借款人交易对手;采取自主支付方式的项目贷款资金,是否根据项目实施进度放款,发放至借款人账户,并监督支付使用。

(四)贷后管理环节

【重点】 是否严格执行总行对不同贷款品种差异化的贷后管理规定,密切关注借款人资信状况变化情况,持续监测,及时预警风险。

1. 客户经理尽职记录记载情况

是否序时登记,记录内容是否实事求是并与企业的经营情况一致,尽职记录是否经主管领导签字认可;是否按照有关规定进行贷后检查,是否按规定的时间、频率和要求对借款人进行现场检查,检查的内容是否真实、准确、完整。

2. 抵押担保贷后管理

用于抵押的资产是否有转让、转移、减值或重复抵押;担保贷款涉及的抵(质)押品和保证人担保能力变化管理是否到位,是否存在风险隐患,出现担保能力下降的是否要求增加新的担保措施。

3. 信贷监测是否及时、全面

是否全面准确掌握了贷款资金走向、企业现金流和销售货款归行情况以及客户生产经营、财务和非财务等信息;是否对库存物资进行定期核查,异地存储的是否符合总行规定的第三方监管要求;企业销售货款是否按比例回笼;是否被企业挤占挪用;企业应收应付款项是否与交易对方征询,是否真实、有效;客户经理是否对企业经营情况和偿债能力进行定期分析评价,有关信贷监测分析工作是否按要求开展,系统数据录入工作是否按规定操作等。

4. 对固定资产贷款和项目贷款的检查

要通过贷后检查记录、贷款批复、购销合同、银行台账、存款分户账、有关会计凭证、资金支付凭证、企业报表等资料,核查贷后 10 个工作日内是否对项目贷款进行跟踪检查;企业项目资本金是否按规定比例到位,项目资金来源是否为债务资金;开户行是否实行项目经理制,组成人员是否符合贷款制度的要求;检查项目贷款资金使用情况,是否未按合同约定用途使用,是否填写《项目贷款跟踪检查记录》;是否按季、按规定内容对借款人进行定期检查,是否填写《项目贷款建设期定期检查记录》。

5. 信贷资产风险分类

与贷款风险分类的相关分类资料录入是否真实、准确、完整,对分类标准的掌握是否合理,贷款质量是否真实。是否在每月 22 日前将客户的财务信息、贷款情况、担保合同等与分类相关的信息维护至最新状态,系统补录贷款债项信息录入是否正确;非正常情况下对系统初分结果进行人工修正;是否按月对贷款质量进行分析等。

本章小结

"三个办法一个指引"是银行金融业办理信贷业务的工作指南,信贷全流程管理阶段翻开了中国商业银行操作规程新的一页,"三个办法一个指引"提出的全流程管理原则对信贷业务的各环节产生了深远的影响。实贷实付、贷放分控、合同承诺、贷后监控等原则对合同管理、用信管理和贷后管理等环节提出了更高的管理要求;而《商业银行合规风险管理指引》是对信贷业务的规范要求,必须对信贷业务进行全流程的合规管理,对其合规风险进行识别与监控。业务操作必须在合规约束下进行;业务发展必须在合规前提下发展。

复习思考题

1. 信贷管理操作规程经历了哪几个阶段？
2. 银行为什么必须强化信贷合规管理？
3. 如何理解实贷实付和贷放分控原则？
4. 贷款合同主要应包括哪些内容？
5. 客户经理如何做好贷后检查工作？
6. 进行贷款分类时应考虑哪些主要因素？
7. 用信管理应关注哪些要点？
8. 简述信贷合规管理的主要内容和重点环节。
9. 案例分析：

洪泰公司于1999年2月以营运资金短缺为由，向A银行申请400万元流动资金贷款，以商品房作抵押。经客户经理调查发现：(1)该公司实力较弱，公司净资产很少，基本是空架子；(2)该公司系个人承包经营，公司内部管理混乱；(3)法人代表及负责人原为总公司职工，管理能力不强；(4)公私产权不明；(5)公司在A银行开户以来，没有任何资金往来，也无较大的结算量，公司经营状况较差；(6)据称该笔贷款将用于所购房屋的装潢及开办娱乐美食中心，不符合贷款用途，还款无保障。

该公司多方面均不符合A银行贷款条件，且客户经理经调查出具了否定性意见，但A银行个别领导考虑到各方面关系，直接同意贷款，并在没有客户经理签字的情况下，最终向该公司发放了400万元贷款，期限9个月，由借款人提供房产抵押。贷款到期后，公司因经营滑坡，无法归还贷款，提出转贷申请，A银行在企业不欠息并压缩规模的情况下，对贷款数次转贷。之后该笔贷款余额压缩至200万元，于2002年11月5日到期后逾期，最终演变成为次级贷款。

问题：

请从商业银行信贷合规管理的视角对该贷款管理中存在的问题进行分析，并明确责任人及其应该承担的责任。

参考文献

1. 中国人民银行.贷款风险分类指导原则[Z],2001—12.
2. 中国银行业监督管理委员会.贷款风险分类指引[Z],2007—07.
3. 中国银行业监督管理委员会.流动资金贷款管理暂行办法[Z],2010—02.
4. 中国银行业监督管理委员会.个人贷款管理暂行办法[Z],2009—07.
5. 中国银行业监督管理委员会.固定资产贷款管理暂行办法[Z],2009—07.
6. 中国银行业监督管理委员会.项目融资业务指引[Z],2009—07.
7. 中国银行业监督管理委员会.商业银行授信工作尽职指引[Z],2004—07.
8. 中国人民银行.贷款通则[Z],1996—06.

9. 中国银行业监督管理委员会.商业银行合规风险管理指引[Z],2006-10.

10. 中国农业银行.中国农业银行用信管理办法(试行)[Z],2009-11.

11. 蔡鸣龙.商业银行信贷管理[M].厦门:厦门大学出版社,2014.

12. 立金银行培训中心.银行贷后检查要点培训[M].北京:中国金融出版社,2015.

13. 立金银行培训中心.商业银行对公授信培训(第三版)[M].北京:中国金融出版社,2013.

14. 中国银行业协会"第七章 贷款合同管理".

15. 中国银行业协会"第三章 信贷管理流程".

16. 屈建国,龙小宝.新信贷——银行客户经理业务手册[M].北京:北京大学出版社,2009.

17. 宋羽.商业银行教程——理论与实训[M].上海:复旦大学出版社,2008.

18. 江其务,周好文.银行信贷管理[M].北京:高等教育出版社,2004.

第四章 信贷尽职调查

本章要点

- 信贷尽职调查的内容
- 信贷尽职调查的方法
- 财务报表分析与预测
- 财务造假与虚假财务报表识别
- 如何撰写尽职调查报告

本章重要概念

信贷调查；财务预测；财务造假；尽职调查报告

第一节 信贷尽职调查的内容

贷前尽职调查就是通常所说的贷前调查或信贷调查，它是银行受理借款人申请后，对借款人的信用等级以及借款的合法性、安全性、盈利性等情况进行调查，核实抵（质）押物、保证人情况，测定贷款风险度的过程。银行业金融机构业务人员通过现场调研和其他渠道尽可能地获取、核实、分析研究有关借款人及有关信贷业务、担保等方面的情况，揭示和评估信贷业务可能存在的风险并提出应对措施，为贷款决策提供依据。

贷前调查是银行贷款流程中一个极其重要的环节，该环节工作质量的好坏，直接关系到贷款风险的识别，进而影响银行贷款决策的正确与否。它是降低贷款人与借款人之间信息不对称、减少贷款风险隐患的重要手段，有助于银行业金融机构做出正确决策。贷前调查一般应包括以下几个方面的内容：

一、基本情况调查与分析

（1）通过验看企业经过年检的营业执照副本原件、法人代码证书原件，确认主体资格和经营范围的合法性。必要时可到工商登记机关(或主管部门)进一步查实。

(2)通过查验公司章程、验资报告等材料核实企业注册资本及实收资本,了解企业的股东背景及股权结构,判断企业的实际控制者。

(3)了解企业的主导产品、经营类型、经营规模及所处行业的地位。

(4)调查企业的产权演变历史和近年来人事、经营战略等方面的重大调整情况,了解企业高管层有无重大违规违纪情况,分析企业管理层的经营作风是否稳健。

二、管理水平和信用状况调查与分析

(1)通过调查企业董事长、总经理、财务负责人等关键管理人员的履历、管理经验、业绩、个人品德和信用情况,分析其管理层素质。

(2)通过实地走访企业内部各职能部门,了解企业内部组织结构、内部控制制度的健全程度、重大决策程序等管理方面的情况。

三、经营状况调查与分析

经营情况的调查与分析侧重于企业主导产品(或主要经营、主要投资等)、市场营销、经营风险和行业风险等方面。

(一)主导产品的调查与分析

对于生产企业,应通过调查主导产品及其构成情况以及这些主导产品的技术先进性、生产设备领先性、原材料的易获性和后续产品的研发能力,判断主导产品的生命力与竞争性。

对于流通企业,应通过调查申请人的主要经营范围、品种等,判断其经营特色与竞争优势。

对于投资类企业,应通过调查申请人的主要投资方向、投资结构及投资回报,分析其投资的合理性、风险性与收益性以及投资项目管理情况。

(二)市场营销的调查与分析

通过调查企业的主要客户、市场分布情况、品牌宣传、销售渠道、售后服务、产品定价等方面的市场营销策略,判断企业的市场营销能力、主导产品适销程度和市场前景。

(三)经营风险调查与分析

通过调查企业的生产或销售规模、企业所处的发展阶段、产品多样化程度及经营策略、产品的需求弹性、原材料和动力供应、购销环节风险、投资决策与管理、成本控制、筹融资渠道及能力等,发现企业在上述环节中存在的问题。

（四）行业风险调查与分析

了解国家对企业所处行业的相关产业政策以及该行业的准入壁垒等相关信息,比较企业在行业中所处的地位以及同其主要竞争对手相比的优势和劣势,分析经营战略的合理性,预测企业发展前景。

四、财务调查与分析

财务调查与分析应核实并还原财务状况的真实性,判断企业偿债能力。

(1)原则上要求企业提供经会计师事务所审计的年报,核对审计报告原件,认真阅读审计意见和审计报表附注。

(2)注意各期财务报表期初数与期末数是否对应,对于期初与期末不能衔接的,应进一步了解原因,以判断财务报表的真实性。

(3)通过分析调整后的资产负债表、损益表、现金流量表有关科目之间的相互关系,如销售收入与增值税、销项税、借款与财务费用、长短期投资与投资收益等的对应关系,初步评判财务报表数据的可靠性。

(4)通过咨询、查账等手段尽量剔除流动性不强、难以成为还款来源的资产,如待摊费用、待处理损失、无形资产、形成呆滞的投资、1年以上的应收账款、其他应收款及长期积压的存货等,还原真实的资产流动性。

(5)根据实地调查和对财务报表进行分析的结果,对企业提供的财务报表进行必要调整。

(6)将财务分析的结论同实际调查的有关定性情况进行比较,财务分析结论不能解释定性分析调查结论的,要进一步分析原因。

财务调查的综合分析包括:

(1)经济实力分析。通过比较企业在行业中净资产额、资产总额、固定资产总额、销售额、净利润等状况来分析其经济实力和抗风险能力。

(2)经营能力分析。通过测算和比较销售利润率、净利润率等指标,对申请人的盈利水平、盈利稳定性和持久性作出分析和判断。通过测算和比较应收账款回收期、存货周转率、应收及存货增长是否超过销售收入的增长等因素,对企业经营能力进行判断。

(3)通过测算与比较资产负债率、流动比、速动比、长短期负债结构、银行负债明细、存货周转率、应收账款收转率、净资产收益率、利润率、现金流量分析等分析,判断企业负债总量、结构是否合理,偿债能力是否充足,现金流量是否充沛,分析并判断企业偿债压力以及短期偿债能力。

五、借款用途和还款来源调查与分析

通过实地调查和分析企业财务状况和现金流量,分析直接的、真实的借款用途,判断该用途是否合法合规,是临时性周转还是铺底性资金,是用于生产经营还是用于项目建设。对于贸易融资、承兑、贴现、保函等直接与交易背景相关的业务,还应详细调查该业务的背景是否真实合法等。

还款来源调查:对企业还款能力和未来现金流量的预测,调查落实还款来源的可靠性。如果还款来源依赖于与贷款用途有关的某笔交易顺利完成,应重点调查该笔交易顺利完成的可能性;如果还款来源属于某项非经营性的现金收入,应重点调查该笔现金收入来源是否可靠。

通过上述调查分析,确认企业还款计划的合理性。

六、担保调查与分析

担保人(保证人)的主体资格调查与申请人的资格调查方式和要求基本相同。保证人财务实力的调查分析方法参照前述对申请人的调查评估方法进行,除分析保证人财务状况、现金流量外,还须掌握保证人目前对外担保的金额。特别的大型企业认可后可以简化。

担保情况分析的重点是担保人的资格、信用等级、评级机构、财务实力、抵(质)押品的变现能力、担保人的担保意愿、担保人履约的经济动机及与申请人之间的关系等。需向担保人收集与核实的资料。

通过调查担保人履行担保义务的历史记录,是否了解贷款的真实用途、担保人履约的经济动机以及与申请人之间的关系等。如果担保人是申请人的关联公司,或者担保人与申请人之间存在较多经济利益关系,应侧重分析有无代偿性现金来源,防止其通过互保、循环担保方式削弱担保的有效性。

如为抵押(质押)方式,应分析该抵押(质押)物能否充分保障授信额度安全性。

(1)抵押(质押)的合法性(是否可设置为抵押或质押物,国有企业以关键设备、成套设备或重要建筑物设置抵押的,是否经政府主管部门批准等)。

(2)抵押(质押)物名称、所在地、数量、质量和所有权(使用权)权属。

(3)抵押(质押)物价值评价(注明评估、作价的方式,依据是什么)。

(4)抵押(质押)率测算。

(5)抵押(质押)物变现能力评价。

七、结算往来和合作潜力调查与分析

通过调查企业总的结算量及近三年的变化趋势,在我行的结算量占总量的份额是多少,有无增加的可能;总的存款量有多大,近三年的变化趋势如何,在我行的存款量占总存款量的份额是多少,有无增加的可能,这两方面银行能获得多少收益,以此来分析双方合作潜力的大小。

第二节　信贷尽职调查的方法

银行业尽职调查包括现场调查和非现场调查。现场调查包括现场会谈和实地考察；非现场调查包括媒体调查、委托调查等方式。客户经理应选择适用的调查方法，通过定性与定量相结合的调查手段，分析银行所承受的风险，为贷款决策提供重要依据。

一、现场调研

贷前调查的现场调研实施双人调查（产品经理或客户经理或其他）、实地查看和真实反映的原则。

(1)双人调查原则是指每笔信贷资产业务必须至少由两名业务人员参与调查（产品经理和客户经理或其他），并在调查报告中签署明确意见。

(2)实地查看原则是通过座谈、查账等方式对申请人、保证人及抵(质)押品进行实地调查，核实所提供资料和财务报表的真实性，现场查看申请人、保证人的经营管理情况、资产分布状况和抵(质)押品的现状。

(3)真实反映贷前调查了解的情况，不回避风险点。如果调查人员经过深入调查后提出了不予贷款的明确意见，任何人不得要求调查人员更改意见。

二、媒体调查

媒体调查指通过社会各种公共媒介物查找银行认为有价值的资料而展开的调查。这些媒介物包括：图书馆的报纸、书籍、期刊、互联网资料等。搜寻调查应注意信息渠道的权威性、可靠性和全面性。

三、其他方法

还可通过政府机关、企业的往来银行、供应商、产品用户、企业雇员等渠道调查企业在遵规守法、偿还贷款、结清货款、雇员满意程度等方面的情况，判断企业的经营状况和信用水平。

客户经理在现场调研中，不仅应去企业财务部座谈、查账，还应到企业生产、供应、销售、研发等重要部门进行走访、查看，掌握第一手资料，避免过分轻信借款人提供的有关信息，或者被实地考察中的假象所迷惑。在实务操作中，可采用不打招呼的上门方式进行现场调研，同时可通过其他调查方法对考察结果加以证实。只有将现场调研的内容与其他渠道获取的信息有效地结合起来，才能确保贷前调查所获得的信息真实、可靠。

专栏 4—1

贷前尽职调查不到位导致信贷风险

近年来,由于商业银行对客户的尽职调查不够全面,导致诸如抵质押物无法实现拍卖等情况频繁发生,使银行信贷资产面临风险,同时也将不良贷款处置工作推向不利境地。下面是一个典型案例。

2011年8月10日,李某向A银行申请个人生产经营贷款,以沈某房产做抵押担保,A银行凭沈某出具的委托李某为代理人在合同上签字的委托书和公证书,与李某办理了抵押登记,此后,A银行向李某发放个人生产经营贷款107万元。2013年贷款到期后,李某无力偿还债务,A银行遂向法院提起诉讼,要求沈某承担担保责任。而沈某却出具了公证机关出具的关于撤销其申办委托书公证书的决定的通知,确认公证处已对其委托书公证书予以撤销,故主张由李某代为签字的房产抵押合同无效,要求法院驳回A银行要求沈某承担抵押责任的诉讼请求。

经法院查明,2013年4月24日,某市公证处已查实沈某委托书公证并非由公证处工作人员办理,违反了《公证法》的相关规定,遂决定对该委托书及公证书予以撤销,故由李某代沈某签字的房产抵押借款合同及借条对沈某不发生法律效力。2014年1月6日,法院据此驳回A银行要求沈某承担抵押责任的诉讼请求,认定该《个人贷款抵押合同》无效。

第三节 财务报表分析与预测

一、信贷管理中财务报表分析的意义

财务报表能够全面反映企业的财务状况、经营成果和现金流量情况,但是单纯从财务报表上的数据还不能直接或全面说明企业的财务状况,特别是不能说明企业经营状况的好坏和经营成果的高低,只有将企业的财务指标与有关的数据进行比较才能说明企业财务状况所处的地位,因此要进行财务报表分析。商业银行对企业进行财务分析的目的是对借款人或担保人财务报表中的各项数据的研究和分析,了解企业的财务状况及其经营情况,分析企业偿债能力和盈利能力,并对企业的财务状况做出准确判断,为贷款决策提供科学依据。银行在贷前进行财务报表分析具有重要意义:

一是通过分析资产负债表,可以了解公司的财务状况,对公司的偿债能力、资本结构是否合理、流动资金充足性等作出判断。

二是通过分析损益表,可以了解分析公司的盈利能力、盈利状况、经营效率,对公司在行业中的竞争地位、持续发展能力作出判断。

三是通过分析现金流量表,可以了解和评价公司获取现金和现金等价物的能力,并据以预测公司未来现金流量。

二、财务报表分析内容与方法

（一）财务报表分析的内容

不同的报表使用者,由于其对财务信息的需求不同,因而相应的财务报表分析的内容也不同。但概括起来,财务报表分析的内容主要包括以下几个方面：

1. 资本结构分析

企业在生产经营过程中周转使用的资金,包括从债权人借入和企业自有两部分,是以不同的形态分配和使用。资本结构的建立和合理与否,直接关系到企业经济实力的充实和经营基础的稳定与否。分析资本结构对企业的经营者、投资者或债权人都具有十分重要的意义。

2. 偿债能力分析

企业在生产经营过程中,为了弥补自有资金的不足,经常通过举债筹集部分生产经营资金。因此,企业经营者通过财务报表分析测定企业的偿债能力,有利于作出正确的筹集决策。而对债权人来说,偿债能力的强弱是其作出贷款决策的基本依据。

3. 获利能力分析

获取利润是企业的最终目的,也是投资者投资的基本目的。获利能力的大小显示着企业经营管理的成败和企业未来前景的好坏。

4. 资金运用效率分析

资金利用效率的高低直接关系到企业获利能力大小,预示着企业未来的发展前景,是企业经营者和投资者财务报表分析的一项重要内容。

5. 财务状况变动分析

财务状况变动分析主要是通过财务状况变动表或现金流量表的各项目的研究和评价,了解企业当期内资金流入的数量及其渠道,资金流出的数量及其用途,期初和期末相比企业资金增加或减少了多少,是什么原因引起的,从而正确评价企业的偿债能力和支付能力,为决策提供充分的依据。

6. 成本费用分析

在市场经济条件下,产品的价格是市场决定的。企业如果能降低成本、减少费用,就会获得较高的利润,从而在市场竞争中处于有利的地位。由于有关成本、费用的报表属于企业内部使用报表,投资者、债权人一般无法取得,因而成本费用的分析是企业经营者财务报表分析的重要内容。

（二）财务报表分析的方法

财务报表分析的方法很多，基本方法有趋势分析、结构分析、财务指标分析、比较分析和因素分析等几种。

1. 趋势分析法

趋势分析法是通过观察连续数期的财务报表，比较各期的有关项目金额，分析某些指标的增减变动情况，在此基础上判断其发展趋势，从而对未来可能出现的结果作出预测的一种分析方法。运用趋势分析法，报表使用者可以了解有关项目变动的基本趋势，判断这种趋势是否有利并对企业的未来发展作出预测。

2. 比率分析法

比率分析是在同一张财务报表的不同项目或不同类别之间，或在不同财务报表的有关项目之间，用比率来反映它们互相之间的关系，据以评价企业的财务状况和经营业绩，并找出经营中存在的问题和解决办法。

财务比率可以分为以下四类：

(1) 变现能力比率，如流动比率、速动比率。

(2) 资产管理比率，如存货周转率、流动资产周转率、总资产周转率、应收账款周转率等。

(3) 负债比率，如资产负债率、产权比率、有形净值债务率和已获利息倍数等。

(4) 盈利能力比率，如销售净利率、资产净利率和净资产收益率。

3. 结构分析法

所谓结构分析法，是指将财务报表中某一关键项目的数字作为基数（即为100%），再计算该项目各个组成部分占总体的百分比，以分析总体构成的变化，从而揭示出财务报表中各项目的相对地位和总体结构关系。

从各期结构百分比的变动情况可以看出，由于销售成本逐期下降，导致产品利润占销售收入的比重逐年下降。结构分析对于资产负债表和损益表的分析是很有用的。作为基数的项目在损益表中通常为产品销售收入，在资产负债表中通常为资产总额、负债总额和所有者权益总额。

4. 对比分析法

对比分析法是将财务报表中的某些项目或比率与其他的相关资料对比来确定数量差异，以说明和评价企业的财务状况和经营成绩的一种报表分析方法。按照相互对比的双方可以分为以下几个方面：

(1) 本期的实际数据与前期（上月、上季、上年等）的数据相比较，以反映生产经营活动的发展状态，考察且改进情况。

(2) 本企业的数据与同行业其他企业或全行业的平均水平、先进水平相比较，以发现企业同先进水平的差距，找出潜力之所在。

(3) 本期的实际发生数与计划数、预算数相比较检查计划完成情况，给进一步分析提供方向。

(4)期末数与期初数相比较说明本期生产经营和财务状况的最新变动。

5.因素分析法

因素分析法是通过分析影响财务指标的各项因素及其对指标的影响程度,说明本期实际与计划或基期相比较发生变动的主要原因以及各变动因素对财务指标变动的影响程度的一种分析方法。

运用因素分析法的一般程序是,首先明确某项财务指标受哪些因素的影响;其次确定各种因素与该指标之间的数量关系,是加减关系还是乘除关系,在此基础上,列成一个分析计算式;再次计算确定各种因素影响财务指标变动程度的数额。

三、财务报表分析的具体内容

(一)资产负债表的一般分析

资产负债表是指总括地反映企业的特定时期的财务状况的会计报表。资产负债表是"企业的逼真快照"。它表明企业在某一特定日期所拥有或控制的经济资源、对债权人所承担的义务和投资者对净资产的权利。

资产负债表是企业提供的最为重要的报表。通过分析,第一,可了解企业掌握的经济资源及其分布情况,分析企业的经营能力;第二,可了解企业的资产结构及资金来源情况,评价企业资产的流动性;第三,可了解企业负债总额及结构情况,分析企业面临的财务风险;第四,资产负债表能够提供进行财务分析的基本资料,通过资产负债表可以了解企业的偿债能力。对资产负债表的一般分析主要有比较分析和比率分析两种方法。

资产负债表可以用来分析企业经营资源的配置与经营风险的状况,详见表4—1。

表4—1　　　　　　　企业经营资源的配置与经营风险分析表

资产负债表项目	比重	经营风险
流动资产	过低	现金的短缺意味着直接购买与支付能力的下降以及短期偿债风险的增加,威胁企业的生存。
		存货储备严重不足,不仅正常生产难以保证,往往也会失去销售良机。
	过高	现金增长过多,虽然会提高企业的短期偿债能力,但同时也降低了企业的收益能力,因为现金的盈利能力最低。
		应收账款增加过大,将增加坏账风险,影响收益质量。
		存货上升过快,反映出企业过量采购或生产与销售能力不足,存货占用成本上升,盈利能力下降,同时会增加流动资产的变现风险。

续表

资产负债表项目	比重	经营风险
固定资产	过低	影响企业现时的生产经营能力与未来的发展潜力。
	过高	表明企业资产的流动性太低。同时,高额的折旧势必形成高额的固定成本,直接导致企业经营风险的提高;再者,固定资产价值回收期长,势必形成高比重固定资产经营的高风险性。

资产负债表也可用来分析企业资金来源与财务风险的状况,详见表4—2。

表4—2　　　　　　　　企业资金来源与财务风险分析表

资产负债表项目	比重	财务风险
流动负债	过高	企业即期与短期偿债压力沉重,短期财务风险增加。
	过低	由于流动负债的成本一般低于长期资本的成本,说明企业对较低成本资金利用不足,将降低企业的盈利能力。
长期负债	过高	长期利息负担和未来本金的偿还将增加企业长期财务风险。
所有者权益	过高	与缺乏利用财务杠杆有关,过分稳健将导致低收益。
	过低	说明负债率过高,财务杠杆利用过度,财务风险急剧上升。

(二)损益表(利润表)的一般分析

损益表是总括反映企业在一定时期内经营成果的会计报表,现在一般称为利润表。根据损益表提供的信息资料,可以评价企业的经营成果和管理绩效、评估投入资金的价值和报酬、预测企业的获利能力和偿债能力。损益表是"企业的精彩录像"。

损益表是两个资产负债表日之间的流量概念。采用分步格式,反映净利润的形成过程,依次是营业收入、营业利润、利润总额、净利润等。2006年新《企业会计准则》对利润表的改变较大,不再有以往的"主营"与"其他"业务收入之分,统一归入"营业收入",反映了企业经营多元化的趋势,但部分中小企业在实务处理时仍有沿用主营与其他业务收入的做法。

在银行信贷的财务分析中,必须时刻铭记利润≠现金。按照会计原则,收入是在发生时记账,无论是否收到现金。例如产品赊销,完成了销售就要记当期的收入,但没有实际收到现金。这就是会计的"权责发生制"原则。凡属本期的收入,无论是否收到现金,均作为本期的收入处理;不属本期的收入,即使本期收到现金也只作预收款处理,不作为本期收入。损益表上列示的费用是依据"配比原则",即一旦记录了收入,对应的产品生产和销售成本也应该同时记账,不一定与实际现金流出时间一致。如企业赊购原材料,在记录收入和费用时可能还没有向供应商支付现金。

利润表上的收入、成本、费用和利润并不等于真正得到与付出的现金,利润与现金流量经常不一致,净利润与净现金流量往往存在偏差。企业可能存在净利润高而现金流量低的现象,高额利润也许只是"纸上富贵",不一定具备偿债能力,因为偿债资金来源是现金流。

银行在分析时,必须重视经营性净利润占总净利润的比例,考察企业主营业务净利润在总的净利润中所占的比例。该值越高,反映了企业通过主营业务所赚得的收入越高,表明企业主营业务明确,其收入主要来源于主营业务,而不是处置资产、投资交易等非经营性收入,因而收入来源稳定、可靠。通过对企业这个数据连续几年的分析则更能说明问题,同时也可以考察企业盈利能力的连续性。

(三)现金流量表的分析

现金是指企业库存现金以及可以随时用于支付的存款。不能随时用于支取的存款不属于现金。现金等价物是指企业持有的期限短、流动性强、易于转换为已知金额现金、价值变动风险很小的投资。一般指短期国债,交易性金融资产不是现金等价物。

现金流量表是以收付实现制为基础编制的,所谓收付实现制,是指以收到或支付现金及等价物作为确认收入和费用的依据。现金流量表是反映企业一定会计期间现金及现金等价物流入和流出信息的动态报表。

现金流的断裂将直接导致企业经济活动停止。现金是偿还负债的主要支付工具,现金不足将直接导致无法偿还债务,导致债务违约。通常来讲,如果未来的现金净流量为正,借款人能够偿还贷款,而如果未来的现金净流量为负,借款人则未必能偿还贷款。因此,现金流量表的分析是银行信贷财务分析的重要组成部分。特别是1998年后我国企业开始编制现金流量表,商业银行业也越来越清晰地认识到现金流量对贷款偿还的重要意义。

现金流量表将现金归结为三类:经营活动产生的现金流量、投资活动产生的现金流量以及筹资活动的现金流量。在现金流量分析中,经营活动现金净流量是分析的重点。可以通过以下这个公式将净利润调整为经营活动现金净流量:

$$净利润 + \begin{matrix}折旧摊销等\\非现金支出\end{matrix} - \begin{matrix}存货\\增加\end{matrix} + \begin{matrix}应收款项\\的增加\end{matrix} + \begin{matrix}财务\\费用\end{matrix} = \begin{matrix}经营性现金\\净流量\end{matrix}$$

现金流量的分析,要以历史的现金流量为基础,结合企业的市场环境、行业特征和自身状况等各方面因素,尽量准确地预测出未来的现金流量,看企业未来是否有足够的现金流来偿还银行贷款。

(四)财务比率分析

比率分析法是指根据财务报表中两个或多个特定项目之间的内在关系来计算比率,以评价企业的财务状况和经营成果。根据损益表分析的是企业的盈利比率;根据资产负债表分析的是企业的流动比率、杠杆比率和效率比率。

对于银行来说,财务报表的分析的结论包含了确定授信额度、评估还款能力、放款、预测未来盈利趋势等一些重要的决策信息。银行贷款主要决策是决定是否给企业提供信用以及是否需要提前收回债权,银行要在财务报表中寻找借款企业有能力定期支付利息和到期偿还贷款本金的证据。

作为企业的债权人,因不能参与企业剩余收益分享,银行必须特别关注贷款的安全性。因此,银行在进行企业财务会计报表分析时,最关心的是企业是否有足够的支付能力,以保证其债务本息能够及时足额地得以偿还。对于短期贷款,银行主要关心的是企业当前的财务状况,如流动资产的流动性和周转率,希望企业的实物资产能够顺利地转换为现金。长期贷款主要关心长期收益能力和资本结构,企业的长期收益能力是其偿还本金和利息的决定因素,资本结构可以反映长期债务风险。

商业银行信贷工作中对企业信用考察分析时,对企业财务报表的分析主要从资产负债表、损益表和现金流量表入手,对包括流动比率、速动比率、产权比率、资产负债率、利息保障倍数、资产报酬率、应收账款周转率、存货周转率等十几个指标进行综合分析评价。归纳起来主要从企业的偿债能力、资产的运营能力和盈利能力这几个方面进行分析。

企业的偿债能力包括短期偿债能力和长期偿债能力。

1. 偿债能力比率

短期偿债能力是指企业利用流动资产偿还流动负债的现金保障程度。对于债权人来说,企业短期偿债能力的强弱意味着本金和利息能否按期收回。企业短期偿债能力之所以重要,是因为短期偿债能力直接决定企业持续经营的能力。因此,短期偿债能力的分析应该是银行对企业财务报表进行分析和评价的第一项内容。债权人关心的是企业是否有足够的资产及时转换成偿还短期债务的现金,对此主要通过对流动比率、速动比率的计算与分析来评价企业的短期偿债能力状况。

这类比率通过比较流动资产与流动负债的关系来反映借款人偿还到期债务的能力,又被称为变现能力比率。

(1)流动比率

流动比率是指流动资产与流动负债之比。它表明借款人每一元流动负债有多少流动资产作为偿还的保证。其计算公式为:

$$\text{流动比率} = \text{流动资产} / \text{流动负债}$$

一般认为,流动比率和速动比率的指标值越高,说明企业的短期偿债能力越强。但不是说指标值越高对企业就越好,太高说明企业过于保守,没有充分利用负债,或者可能有资金闲置。对于不同行业企业,其流动比率的衡量标准有所不同,根据经验判断流动比率一般在2∶1左右,这是因为流动资产中变现能力最差的存货金额约占流动资产总额的一半,剩下的流动性较好的流动资产至少要等于流动负债,即至少为1,企业的短期偿债能力才有保证;如果流动比率小于1,意味着企业净营运资金(流动资产与流动负债之差)为负值,其短期偿债能力难以保证。

(2)速动比率

速动比率又称酸性比率,是指借款人速动资产与流动负债之比,它测量企业不依靠出售存货来偿还全部短期债务的能力。它是衡量借款人短期偿债能力的另一项指标。其计算公式为:

$$速动比率＝速动资产/流动负债$$

其中:

$$速动资产＝流动资产－存货－预付账款－待摊费用$$

计算速动资产时扣除存货是因为存货在流动资产中变现较慢,它通常要经过产品的销售和账款的收回两个过程才能变为现金,有些存货还可能不适销,根本无法变现。至于预付账款和待摊费用等,它们本质上属于费用,同时又具有资产的性质,它们只能减少借款人未来的现金付出,却不能转变为现金。因此,应将这些项目扣除。但该比率未考虑应收账款的可回收性和期限。

速动比率把流动性较弱的存货排除在外,对于存货不稳定的许多企业来说,速动比率更能准确、可靠地反映企业资产的流动性及短期偿债能力。速动比率为1较合适,小于1则意味着企业不卖出存货就不能偿还其短期债务。

在实际运用时,还需要考虑企业的具体情况。即使企业的流动比率、速动比率较高,仍不能完全肯定其短期偿债能力就较强。比如有的企业存货较多,同样表现企业的流动比率较高,但可能是产品销售存在问题,其实际偿债能力会受制于其积压的存货而不高,甚至很低。另外,应收账款本身也隐含着坏账的可能性。再比如,企业应收账款收账率很低,逾期待催收账款过多,那么计算企业的速动比率时并不能反映上述情况,造成速动比率仍然较高,而偿债能力却无法保障。因此,应该结合企业存货、应收账款的周转情况进行短期偿债能力分析,才能比较全面地了解企业真实的短期偿债能力状况。

不同行业资产结构、销售模式、回款速度等都有很大不同,因此,在实际工作中,流动比率、速动比率等指标需要参考行业标准(见表4—3)。

表4—3　　　　　流动比率、速动比率行业参考指标

行业	汽车	房地产	制药	建材	化工	家电	啤酒	计算机	电子	商业	机械	玻璃	食品	饭店
流动比率	1.1	1.2	1.3	1.25	1.2	1.5	1.75	2	1.45	1.65	1.8	1.3	>2	>2
速动比率	0.85	0.65	0.9	0.9	0.9	0.9	0.9	1.25	0.95	0.45	0.9	0.45	>1.5	>2

(3)现金比率

现金类资产是速动资产扣除应收账款后的余额。其计算公式是：

现金比率＝现金类资产/流动负债＝(货币资金＋短期投资)/流动负债

现金比率反映企业的即时付现能力，即随时可以还债的能力，这是最保守的短期偿债能力指标，表明在最坏情况下短期偿债能力如何。现金比率高，说明企业支付能力强。一般来说，在评价企业变现能力时，现金比率重要性不大，因为不可能要求企业用现金和短期有价证券来偿付全部流动负债，企业也没有必要总是保持足够还债的现金和短期有价证券。但是，当发现企业的应收账款和存货的变现能力存在问题时，现金比率就显得很重要了。

现金比率需要维持的合理水平要看企业的流动资金需求及即将到期的债务情况而定，重点要考察企业拥有的现金对流动负债的比例。该比率越高，表明借款人直接支付流动负债的能力越强。但该比率不能过高，因为过高会影响借款人的获利能力。

长期偿债能力是指企业偿还长期债务的能力，它一方面取决于企业的获利能力，另一方面取决于企业的资本结构。主要通过对资产负债表中的资产负债率、产权比率以及利息保障倍数等指标的计算与分析来评价企业的长期偿债能力。

资产负债率这一指标也是评价企业整体偿债能力的一个指标，它考察银行所提供贷款的安全程度。从本质上来说，它是确定在企业破产这一最坏情况出现时，从资产总额和负债总额的相互关系中分析企业对债务的偿还能力。对于长期偿债能力而言，资产负债率指标值越低，说明企业的长期偿债能力或整体偿债能力越强，但不是说指标值越低对企业就越好，太低说明可能企业过于保守没有充分利用负债，效益可能受到影响。

(4)资产负债率

资产负债率是指负债总额与资产总额之比。其计算公式为：

资产负债率＝负债总额/资产总额

资产负债率反映在企业资产总额中有多大比例是通过借债筹资获得的，也反映了债权人权益的受保障程度。它可以从一个侧面衡量企业承受风险的大小。

在信贷实务中，资产负债率一般要求在60％以内。但企业所处的行业、发展阶段不同会有所不同，比如企业处于成熟阶段这一指标值可以高一些，因为企业的收益状况稳定，支付能力较强。具体分析时，要参照同行业标准等进行评价。

(5)负债与所有者权益比率

负债与所有者权益比率(又称产权比率)是指负债总额与所有者权益总额之比。其计算公式为：

负债与所有者权益比率＝负债总额/所有者权益总额

产权比率反映负债和所有者权益之间的关系，该指标的大小反映债权人和所有者的相对投资风险,如果负债所占比例较大,业主投资比例较小,那么就意味着企业的风险主要由债权人承担,从而大大降低了债权的安全系数。在进行产权比率指标分析时,因为该比率是以净资产为保障的,考虑到净资产项目中无形资产、递延资产、待摊费用、待处理财产损溢等价值具有不确定性,且不易形成支付能力,因此,在具体使用时,必须结合有形净债务率指标作进一步分析。有形净债务率是产权比率指标的延伸,更为谨慎和保守。需要提醒的是,即使企业的资产负债率和流动比率指标非常稳健,但企业也可能会面临到期无法偿还债务的可能,企业所拥有的现金或者经营性现金流入才是偿还到期债务最有力的保障。

2. 资产运营能力比率

企业资产运营能力也就是资产管理效率,企业资产的运营能力越好,则资产管理水平越高。主要通过对总资产周转率、流动资产周转率、存货周转率和应收账款周转率这些指标的计算与分析来评价企业资产的管理效率。其中,流动资产中的存货和应收账款周转情况的分析是企业运营能力分析的重点。

银行作为债权人,关心的是企业偿还债务的现金保证,应收账款的周转速度体现了企业应收账款转换成现金的速度,无疑速度越快,对银行来说收回借款就越有保证。存货周转率反映了企业产品在市场中的销售状况和企业营销能力的强弱,这一指标过高或过低对企业都是不恰当的。存货周转次数过多,企业频繁采购不可避免地会增加订货成本,同时容易错过市场销售的机会,导致资金回笼困难;存货周转次数太少,可能是产品滞销,同时也会占用大量流动资金,影响资金使用效率,增加仓储成本和管理上的难度,这些结果对银行的债权来说都是不利的,因此企业应维持一个合理的存货周转次数标准。在具体分析时,要结合企业所处的行业的平均水平进行分析,了解同行业中较好企业的平均水平;还可以结合企业的历史情况进行比较,看企业自身在资产管理上是否有进步。

(1)流动资产周转率

计算公式为:

$$流动资产周转率=销售收入/平均流动资产$$

流动资产周转率越高,资产周转速度就越快,能够相对节约流动资金投入,增强企业的盈利能力,提高企业的短期偿债能力。如果周转速度过低,会形成资产的浪费,使企业的现金过多地占用在存货、应收账款等非现金资产上,变现速度慢,影响企业资产的流动性和偿债能力。

流动资产周转率比较高,说明企业在以下四个方面全部或某几项做得比较好:快速增长的销售收入;合理的货币资金存量;应收账款管理比较好,货款回收速度快;存货周转速度快。

(2)应收账款周转率

应收账款周转率是指赊销收入净额与应收账款平均余额之比。其计算公式为：

$$应收账款周转率＝赊销收入净额/应收账款平均余额$$
$$应收账款周转天数＝365\text{天}/应收账款周转率$$

其中：

$$应收账款平均余额＝(期初应收账款＋期末应收账款)/2$$
$$赊销收入净额＝销售收入－现销收入－销售退回－销售折让－销售折扣$$

应收账款周转率反映的是计算期内应收账款的周转次数。次数越多,说明应收账款周转越快、效率越高,应收账款变现速度越快,企业资产运用效率和短期偿债能力越强。

(3)存货周转率

计算公式为：

$$存货周转率＝销货成本/平均存货余额$$

其中：

$$存货持有天数＝计算期天数/存货周转次数$$
$$＝平均存货余额×计算期天数/销货成本$$
$$平均存货余额＝(期初存货余额＋期末存货余额)/2$$

货币资金周转天数、应收账款周转天数、存货周转天数这三个指标是对流动资产周转率分析的重要补充,反映企业最重要的三项流动资产的使用效率,三项指标的变化会导致流动资产周转率发生相应的变化,其管理水平的高低直接影响企业的盈利能力及偿债能力。

(4)固定资产周转率

固定资产周转率是指销售收入净额与固定资产平均净值之比。其计算公式为：

$$固定资产周转率＝销售收入净额/固定资产平均净值$$

其中：

$$固定资产平均净值＝(年初固定资产净值＋年末固定资产净值)/2$$

固定资产周转率衡量固定资产利用水平。该比率高,表明企业固定资产投资得当、固定资产结构合理,能够充分发挥效率;反之,则表明固定资产使用效率不高,提供的生产成果不多,企业的运营能力不强。不过,该比率过高则意味着企业的厂房、设备等固定资产投资不足。

(5)总资产周转率

总资产周转率是指销售收入净额与资产总额之比。其计算公式为：

$$总资产周转率＝销售收入净额/总资产平均余额$$

其中：

$$总资产平均余额＝(期初总资产余额＋期末总资产余额)/2$$

该指标是综合评价企业全部资产经营质量和利用效率的重要指标,反映出企业单位资产创造的销售收入,体现企业在一定期间全部资产从投入到产出周而复始的流转速度。总资产周转率高,说明企业全部资产经营效率好,取得的收入高。

就效率比率而言,一般来讲周转速度快一点好,但是对具体某一企业的判断需要参照其所在行业的标准。从表4—4中可以看到,不同行业效率比率的标准存在很大差异。

表4—4 不同行业效率比率参考指标

项目\行业	工业 制造业	商业 批发业	商业 零售业	服务业 资本密集	服务业 劳动密集
总资产周转率	2~5	4~6	1~3	1~2	7~10
存货持有天数	60~100	60~100	100~200		
应收账款回收期	40~60	30~50	0~20	0~35	20~35

3. 盈利能力分析

毋庸置疑,盈利是企业存续下去的必要条件之一,银行为企业提供贷款或信用时,本质上是希望企业能够用盈利作为债权的保障,而不是在非常情况下处置企业资产作为清偿债务的来源,因此,企业的盈利能力是银行和企业都非常关心的项目。

企业盈利能力分析主要是通过总资产报酬率、销售利润率等指标的计算与分析来评价,上市公司还应考虑每股收益指标的计算与分析。企业盈利能力的指标值越高,说明企业的盈利能力越强,其归还贷款本息的能力越强;指标值越低,说明企业的盈利能力越差,其归还贷款的能力也就越弱。

(1) 销售毛利率

计算公式为:

$$销售毛利率=[(销售收入-销售成本)/销售收入]\times 100\%$$

表示每一元销售收入扣除销售成本后,有多少钱可以用于各项期间费用和形成盈利。

(2) 销售利润率

销售利润率是指税前利润与销售收入净额之比。其计算公式为:

$$销售利润率=销售利润/销售收入净额\times 100\%$$

销售利润率反映单位产品或商品销售收入净额所实现利润的多少。指标的变化反映企业经营理财状况的稳定性、面临的危险或可能出现的转机。该比率越高,表明产品销售成本控制得越好。在通货膨胀情况下,该比率的提高,有时不是因为管理能力的加强,而是因为价格的上升。

销售利润率可以分解成为销售毛利率、销售费用率、管理费用率、财务费用率等指标进行分析,判断企业目前存在的问题。

(3)净资产收益率

净资产收益率是指净利润与所有者权益平均余额之比。其计算公式为:

净资产收益率＝净利润／所有者权益平均余额×100％

其中:

所有者权益平均余额＝(期初所有者权益余额＋期末所有者权益余额)／2

该指标是偿债能力、营运能力、获利能力综合作用的结果,是评价企业资本经营效益的核心指标。它反映投资者投入企业的资本获取净收益的能力,反映企业持续收益的能力。一般认为,企业净资产收益率越高,企业的运营效益越好,对投资者、债权人的保障程度就越高。该指标如果持续增长,说明企业的盈利能力持续提高,但是如果该指标降低,可能并非是企业的盈利减少影响,而是由于其他的一些相关因素导致该指标降低,如增发股票。

(4)利息保障倍数

利息保障倍数是指企业经营业务收益与利息费用之比。其计算公式为:

利息保障倍数＝税前利润总额／利息费用

利息保障倍数反映企业用其经营业务收益偿付借款利息的能力。或者说企业的利息债务有多大程度的偿还保障。借款人生产经营所获得的税前利润对于利息费用的倍数越高,说明借款人支付利息费用的能力越强;反之,则表明企业支付利息费用的能力越弱。该指标如果足够大,企业就有充足的能力偿付借款利息,企业债务利息压力小;该指标如果太小,企业将面临亏损、不能及时偿还债务利息及本金的风险。

一般公认的利息保障倍数为3较适宜。若该比率大于1,仅表明企业能维持经营;若该比率小于1,则表明企业无力赚取大于借款成本的收益,企业没有足够的付息能力。

专栏 4—2

财务比率的选用

客户财务报表信息的发布是为了满足社会通用性的需要,但不同的使用者由于其目的不同,对财务分析的侧重点是不一样的。实际上银行最关心的是客户能否到期还本付息,将贷款的安全性放在第一位。因此,银行对于客户的偿债能力分析是极为重视的。但这不是分析的全部,还应该结合资本实力、盈利能力和经营能力等财务比率,从不同的方面对客户进行全面分析和判断,才能对客户有一个清晰、全面的认识与定位。

表4—5　　　　　　　贷款合同中出现频率最高的财务比率

财务比率	频率（百分比）	评估内容
负债所有者权益比率	95.5	债务
流动比率	90	变现能力
股息支付率	70	/
现金流量与当期到期债务比率	60.3	债务
固定费用补偿倍数	55.2	债务
利息保障倍数	52.6	债务
财务杠杆度	44.7	债务
所有者权益资产比率	41	债务
现金流量债务总额比	36.1	债务
速动比率	33.3	变现能力

四、财务报表预测

（一）财务预测的定义

财务预测是根据财务活动的历史资料，考虑企业现实情况和发展趋势，采用一定的方法对企业未来的财务状况和财务成果所进行的分析、估计和测算。银行信贷中财务报表预测的主要目的是判断企业能否产生足够的现金流量来保证贷款的偿还。当然，通过财务报表预测也可以判断企业在今后经营存续期内的资金需求数量。由于贷款是用企业未来的现金流偿还的，因而对借款人的财务预测十分重要，特别是对中长期贷款来说。

（二）财务预测方法

财务预测的内容很多，主要包括销售收入预测、资金需求预测和利润预测等。这里主要以资金需求量预测为例进行说明。资金需求量预测常用的定量方法有销售百分比法和线性回归法。这两种方法也可以结合使用。

我们可以简单了解一下如何通过销售百分比法进行财务报表——利润表、资产负债表和现金流量表——的预测。

预测公司未来的经营成果和财务状况，先要进行销售的预测，然后进行成本、费用的估计以及对公司各资产、权益具体内容趋势走向的预计。销售百分比法是一种将资产负债表中数据与未来销售联系起来的简单而有效的方法。其依据是：所有变动成本和大部分流动资产都存在随销售变动的趋势，虽然这对公司财务报表的所有项目并不适用,但这提供了解决问题的简单而又富于逻辑的思路。

进行销售百分比法预测的基本步骤如下:

第一步,对历史数据进行审核,以判定哪些财务报表项目与销售是成比例变化的。这可以使预测者能够判定哪些项目作为一个销售比例的估计是有把握的,哪些是必须根据其他信息来预测的。

第二步,根据趋势或需要估算出与销售收入成比例变化的各项目的比例。

第三步,预测销售额。如果根据预测的销售额完成了预测财务报表,最好对销售预测的合理变动进行敏感性检验。

第四步,借助最新估计的销售额及推断出的历史模式,估计单个财务报表项目的金额。例如,历史库存为销售额的20%,预计下一年度的销售额为1 000万元,则可以推断下一年的库存为200万元。其他与销售相关的项目也可以据此进行测算出来。

第五步,根据预测资产负债表和利润表项目的计算,推算出现金流量表。

五、财务造假与虚假财务报表识别

(一)财务造假的定义

财务造假是指造假行为人违反国家法律、法规、制度的规定,采用各种欺诈手段在会计账务中进行弄虚作假,伪造、变造会计事项,掩盖企业真实的财务状况、经营成果与现金流量情况的行为。

财务报表是银行对客户进行财务分析的依据,虚假报表对银行信贷人员鉴别客户好坏造成误导,影响信贷审查、审批的判断,导致信贷决策的失误。因此,银行信贷人员必须掌握一些虚假财务报表的识别方法,才能更好地做好信贷岗位工作。

(二)虚假财务报表的常见造假方法

一般分为两类:一是人为编造财务报表数据;二是利用会计方法的选择调整财务报表的有关数据。

人为编造的财务报表,往往是根据所报送对象的要求,人为编造有利于企业本身的财务数据形成报表。这种形式手段较为低级,或虚减、虚增资产,或虚减、虚增费用,或虚减、虚增利润等,但往往报表不平衡(子项之和不等于总数),账表不相符、报表与报表之间勾稽关系不符、前后期报表数据不衔接等。

利用会计方法的选择形成的虚假财务报表,手段较为隐蔽,技术更为高级,更难以识别。以利润操纵为例,手段多种多样:(1)调整收入确认方式,使利润虚增或虚减;(2)调整存货等计价方法,从而虚增、虚减资产和费用;(3)调整折旧计提方法,延长或缩短折旧年限,虚增、虚减成本费用,从而调整利润的高低;(4)利用资产重组调节利润;(5)利用关联交易调节利润;(6)利用资产评估消除潜亏;(7)利用虚拟资产调节利润;(8)利用利息资本化调节利润;(9)利用股权投资调节利润。此外,还有利用其他应收款和其他应付款等科目调节利润等。

(三)虚假财务报表的识别方法

1.对人为编造财务报表数据的识别方法

主要采取掌握证据、对比分析、查账核实等手段进行,一般有下列方法:

(1)核对各财务报表内部的平衡关系和报表之间的勾稽关系,找出疑点。

(2)连续向企业要同一时点的财务报表,对有差异的数据进行质疑。

(3)尽可能多地通过不同渠道搜集同一时点的财务报表,对比异同点,对差异的数据提出质疑。

(4)与平时观察掌握的经营状况进行对比,找出关键或重要财务项目的漏洞、疑点。

(5)现场调查,进行账表、账账、账证和账实核对。

2.对会计方法选择形成的虚假报表的识别方法

此类会计造假较为高明,往往做到了报表平衡及账表、账账、账证等相符,识别有一定的难度,因此在识别上宜采取以下方法:

(1)异常利润剔除法

异常利润剔除法是指将其他业务利润、投资收益、补贴收入、营业外收入从企业的利润总额中剔除,以分析企业利润来源的稳定性。当企业利用资产重组或股权投资等方式调节利润时,主要在这些科目中反映,因而该方法对此类情况特别有效。

(2)现金流量分析法

现金流量分析法是指将经营活动产生的现金流量、投资活动产生的现金流量、现金净流量分别与主营业务利润、投资收益和净利润进行比较分析,以判断企业主营业务利润、投资收益和净利润的质量。如果企业的现金净流量长期低于净利润,将意味着与已经确认为利润相对应的资产可能属于不能转化为现金流量的虚拟资产,表明企业可能存在虚增利润的情况。

(3)不良资产剔除法

这里所说的不良资产,除包括待摊费用、待处理流动资产净损失、待处理固定资产净损失、开办费、长期待摊费用等虚拟资产项目外,还包括可能产生潜亏的资产项目,如高龄应收款项、存货跌价和积压损失、投资损失、固定资产损失等。其方法的运用,一是将不良资产总额与净资产进行比较,如果不良资产总额接近或超过净资产,既说明企业的持续经营能力可能有问题,也可能表明企业在过去几年因人为夸大利润形成"资产泡沫";二是将当期不良资产的增加额和增减幅度与当期的利润总额和利润增加幅度相比较,如果不良资产的增加额及增加幅度超过利润总额的增加额及增加幅度,则说明企业当期的损益表含有"水分"。

(4)关联交易剔除法

关联交易剔除法是指将来自关联企业的营业收入和利润总额予以剔除,分析某一特定企业的盈利能力在多大程度上依赖于关联企业,以判断该企业的盈利基础是否扎实、利润来源是否稳定。如果企业的营业收入和利润来源主要来自关联企业,就应该特别关注关联交易的定价政策,分析企业是否存在以不等价交换方式与关联企业交易从而虚增或虚减利润的现象。

第四节 信贷业务尽职调查报告撰写

一、信贷业务尽职调查报告的定义

信贷业务尽职调查报告是指客户经理通过对申请授信或贷款的客户及保证人或抵(质)押物的尽职调查后,形成的包括企业风险分析、授信或贷款方案、银行价值评价等内容的书面文件。

二、信贷业务尽职调查报告的主要内容

(一)基本情况

(1)企业概况;

(2)经营情况;

(3)行业情况;

(4)管理情况。

(二)借款原因

企业申请贷款的原因、用途、用款计划,是否符合国家有关政策、市场前景如何、预计效益如何、自有资金多少、尚缺资金多少、多长时能收回成本、什么时间能还清贷款等。

(三)还款能力分析

这是贷款调查报告的主要内容。一是分析申请贷款的企业是否具备产品有市场、生产经营有效益、无挤占挪用信贷资金、无恶意拖欠本行及其他银行、其他单位和个人借款或贷款的历史、恪守信用等情况。二是借款申请人从事的经营活动是否合规合法、符合国家产业政策和社会发展规划要求。三是企业生产技术水平、产品销售情况、产品价格变化(与原材料变动幅度比)、主要销售单位、货款结算方式、货款回笼情况。具体内容为:

1. 产、供、销情况分析

对借款单位生产能力、产品质量与供销情况进行调查。调查借款单位材料采购落实情况,分析判断原材料是否有来源,调查原料市场价格变化情况、主要供货单位、购货与销售的方式。

2. 财务和信用分析

据调查了解，目前，某些企业的报表一般至少有三套报表，交给银行、财税部门和内部股东的报表都不一样。因此，必须认真分析企业的固定资本、存货、资本金、银行存贷款和其他短期负债等几个大项，来考察企业的现金流量表、其他会计报表的真实准确性。

3. 还贷来源及还款时间分析

分析贷款项目生产周期、预计利润水平、现金流量，调查分析借款单位还本付息资金来源、确定还款期限等。

（四）借款担保情况分析

属于抵押担保的贷款，写清抵押物的名称、所在具体地点、权属情况、租赁情况、数量和质量状况、评估公司、评估价值、价值是否稳定、变现能力等。

属于保证担保方式的贷款，写清保证担保人基本情况（同借款人基本情况）、资产负债状况、分析评估担保资格、保证人的代偿能力、担保人的资金来源等。

通过借款单位的基本情况、生产经营情况和效益情况的分析，结合抵押担保情况对贷款风险进行评价。

（五）贷款风险分析及防范

参见第十一章相关内容。

（六）提出调查结论

调查人要在进行贷款综合效益分析基础上，总体评价企业的"现金流量、财务、偿还、管理状况"，结合借款用途、还款来源和计划、借款项目的自筹资金到位情况明确以下事项：(1)贷与不贷；(2)贷款方式；(3)贷款金额；(4)贷款期限；(5)贷款利率；(6)还款方式等。

（七）调查人签名

企业贷前调查必须由两名以上人员参加，调查报告要有两名以上贷款调查人签名，并写清调查时间，将调查报告交部门主管审查，部门主管审查完后签署姓名及时间。

三、尽职调查报告的撰写

（一）撰写的前期准备工作

写好一篇信贷业务尽职调查报告，需要尽可能多地搜集到与这项业务有关的数据，包括基础数据、财务数据、生产技术数据、市场数据等。

基础数据主要源自企业的基础资料，包括：营业执照、税务登记证、法人机构代码证、贷款卡、验资报告、公司章程、行业资质证书、机构信用代码证、开户许可证等；翔实的企业简介（含企业的成立时间、注册地址、注册资金、法定代表人、主要业务范围及主要产品；股东结构及占比、员工人数及知识结构、主要经营团队的基本情况和企业的发展情况);企业(和实际控制人)获得的各项荣誉证明;企业详细的银行账户开立情况;最近的人民银行的征询查询报告;根据公司章程规定由股东会或董事会同意申请贷款的决议;借款申请书(包括贷款金额、用途、担保措施及还款来源)。

财务数据主要来源于企业提供的经过审计的财务报表,包括资产负债表、损益表、现金流量表及会计附注(必须有科目明细,例如应付账款应说明账龄及应付给谁、应付的什么款项等);审计报告必须确保完整(包括审计结论、财务报表、会计附注说明、执业资质信息),不得缺页;近三年的收入构成明细及占比说明;产品成本构成说明;纳税申报表及纳税凭证;完整年度的银行对账单或银行流水单据(需加盖银行业务章)。

生产技术数据来源于企业提供的生产所必需的生产设备清单,包括设备名称、数量、价格等信息。要了解生产工艺过程、设备的技术含量等;了解设备的设计产能及实际产能,如产能过低应分析原因。

市场数据来源于企业提供的上下游名单,包括近三年的合作明细等。了解借款人行业发展情况及在当地同行业的排名情况。

以上数据的取得,要通过到企业双人实地调查,并对调查过程进行拍照留证。实地调查过程应采取查阅账务、清点实物的方式进行,如果需要可通过第三方对相关情况进行核实。通过网络等渠道对借款人所处行业的发展情况进行调查了解,并根据企业情况对比分析。

(二)企业基本情况的撰写内容

(1)借款人名称(营业执照上的全称)、注册资本、注册地址、法定代表人及身份证号、贷款卡号及密码、主营业务范围等。

(2)股东出资及股权占比情况;公司的历史沿革、企业性质等基本情况。

(3)公司的相关资质情况。

(4)公司治理结构情况:有无设立股东会、董事会、监事会及高级管理层,是否形成规范的公司治理结构;企业决策机构设置、决策机制(董事会成员人数、议事规则)等。

(5)企业内设部门及员工总数、整体素质、知识结构。

(6)企业法定代表人及主要经营负责人姓名、年龄、性别、学历、职业经历。

(7)如有关联企业,还应详细提供主要子公司及主要关联企业(一级关联及二级关联)明细,借款人出资情况并注明是控股还是参股,关联企业生产经营情况,与借款人是否存在会计报表并表关系等。

(8)重大事项披露。信贷调查不仅要反映申请人真实的生产经营状况和资产负债状况,还要全面披露申请人的表外重大事项,以合理评估信贷业务风险。必须披露的重大事项包括:申请人的对外担保等或有负债情况;涉及公司法人或公司高层管理人员的未结诉讼案件情况；公司改制情况；公司股东变更情况；管理层的重大人事变动情况；报告日后即将发生的重大投资行为；报告日后即将实施的经营方向重大调整或多元化经营战略；在他行借款出现的欠息或逾期情况；申请人所属行业宏观政策、国内外市场潜在或已发生的重大变动情况等。对于确有上述应该披露重大事项而未充分披露的，由客户经理承担调查失实责任。

（三）企业经营情况的撰写内容

（1）主营业务结构：包括主营业务范围、所属行业类别、产品或服务结构、销售能力等；同时还应分析企业主营业务收入的组成，各产品、服务占总收入的比例，各项业务收入的变化趋势，各项业务的盈利能力等，以确定企业的主要收入来源、收入稳定性和未来的发展趋势。

（2）经营模式：主要包括企业的产品运作模式、销售模式及销售政策、上下游重点客户情况、市场份额及地位等。对于生产型企业要对其主要技术及生产线、产能产量进行介绍，贸易型企业则要说明其自营及代理的比例、销售网络、主要贸易环节等。

（3）重要事件提示：介绍企业近年来的重大投资项目、转改制情况、重大人事变动、重大事故及赔偿责任、重大或有负债风险及法律纠纷等。

（4）对申请人的非财务因素进行分析评价，对客户公司治理、管理层素质、履约记录、生产装备和技术能力、产品和市场、行业特点以及宏观经济环境等方面的风险进行识别。

（四）撰写企业财务分析

企业财务分析以近三年经审计的财务报告（资产负债表、损益表、现金流量表、报表附注）以及最近期的资产负债表和损益表月报为依据。如果是新成立企业，可根据实际情况提供。

企业财务分析的内容参照本章第三节。在撰写报告时，要注意以下事项：

1. 报表是否经过审计，有无保留意见；

2. 报表中异常科目以及合理解释；

3. 对借款人进行的信用评级是否达到本行授信或贷款的最低等级要求。

（五）企业征信系统信用记录撰写内容

（1）目前负债情况汇总：本行与他行信用余额状况，包括贷款余额、银行承兑汇票、其他融资。

（2）对外担保情况：对外担保余额，系替谁担保。

（3）不良记录（含历史不良记录）。

（4）要对企业的实际控制人的信用记录进行查询并详尽反映。

（六）借款用途分析的撰写内容

分析与申贷事项相关的企业经营或财务事项，判断申贷事项是否真实、合法、并对还款来源的充足性进行分析；要对贷款用途进行分析说明，如着重说明贷款资金用于购买的材料或商品名称、规格型号、数量以及供应方等。

要结合申请人的资产转换周期和其他还款来源对贷款期限进行测算分析，参考测算公式为：

$$贷款期限＝存货周转天数＋应收账款周转天数－应付账款天数＋不超过60天的宽限天数$$

（七）担保分析的撰写内容

（1）保证担保（应参照上述对申请人的调查要求进行以下几个方面的分析说明，但具体内容可适当简化）：

①保证人基本情况及生产经营情况；

②保证人的财务分析（列表）及现金流量分析，揭示第二还款来源的充足性；

③保证人的对外担保情况；

④保证人是银行信用客户的，还必须说明在银行的信用往来情况，在银行信用业务的最近一次风险分类结果等；

⑤保证人的担保动机及担保意愿。

（2）抵押担保。

采取抵押担保方式，应对抵押物相关材料的合法性、有效性和充分性进行调查、反映，并充分分析抵押物的变现能力。房地产抵押物必须提供实物照片，且照片不少于5张。

要通过实地查勘对抵押物的基本情况、市场行情、可变现价格等进行详细调查，结合调查情况对第二还款来源进行分析，不得照搬评估报告内容，而且对于出让性质房地产设定的抵押率一般不得超过70%，对于划拨性质房地产进行抵押原则上不予接受。

①以土地使用权抵押，应反映包括但不限于以下内容：

- 土地目前具体状况：地理位置、周边环境等。
- 土地的价值：土地费用是否已支付、出让的土地是否交清出让金并提供付款凭证、是否需要支付拆迁等费用、其他费用（或拍卖价格）。
- 目前形态：土地是否经过整理、是否完成拆迁、拆迁进度、是否出租。
- 权属情况：所有权人及其抵押意愿、相关法律文件完整并提供复印件。
- 土地取得方式及用途。
- 土地年限：使用年限、剩余年限。
- 其他需要说明的事项。

②以房产抵押，应反映包括但不限于以下内容：

- 权属及其合法、有效性：所有人及其抵押意愿、取得方式、是否涉及诉讼、相关法律性文件的完整性。

● 价值：房产取得的价格、当前市场价值（包括外部机构的评估价和经营单位认定的价格）。

● 处置变现能力：a. 地理位置、周边环境、是否易处置；b. 目前形态：是否空置（若是空置的要说明原因）、是否出租（若是出租的应取得相应的租赁合同，了解其租赁期限、租金水平、租金缴交方式，并书面告知承租人，必要时可以要求与承租人签订三方协议，对租金实行监管）、是否已设置抵押或存在其他优先权；c. 当前当地市场中该类型房产的市场交易状况。

③以机器设备抵押，应反映包括但不限于以下内容：

● 设备目前的具体状况：存放地点、清单、设备购置时间、使用时间及现状，成新率、折旧情况、设备取得的原始价格。

● 权属及其合法、有效性：所有人及其抵押意愿、取得方式、是否涉及诉讼、相关法律性文件的完整性。

● 处置变现能力：是否易处置、是否已设定抵押或其他的优先权、当前市场价值（包括外部机构的评估价和经营单位认定的价格）。

要详细说明抵押物的现状、权属状况、抵押设定的合法性、能否对抗第三人以及抵押物的变现能力等。对于抵押物的价格确定，既要参考评估价格，又要综合考虑其历史取得成本、目前成新率和同类资产的市场交易价格；抵押率的设定不仅要严格遵循现行制度规定的上限，还要具体分析抵押物快速变现的价格损失、市场行情波动趋势以及债权人的变现成本等因素。调查报告中不得不经调查核实就照搬抵押物的评估价格，也不得不经分析测算而随意设定最高抵押率。

（3）质押担保。

涉及权利质押担保的，应仔细核实权属状况及权利凭证的真实性，采取仓单质押的还要核实仓储方的信誉和回购能力，以防止银行的质权被悬空。

动产质押的要确定质押物的权属、市场价格以及设定质押的合法性，且必须将质押物置于银行认可的仓储方存放保管；权利质押的必须双人核实权利凭证的真实性，并分析判断质押权利的变现能力；股权质押的要对股权对应的资产进行评估确认，质押率不得超过 40%。

（八）授信或贷款的必要性、可行性和还款来源分析的撰写内容

（1）本次申请授信总量中授信额度及其分项额度的金额及分配理由；客户授信需求合理性与必要性的量化分析，包括但不限于流动资金贷款、进口开证、开立银行承兑汇票等授信需求的测算依据与明细测算过程。

（2）本次授信或贷款是否有必要，授信额度或贷款是否能满足客户生产经营正常需要（或季节性需要、高峰期需要、临时性需要等）、是否能充分支持其业务发展。

（3）第一还款来源分析的内容。企业的第一还款来源为企业的主营业务收入，要通过对企业近年来的收入及利润情况进行分析，并对企业近三年经营活动产生

的现金流入、流出量进行分析,以及拟定的贷款期限内需要偿还的负债情况,来判断依靠第一还款来源是否能够保证贷款到期归还。

(4)第二还款来源分析的内容。第二还款来源是指在企业第一还款来源出现异常时可动用的还款来源,即保证人的代偿、抵质押物的处置等。要对第二还款来源的可操作性、抵押物的处置的难易程度及处置方式等进行分析。

(九)客户与本行的关系和本次授信或贷款方案的撰写内容

(1)客户与本行建立合作时间,在本行开户的情况,是否基本户或是按贷款比例在本行办理存款和结算,如不是基本户,是否有望争取成为本行基本户。

(2)在本行各种授信品种或贷款余额、期限以及还本付息情况(包括不良贷款比率和收息率等)、信用等级、风险限额、已占用风险额度。

(3)客户如在本行贷款并已进行清分,要说明清分结果及情况。

(4)在本行的日平均存款余额、结算业务量、综合收益。

(5)批准授信额度后本行新增的存款、结算量及各项收益预测额。

(6)上年授信或贷款:金额、期限、利率、担保方式、保证金比例;授信产品、授信期限、到期时间。

(7)本年授信或贷款方案:金额、期限、利率、担保方式、保证金比例;授信产品、授信期限、到期时间。

(十)调查结论

必须明确提出拟建议的信用业务的对象、内容(授信/贷款/其他)、种类、金额、期限、利率、担保方式等。

本章小结

贷前调查是贷款流程中极为重要的环节,调查信息的真实与完整是银行作出正确贷款决策的前提和保证。对客户经理而言,掌握调查的方法和内容,能使调查工作目标明确、效率提高。在充分调查、资料齐全的基础上,在尽职调查报告中通过对借款人的财务因素和非财务因素进行计算、比较和分析,从而判断借款人的经济实力、偿债能力和担保质量,进而全面揭示贷款的风险程度。调查岗位还必须承担调查不实的责任。同时,客户经理还必须通过不断学习,逐步提高识别虚假报表的能力。对于反映客户经理调查工作的成果——信贷业务尽职调查报告——的撰写,本章结合商业银行对报告的具体要求,就报告内容作了较为通用和详细的阐述。

复习思考题

1. 客户经理如何才能做好尽职调查?
2. 如何评价经营活动现金净流量的变化?

3. 尽职调查报告应包含哪些主要内容?
4. 如果只能用三个指标说明一个企业的信用状况,你会选择哪三个?为什么?
5. 利用会计方法编制虚假财务报表通常有哪些手段?
6. 如何才能撰写一篇合格的尽职调查报告?
7. 案例分析:

A 公司是一家经营电子器材的零售商,为银行的老客户。该公司平均保持约 3 000 万元的存款,3 年来一直使用一笔数额为 400 万元的短期可展期贷款。2016 年底,该公司的财务经理请求该银行在 2017 年将该笔短期贷款增至 5 000 万元。理由是:尽管公司销售额一直在增长,但应收账款也在不断增加,现金余额已经减少,并面临供货商的收款压力。但他只是凭感觉认为应当借这笔款项。银行在没有进行详细财务预测的情况下,不会批准这样大笔的短期贷款。于是双方就根据该公司以往的财务报表和销售预测数据来进行贷款量的预测。表 4-6 是 A 公司 2013~2016 年的利润表和资产负债表。

表 4-6   A 公司财务报表(2013 年至 2016 年)   单位:万元

利润表				
	2013 年	2014 年	2015 年	2016 年
一、主营业务收入	111 900	137 600	161 000	206 200
减:主营业务成本	94 000	117 000	136 800	177 300
二、销售利润	17 900	20 600	24 200	28 900
减:管理费用和营业费用	10 200	12 400	16 100	22 700
财务费用	1 000	1 100	1 200	900
三、营业利润	6 700	7 100	6 900	5 300
减:所得税	3 000	3 200	3 100	2 400
四、净利润	3 700	3 900	3 800	2 900
资产负债表简表				
	2013 年	2014 年	2015 年	2016 年
资产				
流动资产				
现金及短期投资	6 700	5 500	6 400	4 100
应收账款	14 400	18 900	21 900	29 800
存货	11 700	14 300	19 800	23 200
待摊费用	100	100	100	200
流动资产小计	32 900	38 800	48 200	57 300

续表

资产负债表简表	2013年	2014年	2015年	2016年
固定资产净值	1 300	1 200	2 900	2 900
总资产	34 200	40 000	51 100	60 200
负债与所有者权益				
流动负债				
短期借款	400	400	400	400
应付账款	10 200	14 400	24 200	32 100
长期负债到期部分	600	500	500	1 000
应付工资	0	100	100	200
流动负债小计	11 200	15 400	25 200	33 700
长期债务	9 600	9 200	8 600	7 700
实收资本	3 000	3 000	3 000	3 000
留存收益	10 400	12 400	14 300	15 800
总债务与所有者权益	34 200	40 000	51 100	60 200

问题：

(1)计算该公司2014~2016年的主要财务比率；

(2)预测该公司2017年的主要财务数据；

(3)预测该公司2017年的资金需求情况。

参考文献

1. 立金银行培训中心.银行客户经理信贷技能提高培训[M].北京:中国金融出版社,2014.
2. 立金银行培训中心.银行客户经理财务报表分析培训[M].北京:中国金融出版社,2012.
3. 立金银行培训中心.银行客户经理授信调查报告撰写培训[M].北京:中国金融出版社,2014.
4. 立金银行培训中心.银行客户经理信贷调查要点培训[M].北京:中国金融出版社,2015.
5. 宋良荣.财务报告真假识别技巧[M].上海:立信会计出版社,2006.
6. 陈玉菁.客户信用分析技巧[M].上海:立信会计出版社,2010.

第五章 信贷担保管理

本章要点

- 贷款保证的风险防范
- 抵押的设定条件
- 贷款抵押的风险防范
- 质押的设定条件
- 贷款质押的风险防范

本章重要概念

保证；代偿能力；核保；保证合同；抵押；抵押物；抵押率；抵押合同；质押；应收账款质押登记系统

第一节 保证担保管理

保证是指保证人和债权人以书面形式订立约定，当债务人不履行债务时，保证人按照约定履行债务或者承担责任的行为。由此可见，保证就是债权债务关系当事人以外的第三人担保债务人履行债务的一种担保制度。在保证担保成立的情况下，如果债务人无法履行债务，由保证人代为履行或承担连带责任，以满足债权人的清偿要求。

一、保证人资格与条件

（一）保证人资格

保证人是保证合同中唯一负有义务者，其资格与能力关系到保证合同能否得到履行，因而须严格界定。我国《担保法》对保证人的资格做了明确的规定，只有那些具有代为清偿债务能力的法人、其他组织或者公民才能作保证人。具体而言，一是保证人必须是具有民事行为能力的人，二是保证人必须具有代为履行主债务的资力。

此外还需重点注意的是,根据《担保法》的规定,以下几类主体不得为保证人:

(1)《担保法》规定国家机关不得作保证人,但经国务院批准对特定事项作保证人的除外。由于国家机关属于国家和社会事务的管理机构,不具有直接从事经济活动的职能,其活动经费源于国家预算拨款,而保证行为是一种纯经济行为,故国家机关不得为保证人。

(2)《担保法》规定禁止政府及其所属部门要求银行等金融机构或者企业为他人提供担保,并进一步规定银行等金融机构或企业对政府及其所属部门要求其为他人提供保证的行为,有权予以拒绝。

(3)《担保法》规定医院、学校等以公共利益为目的的事业单位、社会团体不得作保证人;规定医院、学校等以公益为目的的事业单位、社会团体提供保证的保证合同无效,并且,提供保证的医院、学校等以公益为目的的事业单位或社会团体等还要就提供保证的过错承担相应的民事责任。

(4)《担保法》规定企业法人的分支机构或职能部门不能作保证人,但企业法人的分支机构有该法人书面授权的,可以在授权范围内提供保证。

(二)保证人评价

信贷人员应对保证人进行严格调查、评价。对保证人的评价包括确认保证人的主体资格、评价保证人的代偿能力和保证限额分析等几个方面。[①]

1. 审查保证人的主体资格

(1)经商业银行认可的具有较强代为清偿能力的、无重大债权债务纠纷的以下单位和个人可以接受为保证人:金融机构、从事符合国家法律和法规的生产经营活动的企业法人、从事经营活动的事业法人、其他经济组织、自然人、担保公司。

(2)商业银行不接受下列单位作为保证人:

①国家机关,但经国务院批准为使用外国政府或者国际经济组织贷款进行转贷的除外;

②以公益为目的的事业单位、社会团体:学校、幼儿园、医院、科学院、图书馆、广播电台、电视台等;

③无企业法人的书面授权或者超出企业法人书面授权范围提供保证的企业法人的分支机构;

④企业法人的职能部门。

2. 评价保证人的代偿能力

对符合主体资格要求的保证人应进行代偿能力评价。对保证人代偿能力的评价,包括代偿能力现实状况评价和代偿能力变动趋势分析,并按照规定程序审定保

---

① 中国银行业从业人员资格认证办公室. 公司信贷[M]. 北京:中国金融出版社,2011.

证人的信用等级、测算信用风险限额。

3. 保证人保证限额分析

保证人保证限额,是指根据客户信用评级办法测算出的保证人信用风险限额减去保证人对商业银行的负债(包括或有负债)得出的数值。

4. 保证率的计算

在计算出保证限额后,还应计算保证率,通过计算保证率,进一步衡量保证担保的充足性。保证率计算公式为:

$$保证率=申请保证贷款本息/可接受保证限额×100\%$$

5. 保证评价结论

经评价符合保证人条件的,信贷人员撰写《商业银行担保评价报告》,随信贷审批材料一并报送评价审查人员。如不符合条件,应及时将保证人材料退还,并要求债务人另行提供保证人或提供其他担保方式。担保评价审查人员及审定人员应认真审查保证人的材料和《商业银行担保评价报告》,并签署意见。

二、保证担保管理要点

(一)贷款保证风险

贷款保证存在的主要风险因素为:

1. 保证人不具备担保资格

担保人不能为国家机关、以公益为目的的事业单位或企业法人的职能机构。

2. 保证人不具备担保能力

如果保证人没有能够代为清偿借款人的财产,或者有财务但不具有处分权,或者有处分权但无法变现清偿,那么这样的担保形同虚设。

3. 虚假担保人

借款人以不同名称的公司向同一家银行的多个基层单位借款,而且相互提供担保,借款和担保人公司的法定代表人往往也是同一人兼任的。这样的贷款具有较大的风险性。

4. 公司互保

甲公司在申请借款时因银行要求,不得不寻找业务关系较为密切的乙公司作为其保证人。但乙公司或者因自身借款需要或者担心自己被卷入担保纠纷而遭受经济损失,故而反过来也要求甲公司为其向银行借款时作担保。这样就形成了甲乙公司之间的互保(互相保证)。这种行为在法律上并没有被禁止,但银行也必须谨慎对待。因为互保企业,只要其中一方出问题被其他银行追诉,另一方可能由于承担保证责任而出现问题。

5. 保证手续不完备,保证合同产生法律风险

办理一笔保证贷款通常需要保证人出具保证函,与贷款银行签订保证合同。

这些法律性文件都必须有法定代表人签字并加盖公章才能生效,银行方面需要核对签字与印章。但在操作中,可能出现有公章但未有法定代表人签字,或者是有法定代表人签字但未加盖公章,或者是未对上述签字盖章的真实性进行验证等重大遗漏。此外,还存在保证合同条款约定不明确、不符合法律法规的要求等一系列问题。这些都将使保证合同产生重大隐患,甚至导致合同无效。

6. 超过诉讼时效,贷款丧失胜诉权

有关诉讼时效问题,《民法通则》第一百三十五条明确规定:向人民法院请求保护民事权利的诉讼时效期间为2年,法律另有规定的除外。第一百三十七条规定:诉讼时效期间从知道或者应当知道权利被侵害时起计算。因此,就一笔保证贷款而言,如果逾期时间超过2年,2年期间借款人未曾归还贷款本息,而贷款银行又未采取其他措施使诉讼时效中断,那么该笔贷款诉讼时效期间已超过,将丧失胜诉权。同样,就保证责任而言,如果保证合同对保证期间有约定,应依约定;如果保证合同未约定或约定不明,则保证责任自主债务履行期届满之日起6个月,在上述规定的时期内债权人未要求保证人承担保证责任,保证人免除保证责任。

(二)贷款保证的风险防范

1. 核保

为了防范保证贷款的风险,商业银行所要做的就是核实保证。核实保证简称"核保",是指去核实保证人提供的保证是在自愿原则的基础上达成的,是保证人真实意思的表示。强制提供的保证,保证合同无效。商业银行接受企业法人为保证人的,要注意验证核实以下几点:

(1)法人和法人代表签字印鉴的真伪,在保证合同上签字的人须是有权签字人或经授权的签字人,要严防假冒或伪造成的签字。

(2)企业法人出具的保证是否符合该法人章程规定的宗旨或授权范围,对已规定对外不能担保的,商业银行不能接受为保证人。

(3)股份有限公司或有限责任公司的企业法人提供的保证,需要取得董事会决议同意或股东大会同意。未经上述机构同意的,商业银行不应接受为保证人。

(4)中外合资、合作企业的企业法人提供的保证。需要提交董事会出具的同意担保的决议及授权书、董事会成员签字的样本,同时提供由中国注册会计师事务所出具的验资报告或出资证明。

(5)核保必须双人同去,尤其是对于初次建立信贷关系的企业,更应强调双人实地核保的制度。一人去有可能被保证人蒙骗,或与企业勾结出具假保证,而双人能起到制约作用。

(6)核保人必须亲眼所见保证人在保证文件上签字盖章,并做好保证人核实书,留银行备查。如有必要,也可将核保工作交由律师办理。

2. 签订好保证合同

商业银行经过对保证人的调查核保，认为保证人具备保证的主体资格，同意贷款后，在签订借款合同的同时，还要签订保证合同，作为主合同的从合同。

(1)保证合同的形式。保证合同要以书面形式订立，以明确双方当事人的权利和义务。根据《担保法》的规定，书面保证合同可以单独订立，包括当事人之间的具有担保性质的信函、传真等，也可以是主合同中的担保条款。

(2)保证合同订立方式。保证人与商业银行可以就单个主合同分别订立保证合同，也可以协商在最高贷款限额内就一定期间连续发生的贷款订立一个保证合同，后者大大简化了保证手续。最高贷款限额包括贷款余额和最高贷款累计额，在签订保证合同时需加以明确，以免因理解不同发生纠纷。

(3)保证合同的内容。应包括被保证的主债权(贷款)种类、数额、贷款期限、保证的方式、保证担保的范围、保证的期限及双方认为需要约定的其他事项。尤其是从合同之间的当事人名称、借款与保证金额、有效日期等，一定要衔接一致。

3. 贷后管理

银行办完保证贷款手续并发放贷款后，需注意以下容易发生问题的环节：

(1)保证人的经营状况是否变差，或其债务是否增加，包括向银行借款或又向他人提供担保。

(2)银行与借款人协商变更借款合同应经保证人同意，否则可能保证无效。表现为：办理贷款展期手续时，未经保证人同意，展期后的贷款，保证人不承担保证责任。另外，借款人到期不能按时还款，经协商银行同意对借款人发放一笔新贷款用于归还拖欠的旧贷款，但在签订新的贷款合同时可能写上"贷款用于购买原材料，补充流动资金不足"。这就出现与实际用途(归还旧贷款)不符的情况，某些没有诚意的保证人以此为由，提出不承担保证责任。因此，除事前有书面约定外，银行对借款人有关合同方面的修改都应取得保证人的书面意见，否则保证可能由此落空。

第二节 抵押担保管理

抵押是指债务人或第三人对债权人以一定财产作为清偿债务担保的法律行为。提供抵押财产的债务人或第三人称为抵押人，其所提供的抵押财产称为抵押物；债权人则为抵押权人。抵押设定之后，在债务人到期不履行债务时，抵押权人有权依照法律的规定以抵押物折价或以抵押物的变卖价款较其他债权人优先受偿。

一、抵押的设定条件

(一)抵押的范围

债务人在向商业银行提出信贷申请时，信贷人员应要求其提供担保方式意向。

如采用抵押担保,信贷人员应依据银行制度规定和平时掌握的情况,对债务人提出的抵押人和抵押物进行初步判断。如认为不符合条件,应告知债务人另行提供抵押人、抵押物或改变担保方式。[①]

(1)根据《物权法》的规定,债务人或者第三人有权处分的下列财产可以抵押:
①建筑物和其他土地附着物;
②建设用地使用权;
③以招标、拍卖、公开协商等方式取得的荒地等土地承包经营权;
④生产设备、原材料、半成品、产品;
⑤正在建造的建筑物、船舶、航空器;
⑥交通运输工具;
⑦法律、行政法规未禁止抵押权财产。

(2)不得抵押的财产有:
①土地所有权;
②耕地、宅基地、自留地、自留山等集体所有的土地使用权,但法律规定可以抵押的除外;
③学校、幼儿园、医院等以公益为目的的事业单位、社会团体的教育设施、医疗卫生设施和其他社会公益设施;
④所有权、使用权不明或者有争议的财产;
⑤依法被查封、扣押、监管的财产;
⑥法律、行政法规规定不得抵押的其他财产。

(二)贷款抵押额度的确定

1. 抵押物的认定

作为贷款担保的抵押物,必须是归抵押人所有的财产,或者是抵押人有权支配的财产。因此,银行对选定的抵押物要逐项验证产权。实行租赁经营责任制的企业,要有产权所有者同意的证明;集体所有制企业和股份制企业用其财产作抵押时,除了应该核对抵押物所有权外,还应验证董事会或职工代表大会同意的证明;用共有财产作抵押时,应验证共有人同意抵押的证明,并以抵押人所有的份额为限。

2. 抵押物的估价

抵押物的估价是评估抵押物的现值。银行对抵押物的价值都要进行评估。

(1)估价方法

由于我国的法律还未就抵押物估价问题作出具体规定,一般的做法是由抵押人与银行双方协商确定抵押物的价值,委托具有评估资格的中介机构给予评估或

---

① 中国银行业从业人员资格认证办公室. 公司信贷[M]. 北京:中国金融出版社,2011.

银行自行评估。一般的估价方法是：

对于房屋建筑的估价,主要考虑房屋和建筑物的用途及经济效益、新旧程度和可能继续使用的年限、原来的造价和现在的造价等因素；

对于机器设备的估价,主要考虑的因素是无形损耗和折旧,估价时应扣除折旧；

对可转让的土地使用权的估价,取决于该土地的用途、土地的供求关系。

此外,估价的时间性和地区性,也都会对评估结果产生一定的影响。

(2)抵押率的确定

在抵押物的估价中,确定抵押率也非常关键,抵押率的高低直接影响了抵押物对债权的保障程度。确定抵押率的依据主要有以下两点内容：

一是抵押物的适用性、变现能力。选择的抵押物适用性要强,由适用性判断其变现能力。对变现能力较差的,抵押率应适当降低。

二是抵押物价值的变动趋势。一般可从下列方面进行分析：实体性贬值,即由于使用磨损和自然损耗造成的贬值；功能性贬值,即由于技术相对落后造成的贬值；经济性贬值,即由于外部环境变化引起的贬值或增值。

信贷人员应根据抵押物的评估现值,分析其变现能力,充分考虑抵押物价值的变动趋势,科学地确定抵押率。

担保审查和审定人员应认真审核抵押率计算方法,准确确定抵押率。抵押率的计算公式为：

$$抵押率＝担保债权本息总额/抵押物评估价值额×100\%$$

3. 抵押贷款额度的确认

由于抵押物在抵押期间会出现损耗、贬值,在处理抵押物期间会发生费用,以及贷款有利息、逾期有罚息等原因,银行一般向借款人提供的贷款额会低于抵押物的评估值,贷款额度要在抵押物的评估价值与抵押贷款率的范围内加以确定。其计算公式为：

$$抵押贷款额＝抵押物评估值×抵押贷款率$$

抵押人所担保的债权不得超出其抵押物的价值。财产抵押后,该财产的价值大于所担保债权的余额部分,可以再次抵押,但不得超出其余额部分。

4. 抵押合同的签订

贷款发放前,抵押人与银行要以书面形式签订抵押合同。抵押合同应当包括以下内容：

(1)被担保的主债权种类、数额；

(2)债务人履行债务的期限；

(3)抵押财产的名称、数量、质量、状况、所在地、所有权权属或者使用权权属；

(4)担保的范围。

(三)抵押的效力

1. 抵押担保的范围

抵押担保的范围包括主债权及利息、违约金、损害赔偿金和实现抵押权的费用。如果抵押合同另有规定的,按照规定执行。

2. 抵押物的转让

在抵押期间,抵押人转让已办理抵押登记的抵押物的,应当通知银行并告知受让人转让物已经抵押的情况;抵押人未通知银行或者未告知受让人的,转让行为无效。若转让抵押物的价款明显低于其价值的,银行可以要求抵押人提供相应的担保,抵押人不提供的,不得转让抵押物。抵押人转让抵押物所得的价款,应当向银行提前清偿所担保的债权,超过债权数额的部分,归抵押人所有,不足部分由债务人清偿。同时,抵押权不得与其担保的债权分离而单独转让或者作为其他债权的担保。

3. 抵押物的保全

在抵押期间,银行若发现抵押人对抵押物使用不当或保管不善,足以使抵押物价值减少时,有权要求抵押人停止其行为。若抵押物价值减少时,银行有权要求抵押人恢复抵押物的价值,或者提供与减少的价值相等的担保。若抵押人对抵押物价值减少无过错的,银行只能在抵押人因损害而得到的赔偿范围内要求提供担保。其抵押物未减少的部分,仍作为债权的担保。

4. 抵押权的实现

抵押担保虽然具有现实性和凭物性,但抵押权是与其担保的债权同时存在的。抵押贷款到期,若借款人能足额按时归还本息,则抵押自动消失。若借款人不能按时归还贷款本息,或银行同意展期后仍不能履行,抵押权才真正得以实现。总之,抵押权与其担保的债权同时存在,债权消失的,抵押权也消失。

二、抵押担保管理要点

(一)贷款抵押风险

为避免抵押合同无效造成贷款风险,银行抵押贷款首先要做好风险分析工作,只有详备的风险分析加上完备的风险防范才能真正保证贷款抵押的安全性。

1. 贷款抵押风险分析

(1) 抵押物虚假或严重不实

抵押权建立的前提是抵押物必须实际存在,且抵押人对此拥有完全的所有权。客观上由于所有权的确定事项较复杂、政策性很强,又可能涉及多个部门的事情,存在一些漏洞,给一些蓄意骗取银行贷款的不法分子可乘之机。

(2) 未办理有关登记手续

我国《担保法》规定了在法律规定一定范围内的财产抵押时,双方当事人不但要签订抵押合同,而且要办理抵押物登记,否则抵押合同无效。实践中,有可能发生未办理抵押登记的情况,甚至作了假登记。

(3)将共有财产抵押而未经财产所有人同意

共有财产是指两人以上对同一财产享有所有权。对以共有财产抵押的,按照共有财产共同处分的原则,应该经得各共有人的同意才能设立,否则抵押无效。

(4)以第三方的财产作抵押而未经财产所有人同意

未经所有人同意就擅自抵押的,不但抵押关系无效,而且构成了侵权。所以,以第三方的财产作为抵押,必须经得第三方同意并办理有关法律手续方能有效。

(5)资产评估不真实,导致抵押物不足

抵押物价值是随着市场行情变化,相对不确定,但借款人往往为了多贷款,利用各种手段尽量争取将抵押物价值抬高,而一些中介评估机构不规范竞争,造成目前资产评估不真实的情况大量存在,使抵押物不足值成为抵押贷款的重要风险点。

(6)未抵押有效证件或抵押的证件不齐

抵押中的财产一般都由抵押人控制,如果抵押权人未控制抵押物的有效证件,抵押的财产就有可能失控,就可能造成同一抵押物的多头抵押和重复抵押。如某公司用汽车营运车牌抵押,在 A 银行抵押时只在有关部门作了抵押登记,之后又在 B 银行以将车牌交其保管的方式质押,重复抵押行为给银行贷款带来风险。

(7)因主合同无效,导致抵押关系无效

抵押权的发生与存在须以一定债权关系的发生与存在为前提和基础。故抵押权是一种从权利。主合同无效,从合同也无效。贷款主合同无效,多见于贷款合同附条件生效,但生效条件不具备,或贷款违背了有关法律规定,或贷款超出经营范围等。

(8)抵押物价值贬损或难以变现

如果抵押人以易损耗的机器或交通运输工具作抵押,抵押物易受损失且价值贬值快,可能削弱抵押担保能力。对于专用机器设备等抵押物,由于变现能力差、不易流转,也难以实现抵押价值。

(二)贷款抵押的风险防范

1. 对抵押物进行严格审查

首先要确保抵押物的真实性,这要求信贷人员认真审查有关权利凭证,对于房地产抵押的,要对房地产进行实地核查;其次确保抵押物的合法性,这要求信贷人员严格依照相关法律审查抵押物,防止法律禁止抵押的财产用于抵押。最后认真查验抵押物的权属,确保抵押物的有效性。信贷人员在核查抵押物的权属时一定要认真仔细,特别需要注意的是,用合伙企业财产抵押时,必须经全体合伙人同意并共同出具抵押声明。

2. 对抵押物的价值进行准确评估

这是保证抵押物足值的关键。在实际操作中,银行一般要求抵押企业提供商业评估机构出具的评估报告,并根据评估价值打折后确定贷款额。这就要求银行认真审查评估报告的真实性和准确性,防止评估价值中掺有水分。贷款一旦发放后,银行应按照一定的时间频率对抵押物价值进行评估。可见,抵押物价值评估是一项经常性的工作。

3. 做好抵押物登记,确保抵押效力

需依法登记的抵押物,抵押合同自登记之日起生效。这些财产包括房地产、林木、航空器、船舶、车辆以及企业的设备和其他动产。法律规定自登记之日起生效的合同,必须办理抵押登记,否则合同就无效。因此,银行在办理抵押贷款时,对法律规定需登记的合同,必须切实做好登记工作,以确保抵押关系的合法有效。

4. 抵押合同期限应覆盖贷款合同期限

抵押期限应等于或大于贷款期限,凡变更贷款主合同的,一定要注意新贷款合同与原贷款抵押合同期限的差异,不能覆盖贷款合同期限的要重新签订抵押合同。

第三节 质押担保管理

质押是债权人所享有的通过占有由债务人或第三人移交的质物而使其债权优先受偿的权利。设立质权的人,称为出质人;享有质权的人,称为质权人;债务人或者第三人移交给债权人的动产或权利为质物。以质物作担保所发放的贷款为质押贷款。质押担保的范围包括主债权及利息、违约金、损害赔偿金、质物保管费用和实现质权的费用。

一、质押的设定条件

贷款质押中质物的占有权原则上应转移给质权人,贷款质押以转移质物占有和权利凭证交付之日起生效或登记之日起生效。质押设定的各环节要求如下:①

(一)质押的范围

1. 商业银行可接受的财产质押

(1)出质人所有的、依法有权处分并可移交质权人占有的动产;

(2)汇票、支票、本票、债券、存款单、仓单、提单;

(3)依法可以转让的基金份额、股权;

(4)依法可以转让的商标专用权、专利权、著作权中的财产权等知识产权;

(5)依法可以质押的其他权利,包括合同债权、不动产受益权和租赁权、项目特许经营权、应收账款、侵权损害赔偿、保险赔偿金的受益转让权等。

---

① 中国银行业从业人员资格认证办公室. 公司信贷[M]. 北京:中国金融出版社,2011.

2. 商业银行不可接受的财产质押
(1)所有权、使用权不明或有争议的财产;
(2)法律法规禁止流通的财产或者不可转让的财产;
(3)国家机关的财产;
(4)依法被查封、扣押、监管的财产;
(5)租用的财产;
(6)其他依法不得质押的财产。

(二)质押材料
出质人向商业银行申请质押担保,应在提送信贷申请报告的同时,提送出质人提交的"担保意向书"及以下材料:
(1)质押财产的产权证明文件。
(2)出质人资格证明:
①法人:经工商行政管理部门年检合格的企业法人营业执照、事业法人营业执照;
②法人分支机构:经工商行政管理部门年检合格的营业执照、授权委托书。
(3)出质人须提供有权作出决议的机关作出的关于同意提供质押的文件、决议或其他具有同等法律效力的文件或证明(包括但不限于授权委托书、股东会决议、董事会决议)。
股份有限公司、有限责任公司、中外合资企业、具有法人资格的中外合作企业作为出质人的,应查阅该公司或企业的章程,确定有权就担保事宜作出决议的机关是股东会还是董事会(或类似机构)。
(4)财产共有人出具的同意出质的文件。

(三)质物的合法性
1. 出质人对质物、质押权利占有的合法性
(1)用动产出质的,应通过审查动产购置发票、财务账簿来确认其是否为出质人所有。
(2)用权利出质的,应核对权利凭证上的所有人与出质人是否为同一人。如果不是,则要求出示取得权利凭证的合法证明,如判决书或他人同意授权质押的书面证明。
(3)审查质押的设定是否已由出质人有权决议的机关做出决议。
(4)如质押财产为共有财产,出质是否经全体共有人同意。
2. 质物、质押权利的合法性
(1)所有权、使用权不明或有争议的动产,法律规定禁止流通的动产不得作为质物。
(2)凡出质人以权利凭证出质,必须对出质人提交的权利凭证的真实性、合法

性和有效性进行确认。确认时向权利凭证签发或制作单位查询,并取得该单位出具的确认书。

(3)凡发现质押权利凭证有伪造、变造迹象的,应重新确认,经确认确实为伪造、变造的,应及时向有关部门报案。

(4)海关监管期内的动产作质押的,须由负责监管的海关出具同意质押的证明文件。

(5)对于用票据设定质押的,还必须对背书进行连续性审查。

每一次背书记载事项、各类签章完整齐全并不得附有条件,各背书都是相互衔接的,即前一次转让的被背书人必须是后一次转让的背书人。

票据质押应办理质押权背书手续,办理了质押权背书手续的票据应记明"质押"、"设质"等字样。

(6)对以股票设定质押的,必须是依法可以流通的股票。

(四)质押价值、质押率的确定

1. 质押价值的确定

(1)对于有明确市场价格的质押品,如国债、上市公司流通股票、存款单、银行承兑汇票等,其公允价值即为该质押品的市场价格。

(2)对于没有明确市场价格的质押品,如非上市公司法人股权等,则应当在以下价格中选择较低者为质押品的公允价值:

①公司最近一期经审计的财务报告或税务机关认可的财务报告中所写明的质押品的净资产价格;

②以公司最近的财务报告为基础,测算公司未来现金流入量的现值,所估算的质押品的价值;

③如果公司正处于重组、并购等股权变动过程中,可以交易双方最新的谈判价格作为确定质押品公允价值的参考。

2. 质押率的确定

(1)信贷人员应根据质押财产的价值和质押财产价值的变动因素,科学地确定质押率。

(2)确定质押率的依据主要有:

①质物的适用性、变现能力。对变现能力较差的质押财产应适当降低质押率。

②质物、质押权利价值的变动趋势。一般可从质物的实体性贬值、功能性贬值及质押权利的经济性贬值或增值三方面进行分析。

(五)质押的效力

质押的效力主要涉及以下两个方面的内容:

(1)债权人有权依照法律规定以该质押财产折价或者以拍卖、变卖该财产的价款优先受偿。

（2）质押担保的范围。质押担保的范围包括主债权及利息、违约金、损害赔偿金、质物保管费用和实现质权的费用。当事人另有约定的，按照约定执行。

二、质押贷款管理要点

质押贷款中，银行在放款时占主动权，处理质押物手续较为简单。质物具有价值稳定性好、银行可控制性强、易于直接变现处理用于抵债的特点，因此它是银行最愿意受理的担保贷款方式。

（一）贷款质押风险

目前银行办理的质押贷款在业务中主要有如下风险：

1. 虚假质押风险

虚假质押风险是贷款质押的最主要风险因素。例如，不法企业用变造或伪造的银行定期存单到银行骗取贷款，另外也有的到甲银行先存一笔款取得真存单，到乙银行取得质押贷款后，回头又到甲银行挂失原存单取走存款。目前各家银行对此内部都作了严格的规定，只有本银行系统的存单才可用于在本行作质押贷款。但是仍应注意的是，即使是同银行系统的存单，如果借款申请人提供的是同城不同机构，或是异地的本行系统机构的存单，仍应加以核实并通知办理质押手续方能予以贷款。

2. 司法风险

银行如果让质押存款的资金存放在借款人在本行的活期存款账户上，是有司法风险的。如果借款人与其他债权人有经济纠纷，司法部门凭生效的法律文书来银行冻结或扣划存款，发放质押贷款的银行是难以对抗的。为规避这种风险，银行须将质押资金转为定期存单单独保管，或者采取更为妥当的方式，将其转入银行名下的保证金账户。

3. 汇率风险

当外币有升值趋势或外币利率相对高于人民币利率时，常常会发生企业以外币质押向银行借人民币的情况。银行这时在办理质押贷款时，应注意质押外币与人民币的汇率变动风险，如果人民币升值，质押的外币金额已不足以覆盖它了，质押贷款金额将出现风险敞口。因此，在汇率变动频繁的时期，确定质押比例要十分慎重，应该要求以有升值趋势的可兑换货币质押。

4. 操作风险

对于质押贷款业务，银行内部如果管理不当，制度不健全也容易出问题。主要是对质物的保管不当，例如质物没有登记、交换、保管手续，造成丢失；对用于质押的存款没有办理内部冻结看管手续等。

（二）贷款质押风险防范

为防范虚假质押风险，银行查证质押票证时，有密押的应通过联行核对；无密押的应派人到出证单位或其托管部门作书面的正规查询。动产或权利凭证质押，银行要亲自与出质人一起到其托管部门办理登记，将出质人手中的全部有效凭证质押在银行保管。要切实核查质押动产在品种、数量、质量等方面是否与质押权证相符。同时要认真审查质押贷款当事人行为的合法性；接受共有财产质押，必须经所有共有人书面同意；对调查不清、认定不准所有权及使用权的财产或权利，不能盲目接受其质押。为防范质物司法风险，银行必须严格审查各类质物适用的法律、法规，确保可依法处置质物；对难以确认真实、合法、合规性的质物或权利凭证，应拒绝质押。

银行防范质物的价值风险，应要求质物经过有行业资格且资信良好的评估公司或专业质量检测、物价管理部门作价值认定，再确定一个有利于银行的质押率；选择价值相对稳定的动产或权利作为质物，谨慎地接受股票、权证等价值变化较大的质物。

防范质押操作风险，银行首先必须确认质物是否需要登记；其次，按规定办理质物出质登记，并收齐质物的有效权利凭证，同时与质物出质登记、管理机构和出质人签订三方协议，约定保全银行债权的承诺和监管措施；最后，银行要将质押证件作为重要有价单证归类保管，一般不应出借。如要出借，必须严格审查出质人借出是否合理，有无欺诈嫌疑；借出的质物，能背书的要注明"此权利凭证（财产）已质押在×银行，×年×月×日前不得撤销此质押"，或者以书面形式通知登记部门或托管方"×质押凭证已从银行借出仅作×用途使用，不得撤销原质权"，并取得其书面收据以作证明。

三、中征动产融资统一登记平台登记业务简介

为支持动产融资，服务中小企业发展，近年来，中国人民银行征信中心（简称中征或征信中心）一直致力于我国动产融资登记系统的建设与完善。根据《中华人民共和国物权法》第二百二十八条授权，征信中心建设了我国首个基于互联网运行的应收账款质押登记公示系统，系统于2007年10月1日上线运行，面向全社会提供应收账款质押登记及查询服务。2009年7月20日，融资租赁登记公示系统上线运行，正式对外提供融资租赁的登记及查询服务。在此基础上，征信中心于2013年6月和2014年6月先后开发上线了所有权保留、留置权、租购、其他动产融资、保证金质押、存货/仓单质押、动产信托等登记业务，并实现了以上动产物权的统一公示与查询。

（一）应收账款质押登记

中国人民银行征信中心根据《物权法》第二百二十八条的授权，办理应收账款质押登记。应收账款质押是指《物权法》第二百二十三条规定的应收账款出质，具体是指为担保债务的履行，债务人或者第三人将其合法拥有的应收账款出质给债

权人,债务人不履行到期债务或者发生当事人约定的实现质权的情形,债权人有权就该应收账款及其收益优先受偿。在应收账款上设立质权,应当进行登记。应收账款质押登记的目的是公示应收账款已被质押的事实,取得对抗第三人的法律效力。

(二)应收账款转让登记

应收账款转让登记主要是针对保理当中应收账款转让而设立的。应收账款转让是指在保理业务中,应收账款债权人将应收账款出让给银行或保理商以获取资金的一种筹资方式,其本质属于债权转让。应收账款以登记的方式进行公示,可以透明交易关系,避免同一应收账款先转让后质押,或者先质押后转让产生的权利冲突,保护交易安全。

(三)租赁登记

租赁登记主要是针对融资租赁交易设立的。融资租赁是《合同法》第十九章规定的交易形式,指出租人根据承租人对出卖人、租赁物的选择,向出卖人购买租赁物,提供给承租人使用,承租人支付租金的交易形式。通过租赁登记,出租人可以对外公示租赁物的权属状况,从而有效保护自身对租赁物的所有权。第三人通过查询租赁登记信息可以了解租赁物上的权利状态,避免交易风险。

(四)所有权保留登记

所有权保留通常指双方当事人对买卖关系所附条件的一种约定。所附条件主要是指买受人先占有动产标的物,双方约定买受人只有在支付全部合同款或者完成特定条件时,才取得标的物所有权。所有权保留登记旨在解决买卖关系中,因所有权保留而产生的动产占有人与所有权人不一致而可能导致的权利冲突。《合同法》第一百三十四条的规定是所有权保留的法律依据:"当事人可以在买卖合同中约定买受人未履行支付价款或者其他义务的,标的物的所有权属于出卖人。"所有权保留在分期付款买卖关系中最为典型。

(五)租购登记

租购是一种信贷购物的形式,对价格较高的动产,如汽车等,卖方通过允许买方以租代购的方式购买,即在供款期内,买方只是租用货品,待买方付清全款后才转移动产所有权。租购登记能够解决买卖关系中动产所有权转移与交付时间不一致而产生的权利冲突,告知不特定第三人标的物权属状况,预防潜在的权利冲突。

(六)留置权登记

留置权登记是针对我国《物权法》中规定的留置权设立的。留置权主要是指企业之间在经营活动中有信用关系发生,当债务人不履行到期债务时,债权人可以留置其合法占有的债务人的动产并就该动产优先受偿。留置权多存在于保管合同、运输合同、加工承揽合同中。留置权登记设立的主要目的是解决动产之上留置权与抵押权的冲突,同时减少留置权优先受偿效力对善意第三人潜在的不利影响。

（七）保证金质押登记

保证金质押是指银行等机构在开展业务时，为担保债权的实现，要求债务人在银行开立专用账户，缴存一定数量的保证金，当债务人不能清偿债务时，债权人可以根据双方合同的约定，直接扣划该账户内的资金以抵销债务，达到保护债权实现的目的。保证金质押登记以互联网电子登记公示方式透明质物的权属状况，弥补转移占有公示方式的不足，保护各方交易主体的合法权益。

（八）存货/仓单质押登记

存货质押是指债务人将其存货向债权人出质，作为履行债务的担保，债务人不履行债务时，债权人有权依法以该存货折价或者以拍卖、变卖该存货的价款优先受偿的担保融资方式。

仓单质押是指债务人为担保债务的履行，以仓储方出具的仓单交付债权人占有，债务人不履行到期债务或者发生当事人约定的实现质权的情形，债权人有权就该仓单优先受偿的担保融资方式。

存货/仓单质押登记，通过明确存货的权属关系，使交易主体了解存货权利变动的过程以及仓单的权利负担，避免权属争议，有效防范重复质押等风险。

（九）动产信托登记

动产信托是指委托人将动产的财产权转移给受托人，受托人根据委托人委托的约定目的，对动产进行管理和处分的一类信托活动。动产信托登记的目的在于实现信托财产的独立性，使其与委托人、受托人、受益人的固有财产相区别，通过信托关系的公示，预防信托财产上权利矛盾，对抗善意第三人，有效防范交易风险。

（十）其他动产融资登记

其他动产权属登记，主要是针对动产担保融资交易中，存在标的物占有与所有权分离的现象，权利人需要公示权利状况，但无法定登记机构提供登记服务。通过登记，可以对不特定第三人明示某种新型动产融资权利状况，预防权利冲突。用户应按照交易性质选择具体登记业务类型，将除上述业务之外的其他类动产权属在此处登记。若将登记平台已经明确规定的登记业务在此处登记，可能会影响登记的效力，该风险由发起登记的当事人自行承担。[①]

综上所述，作为服务于动产融资的金融基础设施，动产融资统一登记平台在公示应收账款、融资租赁等动产权属状态、提高交易效率与透明度、促进动产融资业务发展方面发挥了积极作用。特别是登记平台新增的保证金质押、存货与仓单质押登记等动产融资登记服务项目，填补新型动产融资活动物权登记服务空白，保护交易安全。

---

① 中国人民银行征信中心官方网页：http://www.pbccrc.org.cn/zxzx/djfw/list.shtml。

本章小结

信贷担保是保障银行债权得以实现的法律措施,它为银行提供了一个可影响或控制风险的潜在来源,在借款人丧失或部分丧失债务偿还能力后,充分可靠的担保措施可以使银行减少资产损失,从而维护正常的银行经营秩序。在贷款发放时,银行应要求借款人为贷款提供相应的担保,这样银行资金更具安全性。在贷款发放后,对于保证人与抵(质)押物的管理主要是对担保人担保能力的变化以及抵(质)押物状态和价值变化的跟踪与分析,并判断上述变化对贷款安全性的影响。

复习思考题

1. 我国《担保法》对保证人的资格做了哪些规定?
2. 如何防范贷款保证的风险?
3. 根据《物权法》的规定,商业银行如何选择贷款抵押物?
4. 商业银行如何确定贷款抵押额度?
5. 如何防范贷款抵押的风险?
6. 如何防范贷款质押的风险?
7. 案例分析:

贷款基本情况:借款人肖某、程某、鄢某均为某中学中层领导。2010年2月,上述三人以该中学校属房产做抵押,各自从某行成功申请到1年期的个人商务贷款100万元。2010年3月22日至28日,该行省分行审计部在内控评价时发现,上述3名借款人均为学校高管人员,均无调查报告所述的经营实体,系统及纸质调查报告均为编造,且三人贷款系集中给该中学使用。同时,经查抵押物登记情况发现,贷款发放行仅收押三处房产的房产证并要求学校出具担保函,实际未办理抵押登记,系统抵押物信息为编造。

问题:
请分析这项贷款中反映出该银行在业务管理中存在哪些问题与风险。

参考文献

1. 江其务,周好文. 银行信贷管理[M]. 北京:高等教育出版社,2004.
2. 中国银行业从业人员资格认证办公室. 公司信贷[M]. 北京:中国金融出版社,2011.
3. 戴小平. 商业银行学[M]. 上海:复旦大学出版社,2012.
4. 蔡鸣龙. 商业银行信贷管理[M]. 厦门:厦门大学出版社,2014.
5. 中国农业银行信贷业务担保管理办法.
6. 中国农业银行押品管理办法(试行).

第六章　流动资金贷款管理

本章要点

- 流动资金贷款的定义与种类
- 流动资金贷款的职能
- 流动资金贷款的基本流程
- 流动资金贷款需求量的测算
- 票据融资
- 保理业务
- 国内信用证项下融资
- 供应链金融

本章重要概念

流动资金贷款；国内贸易融资；法人账户透支；营运资金量；营运资金周转次数；应收账款周转次数；存货周转次数；商业汇票贴现；保理；国内信用证；供应链金融

第一节　流动资金贷款概述

一、流动资金贷款定义与种类

（一）流动资金贷款定义

流动资金贷款，是指商业银行向企（事）业法人或国家规定可以作为借款人的其他组织发放的，用于借款人日常生产经营周转的本外币贷款，不包括表外授信业务。

（二）流动资金贷款种类

1. 按贷款币种划分

可分为人民币流动资金贷款和外币流动资金贷款。

2. 按贷款期限划分

可分为临时流动资金贷款、短期流动资金贷款和中期流动资金贷款。

(1)临时流动资金贷款:期限在3个月(含)以内,主要用于企业一次性进货的临时性资金需要和弥补其他支付性资金不足。

(2)短期流动资金贷款:期限3个月至1年(不含3个月,含1年),主要用于满足企业正常生产经营周转资金需要。

(3)中期流动资金贷款:期限1年至3年(不含1年,含3年),主要用于满足企业正常生产经营中经常占用资金需要。

3. 按偿还方式划分

可分为循环贷款和整贷零偿贷款。

(1)循环贷款:客户可在核定的贷款额度内,根据需要随时提款、循环使用的贷款。

(2)整贷零偿贷款:客户可一次提款、分期偿还的贷款。

4. 按业务品种划分

目前,在商业银行的实际业务经营中,可划分为一般流动资金贷款、国内贸易融资和法人账户透支等产品品种。

(1)一般流动资金贷款:用于满足借款人生产经营过程中的各种正常合理需求,并以其综合现金流偿还本息的贷款。

(2)国内贸易融资:专门用于满足借款人具体的国内贸易项下资金需求,并主要依靠该贸易本身所产生的相关现金流偿还的贷款,主要包括国内信用证融资(备货融资、应收款买断、赎单融资)、国内保理、应收账款(交易类)质押融资、订单融资、保单融资等。

(3)法人账户透支:由借款人在约定的账户和额度内发起透支,用于满足其临时性融资和结算便利的短期贷款。

二、流动资金周转和银行流动资金贷款的职能

商业银行流动资金贷款的管理,必须在了解企业的资金运动及其与银行信贷资金运动内在联系的基础上进行科学管理。

(一)流动资金的周转

企业流动资金运动从垫支货币开始,通过购买生产资料和支付劳动报酬进入生产过程,生产资料和劳动力相结合,转化为生产资金,经生产过程生产出商品,又转化为商品资金。商品通过销售,又转化为货币资金,完成一个循环过程。当第一个循环过程结束,货币资金又开始购买,开始流动资金的第二个循环,把资金的循环视作一个周而复始的运动过程就是资金的周转。

流动资金周转速度和资金占用量的关系十分密切。流动资金周转一次,意味着完成一个生产过程,创造出物质财富。流动资金周转速度的加快,意味着在一定时间内完成的生产周期多,生产的产品量便会增加,因此,占用一定量的流动资金,如果周转速度加快,则会造成生产规模扩大。如果生产规模一定,资金周转速度加快,则会减少流动资金占用。生产规模和资金占用量同时扩大则会表现为生产增长速度快于流动资金占用增长速度,因此,流动资金周转速度加快,资金占用量相对于生产规模来说则会下降。

流动资金周转速度取决于流动资金在循环过程中停留在每个阶段上的时间长短和数量多少,具体来说影响流动资金周转速度的因素有下列几个方面:

(1)生产周期的长短是影响流动资金周转速度的决定性因素。生产周期越长、流动资金停留在生产过程中的时间越多,半成品的占用量就越多,流动资金周转速度就会相对减慢。

(2)储备原材料的数量是影响流动资金的重要因素。企业储备原材料过多,储备资金进入生产过程的时间就会拉长,储备资金在储备过程中停留的时间延长,由此影响到整个流动资金的周转速度。

(3)商品销售速度对流动资金的周转具有很大影响。企业的产品只有在出售以后才能得到货币,流动资金才能回流。因此,销售速度的快慢直接影响流动资金周转,而商品销售速度又取决于商品是否适销对路、产品质量优劣等。如果产品适销对路、质量过关,销售速度则能加快;反之,便引起产品积压,影响流动资金周转。此外,商品在途时间的长短、结算方式是否适宜等都会影响流动资金的周转速度。

实际上流动资金周转速度的影响因素是多方面的,除了上述企业自身的原因外,还有宏观经济方面的因素,例如国民经济发展是否协调、国民经济结构如何等。仅从企业角度分析影响流动资金周转因素则可以看到,加速企业流动资金周转速度的关键在于组织好企业供、产、销平衡,加强流动资金管理。

(二)企业流动资金与银行贷款的内在联系

企业流动资金的循环和周转同信贷资金的运用和周转有着互相依赖、彼此相通的内在联系。

首先,信贷资金的正常周转依赖于企业流动资金的正常周转。企业流动资金不断循环周转,从货币资金预付开始,顺序地经过储备资金、生产资金、成品资金又回复到货币资金形态,收回了预付的货币资金,并获得"增值",这与信贷资金运动规律的要求相符。信贷资金贷出和归还,就是要以企业资金的不断周转为条件,没有二者的结合,信贷资金便不成为信贷资金。

其次,信贷资金的来源与流动资金周转有内在联系。在流动资金周转过程中,必然出现经常性的间歇货币资金,它是银行短期信贷资金来源的重要组成部分。

在一定时间,一些企业出现闲置货币资金存入银行,一些企业可能资金不足需要向银行借款。银行作为信用中介,吸收企业的活期存款,发放企业所需的短期贷款,将信贷资金的来源与运用统一起来。

再次,银行贷款适应流动资金变化的特点。流动资金在循环周转过程中,由于许多临时性、季节性的原因,有时需要多、有时需要少。银行贷款具有调节性质,企业购进物资,贷款发放,企业出售产品,贷款收回,时借时还、此借彼还,比较灵活,适应了企业流动资金占用不断变化的特点。

最后,企业发展生产的流动资金需要,客观上要求利用银行贷款。企业要创造更多的利润,就必须适度扩大生产规模,这就要求企业不断冲破自有资金数量的限制来发展生产,并从加速资金周转中挖掘资金潜力,而银行信贷不但可以提供企业追加的资金需要,而且具有独特的杠杆作用,可以促使企业加速资金周转而节约使用资金,不断提高资金使用的经济效益。

三、流动资金贷款管理的基本要求

中国银监会《流动资金管理暂行办法》规定:贷款人应根据借款人生产经营的规模和周期特点,合理设定流动资金贷款的业务品种和期限,以满足借款人生产经营的资金需求,实现对贷款资金回笼的有效控制。

(一)依法合规

流动资金贷款应符合国家法律(商业银行法、合同法、担保法、物权法、破产法、民法通则等)、法规(贷款通则、监管法规、流动资金贷款管理办法等)的规定,同时应符合商业银行内部有关规章制度。

(二)审慎经营

流动资金贷款实行全流程管理:

(1)调整部门和岗位设置、实行流程再造;

(2)实行岗位制衡、职责落实、完善考核机制和问责机制,同时应完善内部控制机制并通过对流动资金需求测算,通过对单一企业、集团客户的统一授信管理,实现借款人授信总额控制。

(三)严格贷款期限管理

在贷款品种设计方面实行严格的期限管理,在制度设计和合同条款方面强调回笼资金控制。

(四)严格的用途控制

明确贷款用途必须合法且不得挪用,即流动资金贷款不得用于固定资产股权等投资,对借款人收购、兼并设有专门的贷款品种。

第二节 流动资金贷款的基本流程

根据《流动资金贷款管理办法》，流动资金贷款主要包括受理与调查、风险评价与审批、合同签订、贷款发放与支付以及贷后管理等基本流程，具体内容如下：

一、受理与调查

（一）贷款申请受理

1. 流动资金贷款申请应具备的条件

（1）依法设立并持有有效的营业执照或事业单位登记证、组织机构代码证，人民银行核准发放并经过年检的贷款卡，特殊行业或按规定应取得环保许可的，还应持有有权部门的相应批准文件。

（2）生产经营合法合规，符合营业执照范围，符合国家产业、环保等相关政策和银行的信贷政策。

（3）在银行开立基本账户或一般账户（低信用风险业务品种可只要求开立临时账户），自愿接受银行信贷监督和结算监督；实行公司制的客户、合资合作客户或承包经营客户申请信用必须符合公司章程或合作各方的协议约定。

（4）信用等级在 A 级（含）以上，有特别规定的除外。

（5）管理、财务制度健全，生产经营情况正常，财务状况良好，具有持续经营能力，有合法的还款来源，具备到期还本付息的能力。

（6）借款人及控股股东、主要股东无不良信用记录，或虽然有过不良信用记录，但不良信用记录的产生并非由于主观恶意且申请本次用信前已全部偿还了不良信用或落实了银行认可的还款计划。

（7）贷款用途明确，符合国家法律、法规及有关政策规定。

（8）不符合信用贷款条件的，要提供合法、足值、有效的担保。

（9）申请外汇流动资金贷款，须符合有关外汇管理政策。

（10）银行要求的其他条件。

2. 贷款申请

借款人申请流动资金贷款，应提交借款申请书，申明借款种类、金额、币种、期限、用途、担保方式、还款来源、还款计划和还款方式等，并提供符合要求的基本资料：

（1）借款人及保证人的基本情况；

（2）经会计（审计）部门核准的上年度财务报告及申请借款前一期的财务报告；

（3）企业资金运用情况；

（4）抵押、质押物清单，有处分权人同意抵押、质押的证明及保证人

(5)拟同意保证的有关证明文件；

(6)银行认为需要提供的其他资料。

银行对流动资金贷款申请材料的方式和具体内容提出要求,并要求借款人恪守诚实守信原则,承诺所提供材料真实、完整、有效。

(二)贷款调查

对同意受理的流动资金贷款,由客户部门按规定进行调查。调查的主要内容应包括但不限于：

(1)借款人基本情况,包括历史沿革、注册资本、实收资本、主要投资人及出资金额、比例和出资方式,组织架构、公司治理、内部控制及法定代表人和主要管理人员的情况,客户信用状况、与我行合作情况,关联方及关联交易情况等。

(2)借款人经营情况,包括经营范围、核心主业、生产技术和工艺、年设计生产能力、实际生产能力、市场占有率、贷款期内经营规划和重大投资计划等。

(3)借款人所在行业及区域状况,包括行业发展前景,借款人在行业、区域中的地位,市场环境等。

(4)借款人财务状况,包括借款人偿债能力、营运能力、盈利能力、现金流量等。

(5)借款人信用情况,包括借款人开户情况、在金融机构信用总量及信用记录、在农业银行用信情况及合作情况。

(6)流动资金贷款需求的真实性、合理性,包括客户营运资金的总需求,现有融资性负债情况、应收应付账款、存货等情况,资金需求是否与其生产经营相匹配、负债是否超出合理承受能力,是否有盲目扩大生产规模或盲目多元化投资的倾向。

(7)担保情况,主要调查担保的真实性、合法性、有效性、足值性、可实现性；保证人的保证资格及保证能力；抵(质)押品的物理状况、保管情况、市场价值。

(8)贷款具体用途及与贷款用途相关的交易对手资金占用等情况。

(9)还款来源情况,包括生产经营产生的现金流、综合收益及其他收入等是否足以偿还信用,以及还款计划的合理性、可行性。

中期流动资金贷款还应重点调查以下内容:借款人中、长期生产经营的规划；中长期资产负债结构的稳定性；中长期现金流量的充足性和稳定性；借款人管理层的稳定性及关键管理人员的品行。

调查完成后,客户部门应在综合分析判断借款人生产经营是否正常、还款来源是否充足、担保是否落实、信贷风险是否可控的基础上,合理测算流动资金贷款额度及综合效益,并撰写调查报告,提出明确的调查意见,包括是否同意贷款及具体的贷款方案,根据需要提出信用发放条件、贷款使用条件、合同约定内容和管理要求等,并对调查内容的真实性、完整性和有效性负责。若借款人的生产经营、财务状况等与前一次办理信贷业务或授信额度核定时相比未发生较大变化,调查报告内容可适当简化。

二、风险评价与审批

（一）贷款风险评估

1. 评定客户信用等级

银行采用科学合理的评级和授信方法，评定客户信用等级，建立客户资信记录。

2. 测算其营运资金需求

银行根据借款人经营规模、业务特征及应收账款、存货、应付账款、资金循环周期等要素测算其营运资金需求（参见专栏6-1），综合考虑借款人现金流、负债、还款能力、担保等因素，合理确定贷款结构，包括金额、期限、利率、担保和还款方式等。

3. 评估流动资金贷款的风险

流动资金贷款风险是指借款人不能按期偿还和付清流动资金贷款本息的可能性，银行应根据借款人经营管理具体情况进行流动资金贷款的风险评估。

专栏6-1

流动资金贷款需求量的测算参考

在银监会2010年发布的《流动资金贷款管理办法》附件《流动资金贷款需求量的测算参考》中详细说明了测算流动资金贷款需求量的方法。

流动资金贷款需求量应基于借款人日常生产经营所需营运资金与现有流动资金的差额（即流动资金缺口）确定。一般来讲，影响流动资金需求的关键因素为存货（原材料、半成品、产成品）、现金、应收账款和应付账款。同时，还会受到借款人所属行业、经营规模、发展阶段、谈判地位等重要因素的影响。银行业金融机构根据借款人当期财务报告和业务发展预测，按以下方法测算其流动资金贷款需求量：

一、估算借款人营运资金量

借款人营运资金量影响因素主要包括现金、存货、应收账款、应付账款、预收账款、预付账款等。在调查基础上，预测各项资金周转时间变化，合理估算借款人营运资金量。在实际测算中，借款人营运资金需求可参考如下公式：

营运资金量＝上年度销售收入×(1－上年度销售利润率)
　　　　　×(1＋预计销售收入年增长率)/营运资金周转次数

其中：

营运资金周转次数＝360/（存货周转天数＋应收账款周转天数－应付账款周转天数＋预付账款周转天数－预收账款周转天数）

周转天数＝360/周转次数

应收账款周转次数＝销售收入/平均应收账款余额

预收账款周转次数＝销售收入/平均预收账款余额

存货周转次数＝销售成本/平均存货余额

预付账款周转次数＝销售成本/平均预付账款余额

应付账款周转次数＝销售成本/平均应付账款余额

二、估算新增流动资金贷款额度

将估算出的借款人营运资金需求量扣除借款人自有资金、现有流动资金贷款以及其他融资，即可估算出新增流动资金贷款额度。

新增流动资金贷款额度＝营运资金量－借款人自有资金－现有流动资金贷款－其他渠道提供的营运资金

三、需要考虑的其他因素

(1)各银行业金融机构应根据实际情况和未来发展情况(如借款人所属行业、规模、发展阶段、谈判地位等)分别合理预测借款人应收账款、存货和应付账款的周转天数，并可考虑一定的保险系数。

(2)对集团关联客户，可采用合并报表估算流动资金贷款额度，原则上纳入合并报表范围内的成员企业流动资金贷款总和不能超过估算值。

(3)对小企业融资、订单融资、预付租金或者临时大额债项融资等情况，可在交易真实性的基础上，确保有效控制用途和回款情况下，根据实际交易需求确定流动资金额度。

(4)对季节性生产借款人，可按每年的连续生产时段作为计算周期估算流动资金需求，贷款期限应根据回款周期合理确定。

(二)贷款审查、审议与审批

1. 贷款审查与审议

有权审批行信贷管理部门(审查审批中心)负责流动资金贷款审查。审查的重点内容包括但不限于：

(1)借款人是否符合国家产业政策及农业银行信贷政策、基本条件；

(2)贷款用途是否符合国家法律法规规定和借款人生产经营需要；

(3)调查报告和有关资料是否完整，内部运作程序是否合规、是否符合授权管理要求；

（4）调查报告中对借款人营运资金需求及贷款额度的测算是否合理，是否与借款人生产经营状况及财务状况相适应；

（5）借款人在农业银行及其他金融机构的授信、用信情况；

（6）贷款担保是否充足、合法、有效；

（7）借款人还款能力及还款意愿如何，贷款还款来源是否可靠；

（8）贷款主要风险及防范措施。

信贷审查人员对调查内容有异议的，经主管行长批准后，可以到借款人实地核查有关情况的真实性；审查人员在审查过程中认为存在疑难法律问题的，经部门负责人同意，可按规定送交法律部门审查。

审查完成后，信贷管理部门应按规定撰写信贷审查报告，提出明确的审查意见，包括是否同意贷款及具体的贷款方案，根据需要提出信用发放条件、贷款使用条件、合同约定内容和管理要求等。

2. 贷款审批

对拟同意的流动资金贷款业务，报有权审批人审批，按规定应经贷审会（合议会）审议的，经审议后提交有权审批人审批。

流动资金贷款审批内容包括信贷方案（如贷款用途、金额、币种、期限、利率、担保、还款方式、审批有效期等）、信用发放条件、贷款使用条件、合同约定内容、管理要求等内容。

审批流动资金贷款应确定审批有效期。审批有效期是指从批复生效日起至借款合同签订日止的时段。流动资金贷款审批有效期一般不超过 6 个月，根据客户资质及实际业务需求可适当延长。

三、合同签订

流动资金贷款审批后，按相关规定进行信用发放条件审核，与借款人及其他相关当事人签订书面借款合同及其他相关协议，需担保的应同时与担保人签订书面担保合同。

流动资金借款合同应包括以下内容：

（1）贷款金额、期限、利率、用途、币种、担保方式、还款方式等。

（2）合同签订前尚未落实的信用发放条件、贷款使用条件及贷款资金支付的限制、禁止行为。

（3）贷款资金的支付方式、受托支付的金额标准、支付方式变更及触发变更条件，借款人应提供的贷款资金使用记录和资料，以及贷款资金支付接受农业银行管理和控制等与贷款使用相关的条款；实行受托支付的，必要时对相关账户限制网上银行、现金管理客户端、电话银行等非柜台渠道的支付行为及通兑功能。

(4)要求借款人指定专门的资金回笼账户,并及时提供该账户资金进出情况。

(5)借款人应在合同中对下列事项作出承诺:承诺不将贷款用于固定资产、股权等投资和国家禁止生产、经营的领域和用途;及时向农业银行提供真实、完整、有效的材料;配合农业银行进行贷款支付管理、贷后管理及相关检查;进行对外投资、实质性增加债务融资,以及进行合并、分立、股权转让等重大事项前征得农业银行同意;借款人资金回笼情况出现重大问题时农业银行有权提前收回贷款;发生影响偿债能力的重大不利事项时及时通知农业银行。

(6)当借款人出现未按约定用途使用贷款、未按约定方式进行贷款资金支付、未遵守承诺事项、突破约定财务指标、发生重大交叉违约事件、违反借款合同约定的其他情形时,借款人应承担的违约责任,农业银行有权采取变更支付方式、要求追加担保、停止发放贷款、提前收回贷款等措施。

(7)贷款批复文件中要求列入合同条款的其他事项。

根据风险控制需要,在借款合同中还可对如下事项进行约定:

(1)对借款人重要财务指标如资产负债率、流动比率、速动比率、或有负债比率等变动范围进行限定,控制资本性支出;

(2)约定定价条件,定价条件发生变化按约定相应调整贷款利率和实施定价处罚;

(3)加入资产保护条款,如要求借款人对关键资产投保,不得出售指定范围的资产(除非收入用于偿还贷款),对分红比例进行控制性约定等。

四、贷款发放与支付

流动资金贷款发放前,经营行应按规定要求落实信贷批复内容,进行放款审核后发放贷款。

经营行按照合同约定的方式对贷款资金的支付实施管理与控制,监督贷款资金按约定用途使用。

经营行应通过贷款人受托支付或借款人自主支付的方式对贷款资金的支付进行管理与控制。根据借款人的行业特征、经营规模、管理水平、信用状况等因素和贷款业务品种,合理约定贷款资金支付方式及贷款人受托支付的金额标准。

(一)受托支付方式

贷款人受托支付是指经营行根据借款人的提款申请和支付委托,将贷款资金通过借款人账户支付给符合合同约定用途的借款人交易对手。

(1)具有以下情形之一的流动资金贷款,原则上应采用贷款人受托支付方式:

①从未在该行办理过信贷业务,且信用等级在A+级以下(不含);

②申请放款时支付对象明确(有明确的账户、户名)且单笔支付金额超过3 000万元(不含);

③以贸易链、产业链为依托，依据特定交易进行融资，以交易相关的存货、应收账款对应的未来的现金流为还款保障，需全程控制资金流的贷款及农业银行认为有必要采用受托支付的其他情形。

对综合实力一般的中小型贸易类客户，一级分行应结合具体情况从严掌握支付标准；对于资信良好、综合实力强、无贷款挪用记录的重点客户确实难以实施受托支付的，经一级分行确定名单后，可适度放宽支付标准。

（2）采用贷款人受托支付的，借款人支付贷款资金时需向经营行提供以下资料：

①加具借款人公章或财务专用章及有权人签字的委托支付通知单；

②按支付结算制度规定，提供资金支付和汇划凭证、结算业务申请书等与结算相关的资料；

③交易合同、订单或其他能证明借款人及其交易对手交易行为的资料。

采用贷款人受托支付方式的，客户经理应根据合同约定的贷款用途，审核借款人提供的支付申请所列支付对象、支付金额等信息是否与相应的交易合同等证明材料相符。审核同意后，由客户经理在委托支付通知单上签字，将相关资料交放款审核岗审核。放款审核岗审核同意的，在委托支付通知单上签字确认，通知客户部门办理放款手续并将有关资料提交柜员进行账务处理。

（二）自主支付方式

借款人自主支付是指经营行根据借款人的提款申请将贷款资金发放至借款人账户后，由借款人自主支付给符合合同约定用途的借款人交易对手。

采用借款人自主支付的，经营行应要求借款人定期汇总报告贷款资金自主支付情况，并通过账户分析、凭证查验、现场调查等方式核查贷款自主支付是否符合约定用途。

此外，对低信用风险流动资金贷款，经营行可视情况合理选择贷款支付方式。贷款支付过程中，借款人信用状况下降、主营业务盈利能力不强、贷款资金使用出现异常的，经营行应与借款人协商补充贷款发放和支付条件，或根据合同约定变更贷款支付方式、停止贷款资金的发放和支付。

五、贷后管理

流动资金贷款按照《中国农业银行贷后管理办法》相关规定和借款合同约定进行贷后管理。除执行贷后管理一般规定外，还应做好以下工作：

（1）根据合同约定要求借款人指定专门资金回笼账户并及时提供该账户资金进出情况。

必要时可根据借款人信用状况、融资情况等，与借款人协商签订账户管理协议或在借款合同中进行补充约定，明确约定对指定账户回笼资金进出的管理。

密切关注大额及异常资金流入流出情况,加强对资金回笼账户的监控。

(2)动态关注借款人经营、管理、财务及资金流向等重大预警信号,根据合同约定及时采取提前收贷、追加担保等有效措施防范化解贷款风险。

(3)根据法律、法规和合同约定参与借款人的兼并、分立、股份制改造、破产、清算、大额融资和资产出售等活动,维护农业银行债权。

(4)对借款人的贷后情况进行全面的分析评价,综合评估贷款品种、额度、期限与借款人经营状况、还款能力的匹配程度,作为与借款人后续合作的依据,必要时及时调整信贷策略。

借款人因市场环境变化、现金流与贷款期限不匹配等原因导致临时性资金困难、不能按期归还贷款的,可以办理展期。流动资金贷款展期不低于原贷款条件,并集中到二级分行及以上审批。短期流动资金贷款展期累计不得超过原贷款期限,中期流动资金贷款展期累计不得超过原贷款期限的一半。

流动资金贷款形成不良的,应及时进行责任认定后按规定移交至不良资产管理部门对其进行管理,并及时制定清收处置方案。

第三节　国内贸易融资业务

贸易融资是银行为了满足客户短期融资需求,依托具体贸易背景,基于客户贸易过程中的交易条件、收付款结算方式或者基于商品贸易过程中形成的存货及其销售而设计的短期结构性融资工具。贸易融资具有期限短、周转快、自偿性等特点,且贸易融资业务通过业务开展的过程中对客户信息流、资金流、物流等的掌握和控制,能提高银行对授信风险控制的能力和水平,因此,授信准入门槛相比流动资金贷款业务有所降低。同时,贸易融资业务与客户的结算资金紧密绑定,能有效增加客户对银行的忠诚度和贡献度,且银行还可依托目标客户所处供应链通过贸易融资业务实现对上下游客户群的批量开发,增加客户的间接价值。因此,大力发展贸易融资业务可以使银行进一步优化业务结构、增加中间业务收入、提高风险资产收益率,实现客户定位下移。

一、票据融资

商业汇票(含电子商业汇票)依托承兑人的信用(如商业承兑汇票签发人自身信用不足时,可以通过银行承兑,实现信用增级),使出票人在商品或者服务贸易中实现延期付款,可以理解为向其交易对手进行了融资,因此,商业汇票既是一种人民币结算工具,还兼具融资功能。除了为客户提供票据支付结算业务外,银行还以商业汇票为基础开发了商业汇票贴现、保贴等贸易融资产品,具体如下:

(一)商业汇票贴现

银行目标客户有短期融资需求用于流动资金周转,且其在商品或服务贸易中收到尚未到期的商业汇票和电子商业汇票的,可向其推荐银行商业汇票贴现业务。

商业汇票贴现是指持票人(贴现申请人)在商业汇票或电子商业汇票未到期前,为了取得资金,贴付一定利息将票据权利转让给银行,由银行向持票人进行短期融资的业务,包括银行承兑汇票贴现业务和商业承兑汇票贴现业务,其中,商业承兑汇票贴现业务占用持票人(贴现申请人)在银行的授信额度。

银行承兑汇票贴现项下,包括有追索权贴现和无追索权贴现,其中,无追索权贴现是指银行在与客户签订的业务协议中约定,承诺在票据到期被拒付时有条件放弃对贴现申请人的追索权的业务。无追索权票据贴现业务可以减少客户应收类资产,增加其货币资金,具有优化财务报表的功能。

银行商业汇票贴现业务支持协议付息模式。该模式指卖方企业在销售商品后,持买方企业交付的商业汇票(银行承兑汇票或商业承兑汇票)到银行申请办理贴现,由买卖双方按照贴现协议约定的付息比例向银行支付贴现利息后,银行为卖方提供的票据融资业务。

商业汇票贴现业务办理便捷,申请人可迅速将持有的票据变现以改善企业的现金流。对于国内贸易中的强势卖方,还可采用协议付息或买方付息的方式由买方部分或全部承担贴现利息支出,节约卖方财务成本。

(二)商业承兑汇票保贴

银行目标客户有短期融资需求用于商品或服务贸易项下的付款,如其在贸易谈判中处于相对强势地位的(如钢铁、汽车、家电、大型装备、重大工程建筑商等拥有较多中小供应商的供应链核心买方企业),希望采用商业承兑汇票作为支付结算工具,并引入银行信用保证其签发的商业承兑汇票可在银行贴现以增加其议价能力的,可向其推荐银行商业承兑汇票保贴业务。

商业承兑汇票保贴是指银行根据申请人(商票承兑人)资质和业务往来关系,承诺对该申请人签发并承兑的商业承兑汇票在一定额度内予以保证贴现(而非保证付款)的业务,该业务占用商票承兑人在银行的授信额度。

商业承兑汇票保贴项下的商票贴现业务不占用贴现申请人的授信额度,降低了贴现申请人的准入门槛;同时,由于银行给予保证贴现的承诺,增强了客户签发的商业承兑汇票的流通性和可接受度,相对于银行承兑汇票,商票承兑人不用缴存保证金,还可节省承兑手续费。

专栏 6—2

某商业银行票据案

一、基本案情

2016年4月,某商业银行发布公告称该行上海分行票据买入返售业务发生一起风险事件,涉及风险金额为7.86亿元人民币。在该事件中,该银行的交易对手为浙江某地方商业银行,由当地城市信用社在2005年改制而成。据分析,该案可能是由买入返售交易中的担保物票据被取走,未能及时收到到期回购款而引发的。

二、案情解读

该商业银行票据案引发舆论关注,关注点多为对票据业务案件多发原因的探讨和建议。舆论普遍认为,票据案多发与其风险点较多有关:一是银行自身利益驱动下内控管理放松;二是中介一票多买、伪造假票等非法经营行为;三是票据交易存在监管空白等。业内人士认为,票据业务风险多发还与其电子化程度极低有重要关系,票据业务还存在手工交付验收环节,只要有人工参与的地方,操作风险都会加大。此外,过桥银行违规操作也是造成票据案多发的直接因素。市场上有不少农信社、农商行、村镇银行等农村金融机构为他行做通道,帮后者隐藏、消减信贷规模、违规代理贴现甚至账外经营,这隐藏了巨大的风险。

三、启示

2016年以来银行票据风险事件接连爆发,涉及风险金额数以亿计,这其中既有银行自身内控不严的问题、中介非法牟利的问题,也有交易机制的问题。对于上述发生的票据案件,银行可以从中吸取一定的经验和教训:

(1)增加银行内部工作人员的风险意识和职业道德水平。作为银行员工,与金钱接触较多,诱惑也将更大,更应该具有较高的职业道德和风险意识。另外,银行管理层也应该给基层员工灌输风险意识,加强风险培训。

(2)严查银行内部管理机制,防范管理漏洞,加强内部审计,及时严控风险。银行资产保管机制应该升级,严禁少数员工就可以倒腾出大量票据资产的情况。

(3)严格抵制不明来源的票据业务。近几年银行业务竞争加剧,为了维持老客户,银行会有多种优惠措施,可能会留有一定的漏洞,从而使得银行风险加大。

(4)严控与票据中介的业务合作。规范与票据中介的合作业务,不能为了利润而进行违规操作。

> 此外,票据回购交易基本为纯线下业务,没有全国统一联网,也是造成票据交易风险的关键因素,这一漏洞被交易参与方特别是票据中介利用,大量虚假票据交易得以达成。目前,央行正在推动建设全国统一的票据市场,建设电子票据交易系统。央行这一系统建成后,或将有助于银行票据交易风险的防范。

二、国内订单融资

银行目标客户作为供应商与其长期合作的供应链核心买方企业签订订单后,有短期融资需求用于订单项下原材料采购、生产等经营活动的,如果该订单约定的结算方式为非国内信用证的,可向其推荐银行国内订单融资业务。

国内订单融资是指银行在卖方与买方签署采用非国内信用证作为结算方式的有效订单后,在占用卖方在银行的授信额度的前提下,银行向卖方发放贷款用以满足其订单项下货物发运前支付原材料采购款、组织商品生产、货物储运等生产经营周转资金需求,同时以订单项下的预期销货款作为主要还款来源的业务。原则上期限不超过半年,最长不超过一年,且向卖方企业发放的贷款金额不得超过订单金额扣除卖方预收货款金额或订金金额的余额。在卖方企业发货后,可以根据买卖双方约定的交易条件(如采用赊销作为交易方式或者采用商业汇票作为结算方式等),对于符合银行保理或者票据贴现相关业务规定的,可以续作保理或者票据业务,相应的保理或票据贴现融资款应优先归还银行订单融资款项。

三、保理

(一)保理业务的界定

保理是一项以债权人转让其应收账款为前提,集融资、应收账款催收及管理、坏账担保于一体的综合性金融服务。债权人将其应收账款转让给银行,不论是否融资,银行作为保理商应向其提供下列服务中的至少一项:

1. 应收账款催收

银行根据应收账款账期主动或应债权人要求,采取电话、函件、上门催款直至通过法律手段对债务人进行催收。

2. 应收账款管理

银行根据债权人的要求,定期或不定期向其提供关于应收账款的回收情况、逾期账款情况、对账单等各种财务和统计报表,协助其进行应收账款管理。

3. 坏账担保

债权人与银行签订保理协议后,由银行为债务人核定信用额度,并在核准额度内对债权人无商业纠纷的应收账款提供约定的付款担保。

(二)保理业务的特点

保理业务具备以下特点：

(1)银行通过受让债权,取得对债务人的直接请求权；

(2)保理融资的第一还款来源为债务人对应收账款的支付；

(3)银行通过对债务人的还款行为、还款记录持续性地跟踪、评估和检查等,及时发现风险并采取措施,达到风险缓释的作用；

(4)银行对债务人的坏账担保属于有条件的付款责任。

(三)保理业务的分类

保理业务可按以下维度进行分类：

(1)按照基础交易的性质和债权人、债务人所在地,可分为国际保理和国内保理。其中,债权人和债务人均在境内的,称为国内保理；债权人和债务人中至少有一方在境外的,称为国际保理。

(2)按照银行在债务人破产、无理拖欠或无法偿付应收账款时是否可以向债权人反转让应收账款,或要求债权人回购应收账款或归还融资,可分为有追索权保理和无追索权保理。其中,有追索权保理是指在应收账款到期无法从债务人处收回时,银行可以向债权人反转让应收账款,或要求债权人回购应收账款或归还融资。有追索权保理又称回购型保理；无追索权保理是指应收账款在无商业纠纷等情况下无法得到清偿的,由银行承担应收账款的坏账风险。无追索权保理又称买断型保理。买断型保理业务可以减少客户应收类资产,增加其货币资金,具有优化财务报表的功能,对于管理精细化企业(如实行应收账款考核的企业)以及上市公司(含拟上市公司)而言具有积极作用。

(3)按照是否将应收账款转让的事实通知债务人,可分为公开型保理和隐蔽型保理。其中,公开型保理将应收账款转让的事实通知债务人,通知方式包括但不限于：向债务人提交银行规定格式的通知书,在发票上加注银行规定格式的转让条款；隐蔽型保理中应收账款转让的事实暂不通知债务人,但银行保留一定条件下通知的权利。一般而言,回购型保理占用债权人(卖方)在银行的授信额度,当债务人(买方)在银行的授信评级达到银行制度规定级别的前提下,可直接占用债务人(买方)在银行的授信额度；买断型保理占用债务人(买方)在银行的授信额度。

(4)按照保理业务中涉及保理商个数不同,可分为双保理和单保理,如果保理业务中仅涉及进出口商(或国内商品或服务贸易的买方、卖方)一方保理商的叫单保理,涉及双方保理商的叫双保理。

在债权人将其应收账款以保理业务形式转让银行的基础上,如果客户在其商品或服务贸易中使用银行承兑汇票、远期信用证等作为付款结算工具,银行可利用其在银行未使用的保理融资额度为其办理银行承兑汇票承兑或开立远期信用证业务。

(四)常见的保理业务品种

1. 国内单保理

银行目标客户有短期融资需求用于流动资金周转,如果其国内销售主要采用赊销(先货后款)方式的,可向其推荐银行国内单保理业务,该业务还可以满足目标客户规避国内贸易项下收款的买方信用风险(仅买断型保理)、应收账款管理等需求。

2. 保理代付

银行目标客户有短期融资或者规避国内贸易项下收款的买方风险、应收账款管理等需求的,如果其国内贸易交易采用赊销(先货后款)方式的,可以通过银行国内保理项下卖方代付业务满足其需求。国内保理项下卖方代付是指卖方向银行转让应收账款并申请保理融资时,由银行指示同业银行或其他金融机构(以下统称"代付银行")将预付融资资金支付给卖方,预付融资到期时,以买方付款或自有资金归还预付融资本金及利息(或在发放预付融资时先扣除利息),银行在扣除差价收入后,将融资本金及应付利息转付给代付银行的融资业务。现阶段,卖方代付业务仅限于回购型保理业务。

银行目标客户有短期融资需求用于某笔商品或劳务贸易的支付的,如果该贸易采用赊销(先货后款)方式的,可以通过银行国内保理项下买方代付业务满足其需求。

国内保理项下买方代付是指卖方向银行转让应收账款并在银行续作保理业务后,在约定的买方付款日,银行接受该笔应收账款买方客户的申请,由银行使用代付银行资金代买方将应付款项支付给卖方,融资到期时,买方客户以自有资金归还融资本金及利息,银行在扣除差价收入后,将融资本金及应付利息偿付给代付银行的融资业务。

3. 应收账款池融资

银行目标客户有短期融资需求用于流动资金周转,如其国内销售主要采用赊销(先货后款)方式,且应收账款具有账期短、周转频率高、买家分散、余额充足稳定、季节性变化不明显等特点的,可向其推荐银行应收账款池融资业务。

应收账款池融资是指银行在占用客户在银行的授信额度的前提下,根据单一客户出让的应收账款所形成的应收账款池,在该应收账款池余额保持相对稳定时,以应收账款回款作为银行向该客户提供融资的还款保障,为该客户提供短期融资,并配套提供应收账款管理、催收等综合性金融服务的业务。目前银行可提供的应收账款池融资业务为以人民币计价的国内应收账款转让为基础的回购型池融资业务。应收账款池融资业务除了具备普通国内保理业务的功能外,主要特色是汇集客户变动频繁且较为分散的应收账款,使其形成具有稳定余额的应收账款池,使客户的融资期限与应收账款的账期相分离,实现"集少成多"、"灵活融资"的目的。

4. 信保融资

银行目标客户有短期融资需求用于流动资金周转或者应收账款管理、转嫁买方信用风险等需求的,如其出口(或国内销售)采用赊销方式或以托收、信用证、商业承兑汇票作为收款结算方式且应收款项有较大风险,银行无法判别和承担的,可向其推荐银行信保融资业务。

信保融资是指银行作为保理银行,联合保险公司,针对客户的国内外应收账款,在占用出口商/卖方在银行的授信额度的前提下,为客户提供融资,并配套提供坏账担保、账款管理、账款催收等综合服务的业务。目前银行可提供出口信用险融资和国内信用险融资。该业务通过银行与保险公司的合作,在更好地满足出口商(卖方)规避和缓释买方的信用风险、国家风险和政治风险需求的同时,也具备了融资等普通保理业务的功能。中信保提供的政策性信用保险项下融资的风险权重为0%。

四、国内信用证项下融资

国内信用证是一种人民币支付结算方式。远期国内信用证经过银行信用增级,使信用证开立申请人在商品或者服务贸易中实现了延期付款,可以理解为向其交易对手进行了融资,因此,远期国内信用证既是一种人民币结算方式,也具有融资功能。银行以国内信用证为基础参考国际结算中信用证项下的贸易融资产品的基本原理,开发了如国内信用证议付、买方融资、福费廷、打包、代付等一系列贸易融资产品。除融资利息外,国内信用证业务还可收取开证手续费、修改费、承兑费、通知费等。产品描述如下:

(一)国内信用证打包贷款

银行目标客户作为国内贸易卖方,以国内信用证作为收款的支付结算方式,在收到买方开来的国内信用证后,如有短期融资需求用于国内信用证项下商品的进料、备货、生产和装运等生产经营活动的,可向其推荐银行国内信用证打包贷款业务。

国内信用证打包贷款是指银行应国内信用证结算业务项下受益人(卖方)的申请,在占用受益人(卖方)在银行的授信额度的前提下,以国内信用证项下卖方提交的符合银行要求的信用证作为其贸易真实性的证明,并将该信用证交由银行持有,由银行对该国内信用证项下卖方提供短期融资用于支持信用证项下商品的进料、备货、生产和装运,并以国内信用证项下收款作为第一还款来源的短期融资业务。

(二)国内信用证议付

银行目标客户作为国内贸易的卖方,以国内信用证作为收款的支付结算方式,在该信用证项下货物装运交单且该信用证获得相关银行付款承诺后,如有短期融资需求用于流动资金周转,可向其推荐银行国内信用证议付业务。

国内信用证议付是在延期付款国内信用证项下,在银行收到开证行承兑电/付款通知书后,根据受益人(卖方)的申请,扣除议付利息后向卖方支付对价,并以该国内信用证项下收款作为还款来源,同时保留向客户追索权利的短期融资业务。

银行办理国内信用证议付,仅限于银行是议付行且为卖方开户行。银行国内信用证议付业务支持卖方付息、买方付息以及协议付息三种支付息费的模式。该业务不占用卖方企业在银行的授信额度。

(三)国内信用证福费廷

银行目标客户作为国内贸易的卖方,以国内信用证作为收款的支付结算方式,在该信用证项下货物装运交单且该信用证获得相关银行付款承诺后,如有短期融资需求用于流动资金周转,还可向其推荐银行国内信用证福费廷业务,该业务还可以满足客户优化财务报表的需求。

国内信用证福费廷是指银行应国内信用证项下卖方的申请,在开证行或者保兑行或其他指定银行(以下简称"票据行")对远期国内信用证项下的应收账款做出承兑或付款承诺后,对该应收款项进行无追索权融资的业务。该业务不占用客户在银行的授信额度。具体包括包买票据、包买让渡和风险参与三种模式。参见本章节出口信用证福费廷业务。

国内信用证福费廷业务可以减少客户应收类资产,增加其货币资金,具有优化财务报表的功能,对于管理精细化企业(如实行应收账款考核的企业)以及上市公司(含拟上市)而言具有积极作用。

(四)国内信用证买方融资

银行目标客户有短期融资需求用于其向银行申请开立的国内信用证到期时对外支付的,可向其推荐银行国内信用证买方融资业务。

国内信用证买方融资指银行作为开证行在收到国内信用证项下单据后,根据买方的申请,在占用买方在银行的授信额度的前提下,在对应贸易项下付款日向其发放专项融资用于该贸易项下对外支付的业务。

(五)国内信用证代付

国内信用证代付是银行运用代付银行资金对以国内信用证为结算方式的买方或者卖方进行先行付款的一种模式,包含国内信用证项下买方代付和卖方代付业务。

国内信用证项下买方代付业务指在国内信用证结算项下,银行作为开证行,在占用买方在银行的授信额度的前提下,指示同业银行或其他金融机构(以下统称"代付银行")为开证申请人(买方)对外支付国内信用证项下款项,到期客户归还我行代付本金及利息,银行在扣除差价收入后,将本金及应付利息转付给代付银行的融资业务。买方代付适用于银行开立的即期信用证和延期付款信用证。

国内信用证项下卖方代付业务指在延期付款国内信用证结算方式下,银行收到开证行(承兑行)真实、有效的到期付款确认书(或承兑函电)后,委托代付银行将款项代为支付给卖方;在承兑到期日客户通过信用证项下应收账款归还本金及利息,银行在扣除价差收入后,将代付本金及应付利息转付给代付银行的融资业务,该业务不占用卖方在银行的授信额度。

代付银行代付资金成本与客户融资利率之间的价差收益作为银行中间业务收入入账。

五、供应链金融

由于信息技术和交通运输能力大幅提高所带来的生产组织和流通成本的降低,供应链已成为产业组织的主流模式。在这种模式下,大企业专注于品牌、客户关系管理以及创新性技术等核心能力的创造和提升,而将生产、流通、销售中低附加值环节外包给众多的中小企业,以此形成稳定交易和利益共享为特征的供应链体系。银行面向包括供应链中核心客户及其上下游组成的整条供应链,推出了供应链金融业务。

供应链金融是指银行借助商品贸易中强势"买方"或"卖方"(核心企业)的资信或风险缓释手段,基于对其上下游货物流、信息流和资金流的管控,为其上下游在采购或产销环节提供有针对性的信用增级、融资、结算、账款管理、风险参与及风险规避等各种金融产品组合的解决方案。

根据核心企业在商品贸易中所处"买"、"卖"方向的不同,银行供应链金融大致可以分为以卖方为核心的供应链金融业务和以买方为核心的供应链金融业务。[1]

(一)以卖方为核心的供应链金融

以卖方为核心的供应链金融是指核心企业为"卖方"时,银行基于核心企业的资信实力和履约能力,通过核心企业、银行和买方签订三方协议的形式,以控制买方向其购买的有关商品的提货权为手段,为买方提供表内外融资用于支付卖方货款,核心卖方承诺对买方未提取商品的价值对应的到期未支付融资款项提供保证、回购、连带差额付款等责任的业务模式。银行可根据核心企业承担的责任大小,附加对货物进行质押或对商品合格证等提货凭证的控制。对强势核心企业,可通过以卖方为核心的供应链金融业务满足其下游买方(经销商)的融资需求,稳定并扩大核心企业的销售,增加企业的盈利能力,加快其应收账款的回笼。对于下游买方(经销商),可通过核心企业的信用增级为其提供融资支持,解决下游买方资金周转的需求,同时帮助下游买方取得经销权或总经销权,争取厂家更大返利。该业务模式适用于核心企业处于卖方,下游买方(经销商)数量较多,且自身贷款条件不足,

---

[1] 魏涛,郭晓霞. 面向产业链成员的系统性金融解决方案[J]. 金融市场研究,2015(11):40—56.

核心企业愿意为下游买方(经销商)提供一定信用增级手段的情况。

核心卖方原则上应满足：

(1)从事生产、加工的大型生产型企业或资信情况良好的总经销商或一级经销商,行业地位领先,净资产不低于1亿元人民币,资产负债率不高于行业平均水平;

(2)核心卖方有按时向经销商保质、保量交货的能力;

(3)购销合同项下业务真实与卖方的生产能力和销售状况相匹配,不存在套取银行信用的行为;

(4)核心卖方有为买方提供保证、回购、连带差额付款、调剂销售等责任的意愿和承诺;

(5)核心卖方应为银行推荐授信买方名单,并愿意承担一定的推荐责任;

(6)核心卖方应根据银行要求定期向银行提供买方的货物采购、运输和销售情况,并配合银行的信息校对工作。

(二)以买方为核心的供应链金融

以买方为核心的供应链金融是指核心企业为"买方"时,银行基于核心企业的资信实力和履约能力,通过将信用风险控制主要落实于核心买方,对上游卖方(供应商)主要考查其商业合同履约能力、商业信用及账款的回购能力,并严格控制交易流程,从而降低对上游卖方(供应商)的财务和规模等准入门槛的要求,为上游卖方(供应商)提供短期融资的业务模式。对于核心企业,可以通过以买方为核心的供应链业务获得最优的交易条件和结算方式,稳定上游卖方(供应商)。对于上游卖方(供应商),可通过核心买方的信用增级为其提供融资支持,解决其资金周转的需求。以买方为核心的供应链业务以买卖双方真实交易为基础,适用的业务品种暂限于保理、商票保贴业务。

核心买方原则上指在供应链中具有主导地位的、资信能力和规模实力较强的采购商。上游卖方(供应商)指为核心买方提供原材料、商品或服务供应的上游企业。

综上所述,供应链金融业务的实质是银行依托供应链核心客户,将核心客户及其上下游联系在一起提供系统性金融服务的营销拓展模式。目前,我国商业银行重点关注的目标客户多集中在汽车、钢铁、家电、船舶、医院以及零售(重点关注超市、卖场、百货等业态)等核心客户地位突出且有较多上下游客户的行业。

本章小结

流动资金贷款是指贷款人向企(事)业法人或国家规定可以作为借款人的其他组织发放的用于借款人日常生产经营周转的本外币贷款。流动资金贷款是贷款人对借款人在生产经营过程中的周转资金需要而发放的贷款。流动资金贷款是商业银行贷款的主要投向,是商业银行贷款管理的重要方面。

流动资金贷款主要包括受理与调查、风险评价与审批、合同签订、贷款发放与支付以及贷后管理等基本流程。

贸易融资是银行为了满足客户短期融资需求，依托具体贸易背景，基于客户贸易过程中的交易条件、收付款结算方式或者基于商品贸易过程中形成的存货及其销售而设计的短期结构性融资工具。贸易融资具有期限短、周转快、自偿性等特点，且贸易融资业务通过业务开展的过程中对客户信息流、资金流、物流等的掌握和控制，能提高银行对授信风险控制的能力和水平，并有效增加客户对银行的忠诚度和贡献度。银行还可依托目标客户所处供应链通过贸易融资业务实现对上下游客户群的批量开发，增加客户的间接价值。

复习思考题

1. 什么是流动资金贷款？请简述流动资金贷款的种类。
2. 试分析企业流动资金与银行贷款的内在联系。
3. 简述流动资金贷款的基本流程。
4. 如何测算流动资金贷款需求量？
5. 什么是保理业务？其有什么特点？简述保理业务的分类。
6. 案例分析：

某省新能源有限公司注册资本2亿元，是由省政府出资设立的国有独资公司，是地方集资办电的专业投资机构，经省政府授权负责省内电力及其他能源建设资金的筹集和投资管理，代表省政府负责对电力等能源项目进行投资经营管理，对建设项目进行资本运营。主要涉足电力、煤炭、采掘、煤化工、煤层气、新能源、物流及天然气管输、金融证券、房地产开发、酒店餐饮、高科技等产业的大型企业集团。该公司总资产高达230亿元，年销售收入超过80亿元。该公司有30多家供应商，全部为煤炭供应商、电力设备供应商、电缆供应商、发电绝缘件供应商等，而这些中小供应商普遍资金紧张，收账期多在2个月左右。某股份制银行为该新能源有限公司提供了1亿元的贷款额度，但由于该新能源有限公司自身资金充裕，一直并未启用此贷款额度。

问题：

请根据上述供应链特点为该股份制商业银行设计相应的供应链融资方案，既能让该新能源有限公司使用银行提供的授信额度，又能解决该新能源有限公司的上游客户普遍存在的资金紧张问题。

参考文献

1. 江其务,周好文. 银行信贷管理[M]. 北京:高等教育出版社,2004.
2. 中国银行业从业人员资格认证办公室. 公司信贷[M]. 北京:中国金融出版社,2015.

3. 戴小平. 商业银行学(第二版)[M]. 上海:复旦大学出版社,2012.
4. 蔡鸣龙. 商业银行信贷管理[M]. 厦门:厦门大学出版社,2014.
5. 徐连金. 贷款管理新办法[M]. 上海:上海财经大学出版社,2010.

第七章 固定资产贷款管理

本章要点

- 固定资产贷款内涵
- 固定资产贷款管理流程
- 项目评估的主要内容
- 房地产开发贷款管理
- 项目融资的概念和管理
- 银团贷款的操作流程

本章重要概念

固定资产贷款；贷款项目评估；房地产开发贷款；项目融资；银团贷款

第一节 概 述

一、固定资产贷款内涵

所谓固定资产贷款，是指贷款人向企（事）业法人或国家规定可以作为借款人的其他组织发放的、用于借款人固定资产投资[①]的本外币贷款。

固定资产贷款的特点：(1)贷款金额较大；(2)贷款期限较长，大部分为中期或长期贷款；(3)在贷款保障方式上，除了要求提供必要的担保外，一般要求以项目新增固定资产作抵押；(4)在贷款方法上，一般是逐笔申请、逐笔审核；(5)大部分贷款采取分期偿还的方式。

---

① 按照国家统计局定义和口径，"固定资产投资"是指建造和购置固定资产的活动，是社会固定资产再生产的主要手段。按照管理渠道，全社会固定资产投资总额可分为基本建设投资、技术改造投资、房地产开发投资和其他固定资产投资四个部分。

表 7-1　　　　　　　　　　固定资产贷款与流动资金贷款的区别

项　目	固定资产贷款	流动资金贷款
用途	解决企业固定资产投资活动的资金需求	满足企业中、短期的资金需求
期限	1~5年的中期贷款或5年以上的长期贷款	1年以内的短期贷款或1~3年的中期贷款
审核方式	逐笔申请逐笔审核	逐笔申请逐笔审核，或在银行规定时间及限额内随借、随用、随还
还款来源	项目竣工验收投产后的现金或企业自有资金	主要为企业经营收入
风险	外部影响因素多，不确定性和不稳定性因素多，风险较大	集中在借款人、担保人或抵（质）押的风险
收益	长期、稳定收益	短中期收益

资料来源：中国银行网站。

二、固定资产贷款类型

商业银行的固定资产贷款可以按照不同的标准进行分类。

（一）按项目运作方式和还款来源划分

根据项目运作方式和还款来源不同分为一般固定资产贷款和项目融资。

(1)一般固定资产贷款是由正在生产经营的公司作为借款人（不成立专门的项目公司），偿还贷款依靠公司的日常现金流，并提供固定资产、第三方担保等作为保证措施。

(2)项目融资一般需要成立专门的项目公司，以项目的未来收益和资产作为还款来源和安全保障。

（二）按贷款用途划分

根据贷款用途分为基本建设贷款、技术改造贷款、房地产开发贷款、其他固定资产贷款。

(1)基本建设贷款是指用于经国家有权部门批准的基础设施、市政工程、服务设施和以外延扩大再生产为主的新建或扩建生产性工程等活动的贷款。

(2)技术改造贷款是指用于现有企业以内涵扩大再生产为主的技术改造项目而发放的贷款。

(3)房地产开发贷款是指向借款人发放的用于开发、建造向市场销售、出租等用途的房地产项目的贷款。

(4)其他固定资产贷款是指除了上述用途以外的固定资产贷款。

（三）按贷款期限划分

根据贷款期限分为短期固定资产贷款、中期固定资产贷款和长期固定资产贷款。

(1)短期固定资产贷款指贷款期限在1年以内(含1年)的固定资产贷款。

(2)中期固定资产贷款指贷款期限在1年以上(不含1年)、5年以下(含5年)的固定资产贷款。

(3)长期固定资产贷款指贷款期限在5年以上(不含5年)的固定资产贷款。

三、固定资产贷款管理流程

信贷风险的成因是多方面的,但是借贷双方的信息不对称肯定是重要根源之一。关注信贷流程管理,其实是从加强银行内部控制的角度降低借贷双方的信息不对称,从而减少贷款风险。我国商业银行传统的贷款管理相对粗放,存在不少问题。为此,银监会于2009年7月专门发布了《固定资产贷款管理暂行办法》(以下简称《办法》)并于同年10月施行。

《办法》要求商业银行内部应将贷款管理过程中的各个环节进行分解,按照有效制衡的原则将各环节职责落实到具体的部门和岗位,并建立明确的问责机制。通过进一步强化贷款全流程管理和精细化操作水平,增强贷款风险管理的有效性。

根据《办法》的规定,结合银行实务中应该关注的主要问题,下面说明一下固定资产贷款管理的一般流程。

(一)受理与调查

商业银行受理的固定资产贷款申请应具备以下条件:

(1)借款人依法经工商行政管理机关或主管机关核准登记;

(2)借款人信用状况良好,无重大不良记录;

(3)借款人为新设项目法人的,其控股股东应有良好的信用状况,无重大不良记录;

(4)国家对拟投资项目有投资主体资格和经营资质要求的,符合其要求;

(5)借款用途及还款来源明确、合法;

(6)项目符合国家的产业、土地、环保等相关政策,并按规定履行了固定资产投资项目的合法管理程序;

(7)符合国家有关投资项目资本金制度的规定;[①]

(8)贷款人要求的其他条件。

以上规定主要是从借款人和借款项目两个方面设置了固定资产贷款应该遵守的基本前提条件,商业银行应确保在贷款发放前以上所有要求同时满足。

商业银行应对借款人提供申请材料的方式和具体内容提出要求,并要求借款人恪守诚实守信原则,承诺所提供材料真实、完整、有效。

---

① 《国务院关于调整和完善固定资产投资项目资本金制度的通知》(国发〔2015〕51号)。

对于固定资产贷款的尽职调查工作，商业银行应落实具体的责任部门和岗位，履行尽职调查并形成书面报告。尽职调查的主要内容包括：借款人及项目发起人等相关关系人的情况；

贷款项目的情况；贷款担保情况；需要调查的其他内容。

尽职调查人员应当确保尽职调查报告内容的真实性、完整性和有效性。

（二）风险评价与审批

商业银行应落实具体的责任部门和岗位，对固定资产贷款进行全面的风险评价，并形成风险评价报告。

商业银行应从提高风险识别能力的角度出发，建立一支专业、专注从事固定资产贷款风险评价的人员队伍，将贷款风险评价部门与经营部门分离，并明确尽职调查和风险评价人员的职责分工，做出合理的制度安排，体现制衡原则。商业银行应建立完善的固定资产贷款风险评价制度，设置定量或定性的指标和标准，从借款人、项目发起人、项目合规性、项目技术和财务可行性、项目产品市场、项目融资方案、还款来源可靠性、担保、保险等角度进行贷款风险评价。

商业银行应按照审贷分离、分级审批的原则，规范固定资产贷款审批流程，明确贷款审批权限，确保审批人员按照授权独立审批贷款。

（三）合同签订

商业银行应与借款人及其他相关当事人签订书面借款合同、担保合同等相关合同。

合同中应详细规定各方当事人的权利、义务及违约责任。

商业银行应在合同中与借款人约定具体的贷款金额、期限、利率、用途、支付、还贷保障及风险处置等要素和有关细节。《办法》特别要求商业银行依法加强贷款用途管理，通过加强贷款发放和支付审核，增加贷款人受托支付等手段，健全贷款发放与支付的管理，减少贷款被挪用的风险。

商业银行应要求借款人在合同中对与贷款相关的重要内容作出承诺，比如：贷款项目及其借款事项符合法律法规的要求；及时向贷款人提供完整、真实、有效的材料；配合贷款人对贷款的相关检查；发生影响其偿债能力的重大不利事项及时通知贷款人；进行合并、分立、股权转让、对外投资、实质性增加债务融资等重大事项前征得贷款人同意等。

商业银行应在合同中与借款人约定，借款人出现未按约定用途使用贷款、未按约定方式支用贷款资金、未遵守承诺事项、申贷文件信息失真、突破约定的财务指标约束等情形时借款人应承担的违约责任和贷款人可采取的措施。

（四）发放与支付

商业银行应设立独立的责任部门或岗位，负责贷款发放和支付审核。

1. 贷款支付方式

商业银行应通过贷款人受托支付或借款人自主支付的方式对贷款资金的支付进行管理与控制。采用贷款人受托支付的,商业银行应在贷款资金发放前审核借款人相关交易资料是否符合合同约定条件。贷款人审核同意后,将贷款资金通过借款人账户支付给借款人交易对手,并应做好有关细节的认定记录。采用借款人自主支付的,商业银行应要求借款人定期汇总报告贷款资金支付情况,并通过账户分析、凭证查验、现场调查等方式核查贷款支付是否符合约定用途。

2. 贷款支付过程注意事项

固定资产贷款发放和支付过程中,商业银行应确认与拟发放贷款同比例的项目资本金足额到位,并与贷款配套使用。

在贷款发放和支付过程中,借款人出现以下情形的,商业银行应与借款人协商补充贷款发放和支付条件,或根据合同约定停止贷款资金的发放和支付:信用状况下降;不按合同约定支付贷款资金;项目进度落后于资金使用进度;违反合同约定,以化整为零方式规避贷款人受托支付。

(五)贷后管理

贷后管理主要关注以下工作:

1. 监控贷款风险

商业银行应定期对借款人和项目发起人的履约情况及信用状况、项目的建设和运营情况、宏观经济变化和市场波动情况、贷款担保的变动情况等内容进行检查与分析,建立贷款质量监控制度和贷款风险预警体系。出现可能影响贷款安全的不利情形时,商业银行应对贷款风险进行重新评价并采取针对性措施。

2. 监控担保情况

商业银行应对抵(质)押物的价值和担保人的担保能力建立贷后动态监测和重估制度。

3. 监控借款人的整体现金流

商业银行应对固定资产投资项目的收入现金流以及借款人的整体现金流进行动态监测,对异常情况应及时查明原因并采取相应措施。

4. 不良贷款管理

固定资产贷款形成不良贷款的,商业银行应对其进行专门管理,并及时制定清收或盘活措施。对借款人确因暂时经营困难不能按期归还贷款本息的,商业银行可与借款人协商进行贷款重组。对确实无法收回的固定资产不良贷款,商业银行按照相关规定对贷款进行核销后,应继续向债务人追索或进行市场化处置。

第二节　项目评估

贷款项目评估是银行在贷款发放前,以项目可行性研究报告为基础,综合运用一套较为系统、科学的方法,从技术、经济等方面对项目进行的科学审查与评价。项目评估是贷款决策过程中的关键性环节,可以帮助银行客观地了解和评价项目,从而提高信贷决策效率和防范风险。

一、项目建设周期

项目建设周期是指从提出投资设想,经过前期论证、投资决策、建设准备、建设实施、

竣工验收直至投产运营所经历的全过程。项目建设周期通常分为前期阶段、准备阶段、实施阶段和投产运营阶段。

其中前期阶段的主要工作包括:投资机会研究、初步可行性研究、可行性研究、项目评估及决策等。该阶段的工作重点是对项目投资建设的必要性和可行性进行分析论证,并作出科学决策。本阶段虽然投入少,但对项目效益的影响大,前期决策的失误往往会导致重大的损失。

前期阶段工作完成后,再进入项目的准备、实施和投产运营阶段。

二、可行性研究与项目评估

可行性研究和项目评估都集中在项目的前期阶段,两者既有密切联系,又有明显区别。

可行性研究和项目评估都是在项目决策前,对投资项目进行经济技术等方面的论证,这是它们的共同点。而两者的区别主要体现在以下几个方面:(1)发起的主体和目的不同。可行性研究由项目业主或发起人启动,主要用于投资决策、项目报批和贷款申请;贷款项目评估的主体是贷款银行,是项目审批部门或贷款决策部门进行决策的依据。(2)发生的时间不同。项目的可行性研究在前,项目评估在后,可行性研究是项目评估的前提和基础。(3)研究的侧重点不同。可行性研究必须对项目实施后可能面临的问题进行全面的研究,并作出在技术上和财务上是否可行的结论;项目评估是在可行性研究基础上进行的,可以针对发现或关心的问题有所侧重地进行研究,不必面面俱到。

三、项目评估的主要内容与方法

贷款项目评估是银行放贷的决策依据,银行最关心的是借款企业的财务状况和项目的

效益,还款能力是银行评估的重点。但是项目的财务效益建立在项目正常建设、生产和运营的基础上,因此,项目建设的必要性、其配套条件是否具备、技术是否可行等也是贷款项目评估的必要组成部分。

（一）项目建设的必要性评估

项目评估的第一步是对项目建设的必要性进行分析，主要从宏观必要性和微观必要性两个方面展开。首先，宏观方面，分析贷款项目是否与国家的规划和政策相符，是否经过必要的报批程序；其次，微观方面，分析该项目所属行业的整体发展状况、项目产品的市场竞争力。在此基础上，结合项目单位的实际情况，分析该项目是否符合企业发展的需要，从而对项目单位建设该项目的必要性作出总体评价。

（二）项目建设配套条件评估

项目建设配套条件是项目建设和运营的必要前提，主要包括项目开发所需资源条件（如自然资源、资金、人力资源等）；项目工程地质条件和水文地质条件；交通运输和通信设施条件；项目开发的原材料、燃料和动力供应；环保指标是否达到有关部门的要求等。这些配套条件会直接或间接地影响项目建设和运营，决定了项目开发的可行性。

（三）项目技术评估

项目的开展需要一定的技术作支持，项目技术评估就是对项目的技术条件是否合理和达到一定的标准而进行的分析和评价，它直接关系到项目建设能否达到预期的目标。技术可行性评估主要包括两个方面：一是项目所采用的技术是否先进、适用、合理、协调，是否与项目其他条件相配套；二是项目设备选择是否合理，所采用的设备能否与生产工艺、资源条件及项目单位的工人技术水平和管理者的管理水平相协调。

（四）借款人评估

借款人是建设和经营贷款项目的主体，通过对借款人的分析可以帮助银行初步了解贷款对象的资信和偿债能力，是贷款项目评估的重要环节，是其他评估内容的基础。借款人评估的主要内容包括了借款人的经营状况、人员素质、财务状况和信用状况等。

（五）项目财务评估

项目财务评估是项目评估的关键环节，主要包括以下内容：

一是项目投资估算与资金筹措评估。该环节需要估算项目投资总额，在此基础上，对资金筹措方案进行评估，确保项目建设有足够的资金支持。

二是项目财务效益评估。该环节要求银行从项目投资人的角度去分析项目的成本和收益，进而判断项目的盈利性和偿债能力。需要注意的是，首先，因为项目尚未投入运营，所以项目财务效益评估是建立在一定的财务预测基础上的，通过对于各项财务数据的收集和预测，编制财务报表和计算相关财务指标；其次，对银行来说，企业的偿债能力最终来源于其现金流的状况，所以在财务效益评估部分，要特别关注现金流量表的编制和分析。

三是不确定性评估。以上项目财务评估都是基于对未来情况的分析和预测，存在一定的不确定性,并有可能导致项目风险。因此,不确定性评估就是要分析和评估这些风险因素,做好必要的风险防范措施。

(六)项目担保及风险分担

贷款项目在建设期和经营期会面临各种风险,商业银行应当采取措施有效降低和分散这些风险,做好必要的担保及风险分担的安排。

(七)项目融资方案

商业银行应该合理确定项目融资方案,包括贷款金额、期限、利率、发放程序和还款安排等。

(八)银行效益评估

分析投资该项目对银行盈利性、流动性等方面的影响。

专栏7—1

某股份制银行15亿问题贷款

2006年3月,某股份制银行总行原党委书记周某被深圳市公安局刑事拘留,同时被拘留的还有另外3人,原因是涉嫌违法放贷。周某以及其他3人均与"15亿元问题贷款"有关。

"陈总在北京有个很好的房地产项目,在东直门。"2002年12月,某集团副总陈某某和他带来的东直门项目被时任该行总行行长的周某介绍给该行的相关人员。自此,该行公司业务部总经理开始召集公司业务部工作人员林某、吴某、李某等人分析该项目操作的可行性。

但数次会议的结果是,上述几人对该项目的判断一致,不具备操作可能性:第一,不具备央行对房地产项目贷款的条件;第二,贷款主体不具备贷款资格;第三,项目投资金额巨大,而且受该行的信贷政策的限制;第四,用款人背景复杂,贷款发放后很难得到有效控制。

2003年4月19日、4月29日,该行北京分行行长李某、北京分行副行长罗某被调回总行。同年5月9日,原上海分行行长A调回总行任风险管理部总经理,稍后总行风险管理部何某被调到北京任分行风险管理部总经理。2003年5月中旬,该行从A过去任负责人的宁波分行抽调了郑某、章某两人对该项目及两家企业进行现场实地调查,并负责制作有关贷款资料,由公司业务部吴某配合两人工作,后因工作量太大,工作人员中增加了当月刚被招聘到该行的林某。

2003年6月9日贷款材料上报该行风险管理部时,郑某、章某两人突然表示,拒绝在首创网络的贷款资料上签字,丢下有关资料离开公司业务部办公室不辞而别,最后提交的材料上见不到郑、章二人的签字——只有林某的签字。而中财投资的贷款资料是吴某和林某审查和书写的,二人就同意在上面签字。私下里林某抱怨道,自己是刚来的新人,明明觉得有问题,但也怕丢掉工作。

熟悉15亿元贷款的内部人士称,这笔贷款的流程顺序是,公司业务部→总行风险管理部→审贷会→终审,其中当时负责总行风险管理部的为A,负责终审的是当时分管贷款的行长助理张某。

提交贷款材料的公司业务部在《关于东直门综合交通枢纽暨东华广场商务区项目调查情况的汇报》中直述担忧,这份万余字的报告除了描述项目是个好项目之外,用1 000多字的篇幅详述存在的问题和风险,列出了"项目公司注册资金2亿元未到位"等5个问题和"资金监管风险:如何做到专款专用,把贷款全部用于开发项目上"等3个风险点。

资料来源:根据互联网资料整理。

第三节 房地产开发贷款管理

一、房地产开发贷款内涵及特点

房地产开发贷款是指向借款人发放的用于开发和建造向市场销售、出租等用途的房地产项目的贷款。

房地产开发贷款具有以下特点:

(1)贷款金额大、周期长;

(2)政策性强,受宏观经济影响较大;

(3)风险因素较多,管理难度较大。

作为与房地产直接相关的固定资产贷款,我国的房地产开发贷款增长迅速,参见图7—1。

二、房地产开发贷款类型

(一)土地开发贷款

土地开发贷款是银行向房地产开发企业发放的用于土地开发的贷款。

(二)住房开发贷款

住房开发贷款是银行向房地产开发企业发放的用于住房及其配套设施建设的贷款。

（三）商用房开发贷款

商用房开发贷款是指银行向房地产开发企业发放的用于商业房屋（包括商住两用房屋）建设的贷款。

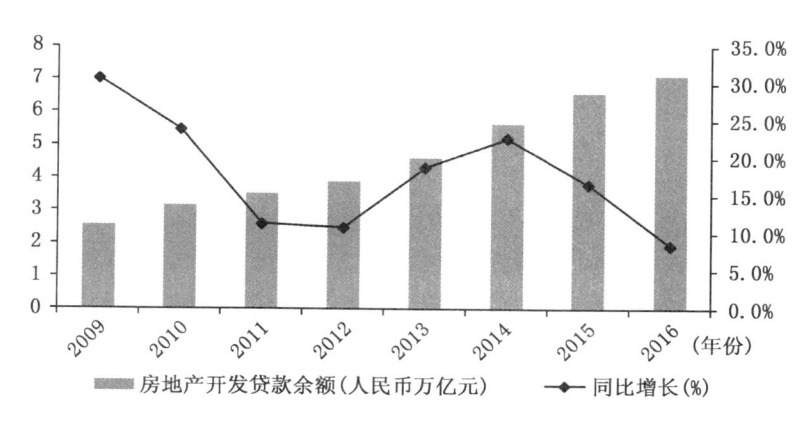

资料来源：中国人民银行《金融机构贷款投向统计报告》（2011～2015年度）、《货币政策执行报告》（2009年、2010年第四季度）。

图7—1 房地产开发贷款①统计

（四）房地产开发企业流动资金贷款

房地产开发企业流动资金贷款是房地产开发企业因资金周转所需申请的贷款。虽然这类贷款不与具体项目相联系，但最终是用于支持房地产开发，因此仍然属于房地产开发贷款。当然由于本章主要讨论的是固定资产类贷款，所以暂不涉及这类贷款。

三、房地产开发贷款管理

（一）房地产开发贷款条件

针对房地产开发贷款，管理部门有严格的规定，不管是借款人还是贷款项目都应该满足相应的条件。

（1）借款人办理房地产开发贷款应符合以下条件：

①经工商行政管理部门核准登记的企业法人；

②取得房地产开发主管部门核发的房地产开发企业资质等级证书，其资质等级与房地产开发项目规模相匹配；

③经营管理规范，财务状况良好；

---

① 根据中国人民银行统计口径，房地产开发贷款包括地产开发贷款和房产开发贷款，其中房产开发贷款包括了保障性住房开发贷款数据。

④信用记录良好,具有按时还本付息的能力;
⑤评定的信用等级符合银行要求;
⑥在银行开立基本存款账户和一般存款账户,并在银行办理结算业务;
⑦能提供银行认可的担保措施;
⑧其他银行要求的条件。
(2)贷款项目应符合以下条件:
①已纳入国家或地方建设开发计划,其立项或备案文件合法、完整、真实,有效;
②贷款项目已取得《国有土地使用证》、《建设用地规划许可证》、《建设工程规划许可证》、《建筑工程施工许可证》;
③项目资本金比例不低于国家政策规定,且能够在使用银行贷款之前投入项目建设;
④项目符合当地市场需求,有良好的经济和社会效益;
⑤银行规定的其他条件。

(二)房地产开发贷款流程

房地产开发贷款同样要满足固定资产贷款的一般流程,主要包括如下环节:

1. 借款人提出贷款申请

借款人持有关资料到银行申请贷款,同时提供银行认可的足额担保。

2. 银行受理借款申请并进行贷款调查

(1)银行初审合格后受理贷款申请;
(2)银行信贷人员调查了解借款人是否符合贷款条件,对工程项目的可行性和预算情况进行评估,测定贷款的风险度,提出贷或不贷、贷款额度、期限、利率和担保方式意见。

3. 贷款审查、审批

银行审查人员对调查人员提供的调查报告、评估报告及所依据的资料和文件进行审查核实,提出审查意见。在调查、审查的基础上,按照审批权限审批贷款。

4. 签订借款合同

(1)贷款申请经审查通过后,双方就借款合同、抵押合同、担保合同的条款达成一致意见,签署合同;
(2)借款人办理合同约定的抵押登记等有关手续。

5. 借款人提款、用款

(1)借款人提出提款申请;
(2)银行资金到账,借款人用款。

第四节 项目融资管理

一、项目融资概述

商业银行的项目融资业务[①]是指符合以下特征的贷款:(1)贷款用途通常是用于建造一个或一组大型生产装置、基础设施、房地产项目或其他项目,包括对在建或已建项目的再融资[②];(2)借款人通常是为建设、经营该项目或为该项目融资而专门组建的企事业法人,包括主要从事该项目建设、经营或融资的既有企事业法人;(3)还款资金来源主要依赖该项目产生的销售收入、补贴收入或其他收入,一般不具备其他还款来源。以上从贷款用途、借款人和还款来源三个项目融资业务最基本的特点出发来定义项目融资,只有同时符合这三个特点的贷款业务才是项目融资业务。

项目融资的方式有两种:(1)无追索权的项目融资,也称为纯粹的项目融资。在这种融资方式下,贷款的还本付息完全依靠项目自身的经营现金流。同时,银行为保障自身利益,必须从该项目拥有的资产中取得物权担保。如果该项目出现意外或经营失败,其资产或收益不足以清偿全部贷款时,贷款人无权向该项目的发起方进行追偿。(2)有限追索权的项目融资。在这种融资方式下,除了以贷款项目经营现金流作为偿债来源和取得物权担保外,还要求由项目公司以外的第三方提供担保。这里的第三方,包括该项目的主办人、供应方、项目使用方、承包方等。如项目不能完工或失败,致使项目本身资产或收益不足以清偿债务,贷款人有权向第三方担保人追偿,担保人以各自所提供的担保金额或按有关协议承担责任。

项目融资一般应用于资金需要量大、回收期长、投资风险大而传统融资方式又难以满足但现金流量稳定的工程项目,包括大型能源开发、资源开发和基础设施建设类项目以及一些文化创意和新技术开发项目。

二、项目融资的管理

项目融资的风险明显高于一般固定资产贷款,需要加强各环节的有效管理。以下结合银监会《项目融资业务指引》的相关规定来说明其管理要点。

---

① 中国银监会:《关于印发〈项目融资业务指引〉的通知》(银监发〔2009〕71号)。在实践中,采用项目融资方式的项目通常都属于固定资产投资项目,所发放的贷款属于固定资产贷款,因此,其操作流程和基本要求必须遵循《固定资产贷款管理办法》。但项目融资具有不同于一般固定资产投资项目的风险特征,需要采取一些有针对性的措施对其风险加以控制和防范。因此,在制定《固定资产贷款管理暂行办法》的基础上,银监会提出了专门针对项目融资业务的指导性规定和要求,即《项目融资业务指引》。

② 指借款人因各种原因需要重新筹资置换项目原有负债时向其发放的贷款。

（一）贷款的准入条件

首先是贷款人的准入条件。商业银行从事项目融资业务，应当具备对所从事项目的风险识别和管理能力，配备业务开展所需要的专业人员，建立完善的操作流程和风险管理机制。

其次是贷款项目的准入条件。商业银行提供项目融资的项目，应当符合国家产业、土地、环保和投资管理等相关政策。

（二）项目建设期和经营期风险管理

项目融资中的各类风险可以分为项目建设期风险和经营期风险，具体包括政策风险、筹资风险、完工风险、产品市场风险、超支风险、原材料风险、营运风险、汇率风险、环保风险和其他相关风险。

商业银行应充分识别、评估并采取措施来有效防范项目融资中的各类风险。针对建设期风险，商业银行应当通过签订总承包合同、投保商业保险、建立完工保证金、提供完工担保和履约保函等方式，最大限度降低建设期风险。

针对经营期风险，商业银行可以要求借款人签订长期供销合同、使用金融衍生工具或者发起人提供资金缺口担保等方式，有效分散经营期风险。

（三）商业银行权益保护

为保证商业银行在项目贷款担保、所投保商业保险等方面的权益，商业银行应当要求将符合抵质押条件的项目资产和/或项目预期收益等权利为贷款设定担保并根据需要，将项目发起人持有的项目公司股权为贷款设定质押担保。同时，商业银行还应当要求成为项目所投保商业保险的第一顺位保险金请求权人，或采取其他措施有效控制保险赔款权益。

（四）资金支付及账户管理

商业银行应当根据项目的实际进度和资金需求，按照合同约定的条件发放贷款资金。贷款发放前，商业银行应当确认与拟发放贷款同比例的项目资本金足额到位，并与贷款配套使用。

商业银行应当按照《固定资产贷款管理暂行办法》中关于贷款发放与支付的有关规定，对贷款资金的支付实施管理和控制，必要时可以与借款人在借款合同中约定专门的贷款发放账户。采用贷款人受托支付方式的，商业银行在必要时可以要求借款人、独立中介机构和承包商等共同检查设备建造或者工程建设进度，并根据出具的符合合同约定条件的共同签证单进行贷款支付。

商业银行应当与借款人约定专门的项目收入账户，并要求所有项目收入进入约定账户，并按照事先约定的条件和方式对外支付。商业银行应当对项目收入账户进行动态监测，当账户资金流动出现异常时，应当及时查明原因并采取相应措施。

(五)银团贷款原则

针对项目融资金额较大、期限较长、风险较大的特点,为防止盲目降低贷款条件、恶性竞争,有效分散风险,要求在多家商业银行为同一项目提供贷款的情况下,原则上应当采取银团贷款方式。

三、项目融资金额、期限和利率

商业银行按照国家关于固定资产投资项目资本金制度的有关规定,综合考虑项目风险水平和自身风险承受能力等因素,合理确定贷款金额。

商业银行根据项目预测现金流和投资回收期等因素,合理确定贷款期限和还款计划。

商业银行按照中国人民银行关于利率管理的有关规定,根据风险收益匹配原则,综合考虑项目风险、风险缓释措施等因素,合理确定贷款利率。

商业银行可以根据项目融资在不同阶段的风险特征和水平,采用不同的贷款利率。

专栏7—2

三峡工程项目融资

由于三峡工程耗资巨大,我国政府采取对未来资金流动进行预测的方法,对资金需求实行动态管理,到2009年三峡工程全部建成,共需要动态投资2 039亿元。

三峡总公司根据项目阶段性的特点,分三个阶段融资:

(1)"风险不明期"(1993年至1997年的一期工程期间),利用国家资本金和政策性银行贷款,发挥"种子效应"。

(2)"风险释放期"(1997年至2003年的二期工程建设期间),项目建设的风险大幅度降低,三峡总公司加大市场融资的份额,发挥"磁铁效应"。这一阶段发行了6期、8个品种的企业债券;1998年还分别与建设银行、工商银行、交通银行签订了总额为110亿元的三年期贷款协议,滚动使用,通过借新还旧、蓄短为长,增加资金调度的灵活性。

(3)"现金收获期"(2003年首批机组发电后至2009年的三期工程建设期间),利用新的股权融资通道和资本运作载体,发挥"杠杆效应"。

三峡项目融资的主要风险包括:(1)完工风险,由于三峡工程量大、涉及范围广、影响人数多,前期的搬迁、建设过程中的突发事件都可能导致完工风险的出现;(2)技术风险,相关的水利和建筑技术已经比较成熟,但由于工程项目巨大,技术风险仍然存在;(3)经营管理风险,审计署发布三峡水利枢纽工程审计结果显示,因管理不严,增加建设成本4.88亿元,306亩土地未批先用,1 650亩土地长期闲置;(4)环境保护风险,由于三峡工程对环境影响很大,故该风险应当重点考虑。其他如信用风险、资源风险、政治风险等则相对较小,不是主要风险。

三峡工程从工程论证、初步设计到组织建设,初步建立了一套风险管理模式。三峡工程风险因素繁多,对来自各种方面的风险程度进行分析、归类的基础上,做好相关的资金准备(在三峡工程初步设计概算上列入了专项资金),并在招投标书上,列入承担风险的条款。具体风险对策包括:(1)风险回避,发现重大风险时为减少损失,可停工、可中止合同,待处理方案确定后再行施工;(2)风险转移,三峡工程采取工程保险和雇主责任险的方式,将风险转移给保险公司;(3)风险准备金,业主以"不可预备费"形式列入,承包商将风险费计入投标报价中;(4)风险自留,为稳定三峡建筑市场,控制造价,业主将钢材、木材、水泥、油料的价格列入标书,合同实施中的价差风险,由业主自留;(5)采取措施落实风险责任,进行目标跟踪,及时处理和化解风险。

资料来源:根据互联网资料整理。

第五节　银团贷款管理

一、银团贷款的概念和作用

银团贷款[1]是指由两家或两家以上银行基于相同贷款条件,依据同一贷款合同,按约定时间和比例,通过代理行向借款人提供的本外币贷款或授信业务。

银团贷款是国际金融市场普遍适用的融资方式之一,对借贷双方都有重要意义。对银行来说,银团贷款可以有效分散银行的贷款风险;有利于银行拓展国际业务,还为中小银行提供了走向国际市场的机会。从借款人的角度来看,可以满足借款人的巨额资金需求,降低筹资费用和筹资难度。

---

[1] 银监会:《关于印发〈银团贷款业务指引(修订)〉的通知》(银监发〔2011〕85号)。国内,有下列情形之一的大额贷款,鼓励采取银团贷款方式:(1)大型集团客户、大型项目融资和大额流动资金融资;(2)单一企业或单一项目融资总额超过贷款行资本净额10%的;(3)单一集团客户授信总额超过贷款行资本净额15%的;(4)借款人以竞争性谈判选择银行业金融机构进行项目融资的。

二、银团贷款的组织结构

参与银团贷款的银行均为银团成员。按照在银团贷款中的职能和分工,银团成员通常分为牵头行、代理行和参加行等角色,也可根据实际规模与需要在银团内部增设副牵头行、联合牵头行等,并按照银团贷款合同履行相应职责。

(一)牵头行

银团贷款牵头行是指经借款人同意,负责发起组织银团、分销银团贷款份额的银行。

(二)代理行

代理行是指银团贷款合同签订后,按约定向借款人提供贷款,并接受银团委托管理贷款事务和提供协调活动的银行。代理行经银团成员协商确定,可以由牵头行或者其他银行担任。

(三)参加行

参加行是指接受牵头行邀请,参加银团并按照协商确定的份额向借款人提供贷款的银行。参加行应按照约定及时足额划拨资金至代理行指定的账户,参加银团会议,做好贷后管理,了解掌握借款人日常经营与信用状况的变化情况,及时向代理行通报借款人的异常情况。

三、银团贷款的操作流程

(一)银团贷款的发起和筹组

银团贷款由借款人或银行发起。牵头行与借款人谈妥银团贷款的初步条件,并获得借款人签署的银团贷款委任书。牵头行对借款人或贷款项目进行贷前尽职调查,并在此基础上与借款人进行前期谈判,商谈贷款的用途、额度、利率、期限等事宜,并据此编制银团贷款信息备忘录。

牵头行与借款人协商后,向潜在参加行发出银团贷款邀请函。头行应根据潜在参加行实际反馈情况,合理确定各银团成员的贷款份额。

(二)签订银团贷款合同

银团贷款合同是银团成员与借款人、担保人根据有关法律法规,经过协商后共同签订,主要约定银团成员与借款人、担保人之间权利义务关系的法律文本。

银团成员应严格按照银团贷款合同的约定,及时足额划付贷款款项,履行合同规定的职责和义务。借款人应严格按照银团贷款合同的约定,保证贷款用途,及时向代理行划转贷款本息,如实向银团成员提供有关情况。

(三)银团贷款日常管理

银团贷款的日常管理工作主要由代理行负责。代理行应在银团贷款存续期内跟踪了解项目的进展情况,及时发现银团贷款可能出现的问题,并以书面形式尽快通报银团成员。

银团贷款存续期间,银团会议由代理行负责定期召集,或者根据银团贷款合同的约定由一定比例的银团成员提议召开。银团会议的主要职能是讨论、协商银团贷款管理中的重大事项。

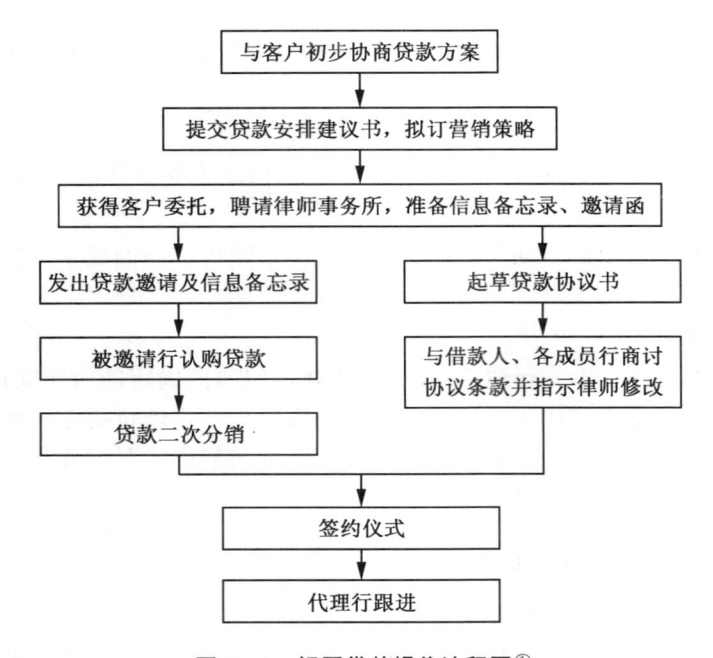

```
与客户初步协商贷款方案
          ↓
提交贷款安排建议书,拟订营销策略
          ↓
获得客户委托,聘请律师事务所,准备信息备忘录、邀请函
          ↓                          ↓
发出贷款邀请及信息备忘录        起草贷款协议书
          ↓                          ↓
被邀请行认购贷款              与借款人、各成员行商讨
          ↓                    协议条款并指示律师修改
贷款二次分销
          ↓
      签约仪式
          ↓
      代理行跟进
```

图7—2　银团贷款操作流程图[①]

四、银团贷款的费用

根据银监会《银团贷款业务指引》的规定,银团贷款的费用是指银团成员接受借款人委托,为借款人提供银团筹组、包销安排、贷款承诺、银团事务管理等服务而收取的相关中间业务费用,按照"自愿协商、公平合理、质价相符"的原则由银团成员和借款人协商确定,并在银团贷款合同或费用函中载明。

银团贷款收费的具体项目包括安排费、承诺费、代理费等。安排费一般按银团贷款总额的一定比例一次性支付;承诺费一般按未用余额的一定比例每年根据银团贷款合同约定的方式收取;代理费可以根据代理行的工作量按年支付。

银团贷款的收费遵循"谁借款、谁付费"的原则,由借款人支付。

---

① 蔡鸣龙. 商业银行信贷管理[M]. 厦门:厦门大学出版社,2014.

本章小结

固定资产贷款按不同标准可以分为不同类型。本章首先介绍了固定资产贷款的一般管理流程,在此基础上,介绍房地产开发贷款、项目融资和银团贷款这些特殊的需要重点关注的固定资产贷款品种。从监管的角度来看,除了一般固定资产贷款,对其他不同类型的贷款往往有专门的监管要求;从银行的角度来说,在固定资产贷款管理办法以外,一般要根据这些特定类型的贷款分别制定具有针对性的管理细则,适用特定的贷款操作和风险防范要求。

当然,固定资产贷款放贷前有一个非常重要的工作,即贷款项目评估,要弄清楚可行性研究和项目评估的关系,并掌握贷款项目评估的主要内容和方法。

复习思考题

1. 什么是银行的固定资产贷款?它和流动资金贷款有什么区别?
2. 根据《固定资产贷款管理暂行办法》,说明银行固定资产贷款的管理流程。
3. 可行性研究和项目评估是什么样的关系?银行贷款项目评估主要包括哪些内容?
4. 什么是房地产开发贷款?这种贷款业务有何特点?
5. 案例分析:

A 公司房地产开发贷款[①]

A 公司为大型综合类房地产开发企业,注册资本金 2 亿元人民币,有丰富的开发经验,年开复工面积超过百万平方米,销售超过 50 亿元,在北京房产市场占有一定市场份额,现有土地储备超过 100 万平方米。公司具备完善的财务机制且管理规范,可以按银行要求进行财务监管。

当前该公司正在开发的项目位于北京南三环,总规划建筑面积约为 40 万平方米,该项目总投资需 25 亿元,其中公司自筹资金 16 亿元,尚有 9 亿元资金缺口拟通过银行贷款解决。该项目已取得四证,公司累计投入 9.3 亿元,施工进度已完成全部地下部分和地上一层主体结构。其中一期两栋楼总建筑面积为 5.29 万平方米,已全部售罄。本次向银行申请开发贷款为二期工程,共两栋楼,建筑面积为 5.9 万平方米,拟申请贷款 1 亿元,时间为两年。该公司提供一期一栋房地产作为抵押,同时向银行承诺提供 2 亿元的个人住房按揭贷款。银行经办人员对项目周边同等品质楼盘进行了解,周边楼盘平均售价在 8 000 元/平方米左右,项目销售计划价格为 7 000 元/平方米,价格优势明显,该地段交通便利,周边设施完善,因此对该项目销售持乐观态度。

[①] 立金银行培训中心. 商业银行对公授信培训(第三版)[M]. 北京:中国金融出版社,2013.

业务流程：
● A公司向银行提出流动资金借款申请,双方约定该公司在银行办理按揭贷款,授权银行可以扣划按揭贷款归还开发贷款；
● 银行对A公司进行审查,同时对拟抵押的房产进行评估,评估价值为1.5亿元；
● 银行同意贷款后,A公司对拟抵押的房产办理保险,受益人为贷款银行；
● A公司在房屋土地管理局办理抵押登记手续,在房屋有承租人的情况下,A公司须将此情况告知承租人；
● 银行发放开发贷款并监督A公司对信贷资金的使用；
● 等到房地产项目具备销售条件,符合银行按揭贷款要求时,A公司指定银行为按揭银行,并提供按揭购房人信息；
● 银行对购房客户发放住房按揭贷款,资金直接进入A公司账户；
● 根据协议约定,银行从A公司账户扣收一部分款项用于归还本行开发贷款,同步对抵押部分进行解押,由开发商作为抵押主体变为购房客户抵押,顺利将开发贷款变为按揭贷款。

问题：
(1)分析在该笔房地产开发贷款中可能存在哪些风险因素？
(2)从材料来看,银行是如何防范和应对风险的？
6. 什么是项目融资？有哪些基本方式？
7. 一般来说项目融资业务风险较大,商业银行在开展业务过程中应加强哪些方面的管理来防范风险？
8. 举一个银团贷款的例子,并说明其操作流程。

参考文献

1. 江其务,周好文. 银行信贷管理[M]. 北京:高等教育出版社,2004.
2. 蔡鸣龙. 商业银行信贷管理[M]. 厦门:厦门大学出版社,2014.
3. 银行业专业人员职业资格考试办公室. 公司信贷[M]. 北京:中国金融出版社,2016.
4. 戚安邦. 贷款项目评估[M]. 北京:中国经济出版社,2007.
5. 立金银行培训中心. 商业银行对公授信培训[M]. 北京:中国金融出版社,2013.
6. 梅明华,李金泽. 项目融资法律风险防范[M]. 北京:中信出版社,2004.
7. 银监会. 固定资产贷款管理暂行办法[Z],2009-7.
8. 银监会. 项目融资业务指引[Z],2009-7.
9. 银监会. 银团贷款业务指引(修订)[Z],2011-8.
10. 银监会贷款管理办法起草小组. "三个办法,一个指引"培训讲义[Z],2010-3.

第八章 消费信贷管理

本章要点

- 消费信贷内涵、分类与特征
- 个人信用评分
- 个人住房贷款
- 信用卡
- 学生贷款
- 汽车贷款
- 耐用消费品贷款

本章重要概念

消费信贷；FICO；信用卡；住房抵押贷款

第一节 消费信贷概述

一、消费信贷内涵

消费信贷是指银行、消费金融公司等金融机构、非金融机构向消费者提供资金，用以满足特定消费需求的一种信贷方式。具体而言，个人消费信贷是指银行或其他金融机构采取信用、抵押、质押担保或保证方式，以货币形式向个人消费者提供的信用。

个人消费信贷不同于个人贷款。个人贷款是指银行或其他金融机构向符合贷款条件的自然人发放的用于个人消费、生产经营等用途的本、外币贷款。可见，个人贷款的概念大于个人消费信贷，它包括个人消费信贷和个人经营贷款两大类。个人经营贷款借款人主要是作为企业法人、公司股东等的个人，而个人消费贷款的贷款主体则为个人消费者或者其他符合银行贷款条件的对象。个人经营性贷款主要用于企业合法生产经营活动,例如流动资金周转、购置或更新经营设备、原材料、支付租赁经营场所租金、商用房装修等,借款人必须要提供相关用途证明材料。个人消费贷款则主要用于购置住房、车辆、大额耐用消费品、装修、海外留学等消费性个人贷款,也需要提供相关的消费用途证明。

由于消费信贷的产生和发展与经济发展阶段消费水平的高低有密切关系,因而它是经济发展到一定阶段,为满足消费者较高层次需求,解决现有购买力与消费需求不匹配,合理安排跨期消费水平的产物。西方国家消费信贷大多在第二次世界大战以后发展至今,其中在美国、西欧一些国家消费信贷占该国总体信贷额度的40%~60%。

自1985年中国建设银行深圳市分行发放首笔个人住房抵押贷款开始,个人消费信贷作为一种新兴的银行业务形式正式被引入我国,开创了个人与银行相互融资的全新的债权债务关系,丰富了金融市场体系,培育了多元化的消费需求,平衡了经济发展模式。继20世纪90年代以来,消费信贷历经缓慢起步、迅速发展阶段,2015年中国消费信贷规模达到19万亿,同比增长23.3%,预计2019年将达到41.1万亿。[①] 2016年政府工作报告中也指出要鼓励金融机构发展创新消费信贷产品,把消费作为扩大内需的主要着力点。[②]

二、消费信贷种类

根据不同分类标准,消费信贷可以分为下述几个类别:

按接受贷款对象划分,消费信贷分为买方信贷和卖方信贷。买方信贷是对购买消费品的消费者发放的贷款,如个人旅游贷款、个人综合消费贷款、个人短期信用贷款等。卖方信贷是以分期付款单证作抵押,对销售消费品的企业发放的贷款,如个人小额贷款、个人住房贷款、个人汽车贷款等。

按照有无抵押担保划分,分为抵押贷款、质押贷款、保证贷款和信用贷款等。

按照期限划分,分为短期贷款和中长期贷款。

按照利率划分,分为固定利率贷款和浮动利率贷款。

按照贷款方式划分,分为分期偿还贷款和一次性偿还贷款。

按照贷款用途限制与否划分,分为封闭贷款和开放贷款。

目前常见的个人消费信贷一般分为居民住宅抵押贷款、非住宅贷款以及信用卡贷款三大种类,其中非住宅贷款主要包括汽车贷款、耐用消费品贷款、教育贷款和旅游贷款等。

我国商业银行目前开展的消费信贷主要业务种类有:

[①] http://finance.sina.com.cn/roll/2016-03-22/doc-ifxqnnkr9849081.shtml,国际金融报,2016年3月22日。

[②] http://news.cnr.cn/native/gd/20160305/t20160305_521541067.shtml,央广网,2016年3月5日。

（一）住房类消费贷款

包括住房按揭贷款、个人住房贷款、个人住房公积金贷款、住房组合贷款、个人商业住房贷款、个人住房抵押额度贷款、住房装修贷款等。

（二）汽车消费贷款

包括住房抵押汽车消费贷款、有价证券质押汽车消费贷款、履约保险汽车贷款、零首付汽车贷款、出租车营运证质押汽车贷款（汽车不用于个人消费）等。

（三）教育贷款

包括国家助学贷款、经营性助学贷款、再学习贷款、留学贷款等。

（四）其他消费贷款

包括信用卡、个人短期贷款、个人综合消费贷款、旅游贷款、助业贷款、结婚贷款以及其他特定用途派生而出的贷款。

专栏 8—1

中国农业银行个人贷款

表 8—1 是中国农业银行当前提供的个人贷款的一览表，显然，包含了个人消费贷款和个人经营贷款。你能很好地区分吗？

表 8—1　　我国主要个人贷款品种：以农业银行个人信贷产品为例

种类	名称	内涵
安居好时贷系列	个人一手住房贷款	借款人在购买首次交易的住房（即房地产开发商或其他合格开发主体开发建设后销售给个人的住房）的贷款。
	个人二手住房贷款	借款人向农业银行申请的用于购买再交易住房的贷款。
	个人住房与公积金组合贷款	住房公积金中心和银行对同一借款人所购的同一住房发放的组合贷款。
	个人住房循环贷款	在农业银行或其他金融机构申请个人住房贷款的自然人客户，以贷款所购住房设定最高额抵押，向农业银行申请的可在约定期限（额度有效期）内循环使用的个人贷款。
	置换式个人住房贷款	向购买商品住房时全额付款的借款人发放的，用于置换其前期购房非贷款类债务并以该住房设定抵押的贷款。
	个人住房直客式贷款	借款人在购房时，先在我行申请贷款，后与首付款一次性支付给开发商，享受更多实惠的业务。
	个人住房非交易转按贷款	向借款人发放的，用于置换其在其他金融机构获得的个人住房贷款，并以该贷款所购住房设定抵押的贷款。
	个人住房接力贷款	具有完全民事行为能力的父亲（或母亲）与一名具有完全民事行为能力的儿子（或女儿）两者作为共同借款人向农业银行申请的个人住房贷款。
	个人住房贷款"还款假日计划"	已在农业银行获得个人住房贷款的借款人，可以申请在一段时期内暂时不归还贷款本息。

续表

种类	名称	内涵
消费好时贷系列	随薪贷	农业银行以信用方式向资信良好的个人优质客户发放的、以个人稳定的薪资收入作为还款保障的、用于满足消费需求的人民币贷款。
	个人汽车贷款	农业银行向个人客户发放的用于购买汽车的贷款,包括个人自用车贷款和个人商用车贷款。
	国家助学贷款	农业银行向正在接受高等教育的全日制本、专科学生(含高职学生)、研究生及攻读第二学士学位的在校学生发放的,用于支付学费、住宿费和基本生活费的人民币贷款业务。
	个人消费保证保险贷款	简称"消费保捷贷",是指农业银行为符合贷款条件并在保险公司购买个人信贷保证保险的借款人发放的用于个人合法消费用途的贷款。
	留学贷款	农业银行向正在申请或已获批准到境外就读高等院校本科(含)及以上学位的个人及其直系亲属、法定监护人发放的留学保证金、教育等相关费用的贷款。
	商业助学贷款	向境内高等院校学生,以及出国留学学生或其直系亲属、法定监护人发放的,用于支付学费、住宿费和基本生活费的贷款业务。
	家装贷	向已在农业银行办理按揭贷款的自然人发放的,用于其所购住房装修、购置家具家电等消费用途的信用贷款。
创业好时贷系列	个人助业贷款	农业银行向自然人发放的,用于合法生产经营的人民币贷款。
	个人一手商业用房贷款	借款人向农行申请购买首次交易的营业用房或办公用房,并以所购商业用房作为抵押物并按月向贷款人还本付息的贷款。
	个人二手商业用房贷款	贷款行向借款人发放的,用于借款人购买已经取得房地产权利证书并可以在房地产三级市场再次交易的营业用房或办公用房(以下简称商业用房)的贷款。
	旺铺贷	借款人以本人或配偶拥有所有权的已出租商业物业设定抵押,并用于特定用途的贷款。
特色贷款业务	"房抵贷"	借款人以本人或他人(限自然人)名下的房产作抵押,向农业银行申请一次性或循环使用的消费或经营用途的人民币贷款。
	个人综合授信贷款	农业银行根据个人客户取得抵质押、保证、综合信用情况,对个人客户确定最高授信额度,客户可在约定期限和最高授信额度内便捷地取得贷款的业务。
	卡捷贷	以借记卡作为支付介质,在个人贷款可用额度及额度有效期内,通过商户POS(不含房地产类商户)刷卡支付用于个人消费或生产经营,若卡内活期主账户余额不足,系统实时触发贷款,将刷卡差额部分发放至卡内活期主账户,连同自有资金一并支付。
	二手房交易资金托管	农业银行接受交易双方及中介三方委托或交易双方委托,对二手房交易资金进行存放、划转等操作的托管业务。
	个人自助循环贷款	借款人在农业银行获得了授信额度并签订相关协议后,可以通过电话银行、网上银行、自助终端等渠道,自助办理放款和还款的业务。

续表

种类	名称	内涵
特色贷款业务	个人理财产品质押贷款	农业银行以出质人合法拥有的未到期的个人理财产品为质押,为出质人办理用于生产经营或生活消费的个人贷款业务。
	个人住房"气球贷"	一种新的个人住房贷款还款方式:贷款利息和部分本金分期偿还,剩余本金到期一次偿还。
	个人质押贷款	借款人以个人拥有依法可质押的实物黄金或权利凭证作为质物提供担保,从农业银行取得一定金额的人民币贷款,并按期归还贷款本息的个人贷款业务。

资料来源:中国农业银行网站,http://www.abchina.com。

三、消费信贷特点

第一,消费信贷的借款人一般以自然人为主,而非一般法人或组织。

第二,消费信贷的贷款用途不以营利为目的,多用于消费性需求。

第三,消费信贷的贷款额度一般而言较小。

第四,消费信贷的贷款期限相对灵活,不同贷款种类期限由半年至 30 年不等。

第五,贷款风险大小差异大。部分消费贷款有抵(质)押物担保或保证,信贷资金的安全性相对有所保证。部分消费贷款则属于信用贷款,风险较高,如信用卡透支。而且,消费贷款具有明显的顺周期特点,风险大小与经济周期运行区间有很大关系,如住房抵押贷款。

四、消费信贷管理

(一)消费信用风险

消费信贷风险分为系统风险与非系统风险。系统风险是指由于宏观外部环境发生变化而产生的风险,如失业率上升、收入水平下降、需求萎缩等,又称为市场风险或不可分散风险。非系统风险则是由于借款者收入波动或恶意欺诈、道德风险等原因造成无法按期偿还贷款本息的风险。

(二)消费信用管理要点

消费信贷管理是为了防范消费信用风险而采取的管理制度,包括信用调查、信用记录、信用评价、授信管理、消费者失信惩戒等内容,主要管理要点如下:

1. 平衡贷款风险管理

平衡贷款风险性与盈利性关系,不同消费信贷产品盈利性与风险性发生冲突时,可选择高额收入能够弥补其相关风险的产品。

2. 加强信息数据管理

个人消费信贷业务开展的基础是对于消费者各类信息的收集、处理、加工,为

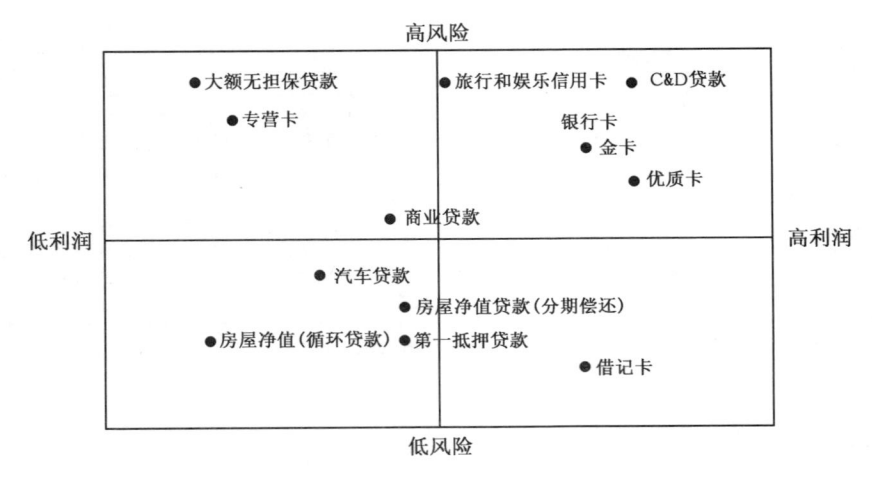

```
                          高风险

            ●大额无担保贷款        ●旅行和娱乐信用卡   C&D贷款
              ●专营卡                     银行卡
                                         ●金卡
                                            ●优质卡
    低利润                 ●商业贷款                        高利润

                       ●汽车贷款
                             ●房屋净值贷款(分期偿还)
         ●房屋净值(循环贷款)   ●第一抵押贷款
                                    ●借记卡

                          低风险
```

资料来源:李国全.零售银行消费信贷管理[M].北京:企业管理出版社,2010.

图8—1 消费信贷产品的风险/回报特征

信贷产品的设计、推广、使用等过程提供依据,贯穿整个信贷管理的全过程。

第二节　个人信用分析与评分

一、个人信用分析

就分析目的和分析内容而言,个人信用分析与企业信用分析都是为了规避信贷风险而对借款人的还款意愿和还款能力进行分析。由于消费信贷独特性质,决定了该类贷款的还款来源主要是借款人收入,因此个人信用分析着重于分析借款人的还款意愿及能力。国外商业银行个人信用分析主要采用两种方法:判断式和经验式。判断式主要分析借款人的个人财务状况(资产分析、收入分析、负债分析、综合分析),由此判断贷款申请人的信用状况;经验式主要通过消费信用评分体系,利用信用评价模型,判断借款人信用状况。

二、个人信用评分

个人信用评分最早起源于19世纪40年代末的美国,它是指将数学和统计学模型运用在信贷评估中,用于预测贷款申请者或现存借款人将来发生违约或拖欠的概率,同时根据信贷历史经验,评估受信人信用行为中履约意愿、履约能力、履约风险,综合评价后确定其信用等级。通过运用数理统计公式和规则,个人信用评分将受信人区分为信贷风险低的"好客户"和信贷风险高的"不良客户",为银行等授信者提供信贷决策依据。

个人信用评分模型主要包括判别分析法、回归分析法、分类树法、线性规划法、神经网络法、人工智能法等。提及个人信用评分模型，最为人们熟识的便是 FICO 评分模型，它是由美国个人消费信用评估公司开发的一种个人信用评级法，已经得到了社会的广泛接受。

（一）FICO 个人信用评分模型

作为美国使用最广泛的个人信用评分系统，FICO 一直是美国借贷行业贷款决策的重要参考标准，全美约 90% 的信贷决策是基于该系统做出的。[①] 美国三大信用局（Equifax、Experian、TransUnion）均采用由 Fair Isaac Company 设计的个人信用评分系统，FICO 评分系统也由此得名。该模型利用高达 100 万的大样本数据首先将申请人的"5C"指标——品格（Character）、能力（Capacity）、资本（Capital）、抵押（Collateral）和环境（Condition）——进行具体量化，再将深度指标分档计分，加权得出最终得分，[②]理论分值为 300～850 分，分数越高则个人信用风险越小，具体分段标准如表 8－2 所示。FICO 评分较为客观公正地评估了受信人的信用风险，规避了性别、宗教、种族、国籍等因素，缩短了交易时间，提升了交易效率。

表 8－2　　　　　　　　　　FICO 分数与等级

FICO 分数	等级	含义
800 分以上	极好	➤ 远高于美国消费者平均分数 ➤ 表明信用风险极低
740～799 分	很好	➤ 高于美国消费者平均分数 ➤ 表明信用风险很低
670～739 分	好	➤ 接近或者稍高于美国消费者平均分数 ➤ 表明信用风险较低，大多数贷款者认可
580～669 分	较好	➤ 低于美国消费者平均分数 ➤ 表明有一定信用风险，但仍有一部分贷款者同意发放贷款
<580 分	很低	➤ 远低于美国消费者平均分数 ➤ 表明信用风险高

FICO 评分模型中所关注的主要因素有五类，分别是客户的信用偿还历史、信用账户数、使用信用年限、新开立的信用账户、正在使用的信用类型。[③]

1. 偿还历史

该因素是影响 FICO 得分的最重要部分，约占总影响因素的 35%。偿还历史

[①] http://www.myfico.com/CreditEducation/CreditScores.aspx：Understanding your FICO® Scores.
[②] 美国个人信用体系介绍，http://credit.cngold.org/c/2011-08-26/c610869.html。
[③] 希财咨询 FICO 信用评分模型简介，http://www.csai.cn/p2pzixun/833396.html。

主要反映借款者账户历史偿还欠款情况,是否存在逾期还款行为。其内容主要包括:信用卡、零售账户、分期偿还贷款等各类信用账户的还款情况;破产记录、留置权记录及判决等公开记录和支票存款记录情况;逾期偿还的天数、金额、次数等具体情况。

2. 信用账户数

该因素占总影响因素的30％。该因素分析客户的信用账户数目,评估客户还款能力,从而防止客户有限的还款能力被稀释,造成信用违约风险。

3. 使用信用年限

该项因素占总影响因素的15％。信用历史与FICO分数一般而言呈正相关关系。

4. 新开立的信用账户

该项因素占总影响因素的10％。随着科学技术的升级换代,支付手段不断变革,人们为便利生活倾向于开立更多信用账户,FICO综合考察客户开立新账户数、新账户账龄等因素来评估客户总体信用风险。

5. 正在使用的信用类型

该项因素占总影响因素的10％,主要分析客户的信用卡账户、零售账户、分期付款账户、金融公司账户和抵押贷款账户的混合使用情况,具体包括持有的信用账户类型和每种类型的信用账户数。

(二)我国商业银行个人信用评分

我国不同商业银行个人信用评分标准不尽相同,但基本内容及原理相同,通过考察客户自然情况(包括年龄、性别、文化程度、婚姻状况等因素)、职业情况(包括单位性质、行业类别、职务职称、工作年限、个人收入等因素)、家庭情况(包括家庭人均收入、住房情况等因素)等不同层面划分个人信用等级。

(三)我国的个人信用征信体系

1. 中国人民银行征信中心

中国人民银行征信中心作为中国人民银行的直属事业单位,统一负责我国个人和企业征信系统的建设、运行和管理。

个人征信系统记录了客户与银行之间发生的信贷交易的历史信息,与其相关的信贷业务数据、基本信息和账户信息会被报送至个人征信系统,从而形成个人信用报告。

2. 个人信用报告

按照中国人民银行征信中心定义,个人信用报告是指:"征信机构出具的记录个人过去信用信息的文件,是个人的经济身份证,它可以帮助交易对方了解信用状况,方便达成经济金融交易。"其主要信息主要有六个方面:公安部身份信息核查结果、个人基本信息、银行信贷交易信息、非银行信用信息、本人声明及异议标注和查询历史信息。个人信用报告的使用目前仅限于商业银行、依法办理信贷的金融个人信用报告机构(主要是住房公积金管理中心、财务公司、汽车金融公司、小额信贷公司等)和人民银行,消费者也可以在人民银行获取到自己的信用报告。据使用对象的不同,个人征信系统提供不同版式的个人信用报告,包括银行版、个人查询版和征信中心内部版三种版式,分别服务于商业银行类金融机构、消费者和人民银行。[①]

个人查询信用报告流程为:

(1)本人查询信用报告

携带本人有效身份证件原件及一份复印件(其中复印件留给征信分中心备查),到中国人民银行各地分支行、征信分中心查询。目前,征信中心不通过电话和互联网提供信用报告查询服务。

(2)委托他人查询信用报告

需要携带的材料有委托人及代理人双方的身份证件原件及复印件、授权委托书。其中身份证件复印件和授权委托书留给征信分中心备查。另可自备填写完成《个人信用报告本人查询申请表》。

3. 个人信用报告的主要内容

个人信用报告主要由信用报告头、信用报告主体、信用报告说明三个部分构成。

(1)信用报告头

信用报告头主要包括报告编号、报告时间、查询信息等内容。

(2)信用报告主体

信用报告主体由基本信息、信用交易信息、特殊交易信息、特别记录、本人声明、查询记录六段组成,主要展示了被征信人的基本信息和信用信息。报告主体最值得关注的部分应是对于被征信人不良记录相关信息,主要包括下述内容:

第一,恶意逾期记录。主要记录被征信人信用卡、助学贷款、其他贷款未按期及时还款、逾期次数较多、逾期时间较长的情况记录。

第二,个人负债及担保情况。主要反映被征信人已有负债情况,如若比例过高或者为他人担保巨额负债,则存在一定违约风险。

第三,征信情况被查询次数。查询情况次数多证明被征信人借贷需求高,存在一定违约风险。

(3)信用报告说明

信用报告说明是对信用报告内容的一些解释信息和征信服务中心对信用报告

---

① 中国人民银行征信中心,http://www.pbccrc.org.cn/zxzx/grzx/201310/f4df4e51761540b7b5e9c71eadb8a50c.shtml。

所涉及的权利和责任的说明。

表8—3　　　　　　　　　个人信用报告主体内容

序号	字段名称	字段内容	具体数据
1	基本信息	被征信人身份信息、居住信息、职业信息	姓名、性别、证件类型、证件号码、出生日期、学历、地址、配偶姓名等
2	信用交易信息	被征信人的信用交易历史和现状,包括汇总信息和明细信息	银行信贷信用信息汇总、信用卡汇总信息、准贷记卡汇总信息、贷记卡汇总信息、贷款汇总信息、为他人贷款担保汇总信息和信用卡明细信息、贷款明细信息、为他人贷款担保明细信息等
3	特殊交易信息	被征信人在商业银行发生的特殊信用交易的总体情况	展期（延期）、担保人代还、以资抵债等
4	特别记录	应引起注意的信息	诸如欺诈、被起诉、破产、失踪、死亡、核销后还款等负面信息
5	本人声明	描述消费者本人对信用报告某些内容的解释和说明	
6	查询记录	显示何人（或机构）在何时、以何种理由查询过该人的信用报告	

第三节　个人住房贷款管理

一、个人住房贷款概述

（一）个人住房贷款定义

住房贷款是银行或其他金融、非金融机构向房屋的购买者提供的任何形式的购房贷款支撑,通常以所购房屋为抵押。作为应用最为广泛的个人消费信贷业务之一,一般采取公积金贷款、商业贷款、组合贷款三种信贷形式。

住房公积金个人购房贷款是指当履行住房公积金缴存义务的职工购买具有所有权的自住住房时,以所购本市城镇自住住房作为抵押物的贷款方式,可以按规定申请住房公积金个人购房贷款。①

个人住房商业性贷款,又称"按揭",是银行用其信贷资金所发放的自营性贷款。具体指具有完全民事行为能力的自然人,购买本市城镇自住住房时,以其所购买的产权住房（或银行认可的其他担保方式）为抵押,作为偿还贷款的保证而向银行申请的住房商业性贷款。

个人住房组合贷款一般是指住房公积金贷款和住房商业贷款两项贷款的合

---

① 中国社保网,http://www.spicezee.com/zhishi/gongjijin/31556.html。

称。

(二)个人住房贷款种类

根据不同的划分标准,个人住房贷款有不同分类:

(1)按照资金来源划分,个人住房贷款包括自营性个人住房贷款、公积金个人住房贷款和个人住房组合贷款。

(2)按照住房交易形态划分,个人住房贷款可分为新建房个人住房贷款、个人再交易住房贷款和个人住房转让贷款。

表8—4　　　　　　　　　个人住房贷款:按住房交易形态划分

名　　称	俗　　称	特　　征
新建房个人住房贷款	个人一手房贷款	用于在一级市场上购买住房的贷款
个人再交易住房贷款	个人二手房住房贷款	用于购买在住房二级市场上合法交易的各类型个人住房的贷款
个人住房转让贷款	—	当尚未结清个人住房贷款的客户出售用该贷款购买的住房时,银行用信贷资金向购买该住房的个人发放的个人住房贷款

(3)按照贷款利率的确定方式划分,个人住房贷款可分为固定利率贷款和浮动利率贷款。

表8—5　　　　　　　　　个人住房贷款发展概况

阶　段	特　征	标志事件
起步阶段 (1995～1998年)	停止住房的实物分配,逐步实行住房货币化;建立和完善以经济适用住房为主的多层次城镇住房供应体系;发展住房金融,培育和规范住房交易市场	《关于深化城镇住房制度改革的决定》; 《中共中央关于建立社会主义市场经济体制若干问题的决定》; 《政策性住房信贷业务管理暂行规定》; 《商业银行自营住房贷款管理暂行办法》; 《个人住房担保贷款管理试行办法》; 《关于进一步深化城镇住房制度改革,加快住房建设的通知》
发展阶段 (1998～2000年)	从优惠利率、贷款额度和贷款期限等方面对个人住房贷款实行了多项鼓励政策	《关于加大住房信贷投入支持住房建设与消费的通知》; 《关于改进金融服务、支持国民经济发展的指导意见》; 《个人住房贷款管理办法》; 《关于开展个人消费信贷的指导意见》; 《关于调整个人住房贷款期限和利率的通知》
规范阶段 (2001～2002年)	规范由于前期快速发展过程中出现的放松信贷条件、违规放贷情况,强化个人住房贷款管理	《关于规范住房金融业务的通知》

续表

阶 段	特 征	标志事件
调控阶段 （2003年至今）	进入连续调控阶段	2003年,最低首付款比例下调至20%; 2005年,新旧国八条; 2006年,最低首付款比例正式提高到30%,国六条、国十五条、70/90政策; 2007年,"9·27"房贷新政; 2008年,在经济刺激政策的背景下,首付款比例重新下调到20%,国十三条; 2009年,国四条; 2010年4月又重新回调到30%,限购令; 2011年,新国八条; 2012年,严打小产权房; 2013年,新国五条; 2014年,"9·30"房贷新政; 2015年,三月新政,非限购城市降至25%

资料来源:根据周刚,吴洁徽.我国个人住房贷款业务的发展历程[J].西部论丛,2006(6)及其他资料整理。

总体而言,中国个人住房抵押贷款的规模虽然随着住房市场的发展而迅速增长,截至2016年12月末,我国个人购房贷款余额19.14万亿元,同比增长35%,全年增加4.96万亿元,同比多增2.31万亿元。[①] 但是与发达国家相比,中国的住房抵押贷款体系仍然处于起步阶段,采用抵押贷款购房的家庭数量相对较少,金融机构提供的抵押贷款形式也比较单一,主要以浮动利率等额还款为主。

二、个人住房贷款管理

个人住房贷款基本流程可分为:业务申请与受理、调查、审查、审批、用信与贷款支付、贷后管理。

（一）业务申请与受理

借款人通过柜台、电话、信件、网上银行、电子邮件、自助设备等方式和渠道,向我行个贷业务经营机构提出个贷业务申请。借款人也可以通过经农业银行授权的房地产开发商等机构提出申请。经营行根据借款人的信贷需求、基本条件,决定是否受理借款人申请。如不予受理,应及时告知申请人;如同意受理,应及时将相关材料移交调查岗调查。

（二）调查

经营机构调查人员负责贷款调查,要确保做到面谈面签,不得委托第三方代为调查,总行有明确规定或批复同意的情况除外。调查人员对调查材料以及CMS系统录入数据和上传资料的准确性、完整性、真实性、有效性负责。对大额个贷业

---

① 上海证券报·中国证券网,http://www.cnstock.com/。

务实行双人调查。

(三)审查、审批

审查审批中心或有权审批行审查岗负责个贷业务的审查。审查环节对个贷业务的合法合规性、合理性、风险揭示的充分性承担责任。审查人员审查调查环节相关资料的完整性、有效性,并有权要求补充完善。根据审查审批情况,审查员须给出"同意"或"否决"的审批结论,并表述否决理由。

(四)用信与贷款支付

用信与支付管理的内容包括落实批复条件、合同签订、抵质押登记、放款审核、支付管理等。个贷业务资金支付分为受托支付和自主支付两种方式。采取受托支付方式的,应核实贷款用途及证明材料(如交易合同等)是否符合规定;贷款采取自主支付方式的,应审核贷款额度及用途是否符合资金自主支付的规定,借款人是否按规开立存款账户。审核完毕后,打印借款凭证、放款通知单,送交会计结算人员办理会计放款。

(五)贷后管理

贷后管理的内容包括负责贷款发放后的日常管理、贷后检查、逾期贷款催收和处理等工作,最终确保贷款到期后正常收回。

图 8-2 是一个典型的个人商业性住房贷款流程图。

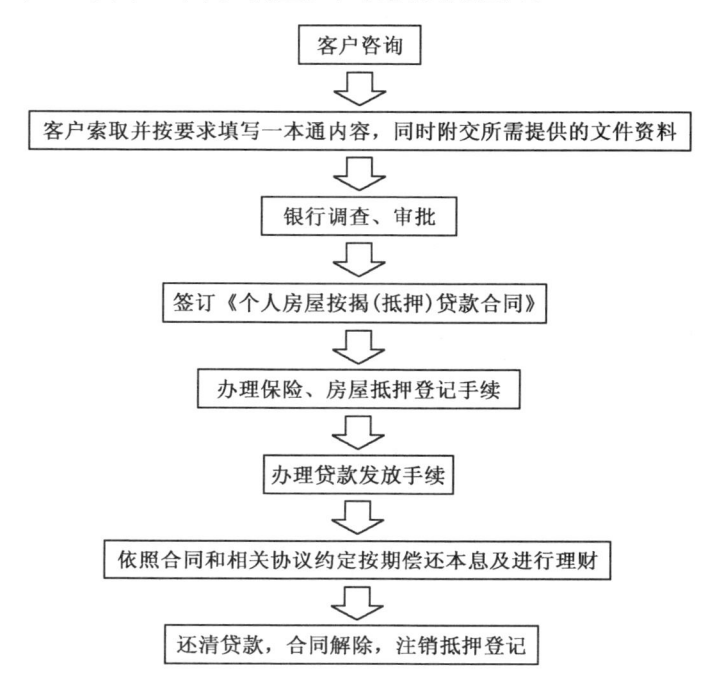

```
客户咨询
   ↓
客户索取并按要求填写一本通内容,同时附交所需提供的文件资料
   ↓
银行调查、审批
   ↓
签订《个人房屋按揭(抵押)贷款合同》
   ↓
办理保险、房屋抵押登记手续
   ↓
办理贷款发放手续
   ↓
依照合同和相关协议约定按期偿还本息及进行理财
   ↓
还清贷款,合同解除,注销抵押登记
```

图 8-2 个人商业性住房贷款流程

三、个人住房贷款还款

(一)还款方式

1. 等额本息还款法

(1)内涵特征

等额本息还款法是指借款人将贷款的本金与利息相加后,将此总金额平均分摊到还款期限的每个月中,到期日前全部还清本息。按照该方法借款人每月偿还固定金额,且每月还款额中本金比重逐月递增、利息比重逐月递减。

(2)计算公式

$$PVA = A(1+i)^{-1} + A(1+i)^{-2} + \cdots + A(1+i)^{-(n+1)} + A(1+i)^{-n}$$
$$= A \frac{1-(1+i)^{-n}}{i} = A \cdot PVIFA_{i,n}$$

$$每月还本付息金额 = \frac{[本金 \times 月利率 \times (1+月利率)^{还款月数}]}{(1+月利率)^{还款月数} - 1}$$

(3)适用对象

等额本息还款法由于每月偿还相同数额贷款,因此适用于有稳定收入的借款人群。

2. 等额本金还款法

(1)内涵特征

等额本金还款法是指借款人将贷款本金平均分摊至还款期限内每个月中,与此同时偿付上一个还款日至本次还款日期间的剩余贷款的利息。按照该方法偿还贷款,每月偿还等额贷款本金,同时偿还剩余贷款在该月产生的利息。

(2)计算公式

$$每期应还款数额 = 当期还本额 + 当期利息$$
$$当期还本额 = 贷款本金/贷款期数$$
$$当期利息 = 上期剩余本金 \times 期利率$$
$$= (贷款本金 - 已还期数 \times 每期还本额) \times 期利率$$

(3)适用对象

等额本金还款法贷款偿还前期还款金额较多,后期逐渐减少,适用于目前有一定经济基础、收入较高,未来由于退休等原因导致收入减少的借款人群。

3.气球贷

"气球贷"是一种在还款期内分期等额偿还贷款利息和部分本金,到期一次性偿还剩余较大金额本金的还款方式,因为类似于气球及其所系的线,故得名。

"气球贷"月供压力小,贷款买房更轻松;通过"气球贷",可以选择一个较短的贷款期限(3年、5年或10年),但以较长的期限(如30年)来计算月供,每月还款压力自然减少,实现轻松还贷。

"气球贷"主要适用人群为购买住房、写字楼、商铺、商务公寓等房产,需要按揭贷款的客户;以自有住房、写字楼、商铺、商务公寓等房产做抵押,需要抵押贷款的客户;在其他银行已有按揭贷款、抵押贷款的客户,也可将贷款转入,同时申请"气球贷"。

(二)还款计算工具

个人住房贷款的还款计算工具,目前主要有三种途径:第一,通过专业人士代为计算;第二,通过银行网站提供专业个人贷款计算器计算或通过主要门户网赚提供理财计算器计算;第三,通过 EXCEL 财务函数计算。

第四节 信用卡业务管理

一、信用卡业务概述

(一)信用卡概念

根据中国人民银行 1995 年 1 月 5 日发布的《银行卡业务管理办法》,银行卡是指商业银行向社会发行的具有消费信用、转账结算等全部或者部分功能的信用支付工具,包括借记卡和信用卡,其中信用卡又分为贷记卡和准贷记卡。2004 年 12 月 29 日,第十一届全国人大常委会第十三次会议明确了在刑法中提及的信用卡是指由商业银行或者其他金融机构发行的具有消费支付、信用贷款、转账结算、存取现金等全部功能或者部分功能的电子支付卡。[1] 按照国际惯例,信用卡(credit card)是指具有循环信贷、转账结算、存取现金等功能设计和"先消费,后还款"、无须担保人和保证金、可按最低还款额分期还款等特点的个人信用和支付工具。[2]

(二)信用卡分类

根据卡片的业务特质差异,银行卡可以按账户性质、结算币种、发行对象、发卡合作方式或卡片信息存储特征等进行类别划分。[3]

表 8—6　　　　　　　　　　信用卡种类

序号	分类标准	种　类
1	按账户划分	贷记卡与准贷记卡
2	按结算币种划分	人民币卡与外币卡

---

[1] 林功实,林健武. 信用卡[M]. 北京:清华大学出版社,2006.
[2] 吴洪涛. 商业银行信用卡业务[M]. 北京:中国金融出版社,2003.
[3] 1999 年 1 月 5 日,中国人民银行出台《银行卡业务管理办法》,对银行卡的称谓和分类给予了明确定义。

续表

序号	分类标准	种类
3	按发行对象划分	单位卡和个人卡
4	按发卡合作方式划分	联名卡与认同卡
5	按卡片信息存储特征划分	磁条卡与芯片卡（IC卡）

信用卡分类，无论采用何种划分方式，都并非完全孤立和持续不变。一项信用卡产品按不同维度划分也往往都会同时归属不同类型。随着新技术的不断应用以及市场对信用卡功能需求的变化，信用卡的分类也将变得更加丰富。

专栏 8—2

农业银行丰富的信用卡产品

为满足客户需求，商业银行会发行不同的信用卡产品。以农业银行为例，其信用卡产品就十分丰富。参见表8—7。

表8—7 　　　　　　　　　农业银行信用卡产品

系列	信用卡	主要特色
标准系列	乐卡	乐享周六；屈臣氏满120最高立减60
车主系列	安邦车主信用卡	刷享保障，安享畅行刷卡购险返价值保费25%的刷卡金
	ETC信用卡	全国通行，ETC电子缴费；车险低至64折，办卡送OBU高速通行费；9折加油满仟返佰；一元洗车；月刷月有礼
	金穗XCAR IC卡	国内首张网络媒体类联名贷记卡，为爱车人士量身定制
商旅系列	环球商旅信用卡	境外消费返现；航空保险保障；境外商旅服务首年免年费，全年刷卡满5次免次年年费；新户消费达标送龙腾出行贵宾厅、50元机场美食券
	金穗悠游世界信用卡	悠然游世界，尊享无国界；首年免年费，全年刷卡满5次免次年年费；全球消费"0"货币转换费
	全球支付芯片卡	任意外币消费免货币转换费；境外消费双倍积分；EMV国际芯片标准。境外消费，笔笔返，最高返10%；线上海淘1美元赠1航空里程；办理全球签证，轻松免服务费；外币分期，享3期、6期零手续费
	厦航白鹭联名信用卡	快速累积厦航奖励积分；高额航空意外险；白金卡机场贵宾室等商旅出行服务；EMV卡任意外币消费免货币转换费；境外消费双倍积分；EMV国际芯片标准。办联卡送农行积分和机票优惠券，消费满额直接送机票；办EMV卡再送限量版飞机模型
	吉祥航空联名IC信用卡	快速累积吉祥积分；高额保险；白金卡机场贵宾室等超值服务

续表

系列	信用卡	主要特色
商旅系系	金穗汉庭东方万里行联名卡	快速累积东方万里行积分;高额航意险和盗刷险;汉庭酒店门禁卡和会员折扣优惠
	金穗携程旅行信用卡	双卡合一;高额航意险和盗刷险
	金穗海航联名卡	快速累积海航里程;高额航意险和盗刷险
	中国旅游IC信用卡	年轻乐游族 旅行"芯"体验
	金穗台湾旅游卡	大陆首张台湾旅游主题信用卡,境外刷卡双倍积分,免收信用卡货币转换费
女性系列	农行漂亮升级妈妈信用卡	知名母婴商户特惠;儿童早教培训优惠;首年免年费,全年刷卡满5次,免次年年费;京东、一号店等周六满120减30
白金系列	悠然白金信用卡	悠然享白金,优越再晋级;免费预约专家挂号;最高5万元盗失险;1元机场停车
	尊然白金信用卡	尊贵境界 从心品味;5万积分,或当年刷满30次,可兑换年费尊享商旅出行、高额保险、健康管理
	金穗网球白金信用卡	国内首张白金级网球主题信用卡产品,华贵优雅的品位,释放新势力族群的独特魅力,细致多彩的特色网球服务,打造网球一族必备的贴身伴侣
年轻系列	农行房贷客户专属信用卡	供优惠的分期服务,为您今后的家装、购车、婚庆等大额开销提供优惠的资金支持
	金穗QQ联名IC信用卡	终身免年费
	喜羊羊与灰太狼联名卡	多款时尚卡面,7.5折积分专区礼遇
	优卡	为广大高校学子度身打造的专属银联贷记卡产品,使在校学生能够及早享受到便捷的金融服务,培养信用消费理念
公务系列	穗中央预算单位公务卡(金穗地方预算单位公务卡)	面向中央(地方)预算单位在职人员发行的贷记卡个人金卡产品。具有先消费、后还款,挂失零风险等功能
	金穗公务卡	面向各级政府部门、各级政府部门所属预算单位、国有大中型企业在职人员发行的贷记卡个人金卡。具有"先消费、后还款"、一卡双币、最长56天免息期、消费可选密码、挂失后零风险等基本服务功能
	金穗军队单位公务卡(金穗军队单位装备经费公务卡)	向军队在职工作人员发行的银联品牌个人贷记卡金卡,具有一定透支额度与透支消费免息期,主要用于日常公务支出和财务报销业务。军队公务卡实行"一人一卡"实名制,由申请人向银行申请和签订合约,并由申请人持有、使用和保管
	金穗武警部队公务卡(金穗武警边防部队公务卡)	面向中国人民武警警察部队发行的银联品牌个人贷记卡金卡,具有一定透支额度与透支消费免息期,主要用于日常公务支出和财务报销业务。该卡实行"一人一卡"实名制,由申请人向银行申请和签订合约,并由申请人持有、使用和保管

续表

系列	信用卡	主要特色
其他系列	金穗环保卡	国内首张环保主题贷记卡,引领绿色生活
	金穗乐分卡	为信用卡专项分期业务设计的专用产品
	金穗温州商人卡	商旅服务更全面,温商的身份象征
	金穗新华社读者联名信用卡	中国农业银行与新华社浙江分社合作发行的联名信用卡,客户持有"新华社读者卡",将以新华社核心读者和农业银行金卡持有者的双重身份,享受新华社、中国农业银行、中国石化浙江石油分公司、浙江省邮政公司、浙江省级机关事务管理局共同提供的系列服务和优惠项目
	金穗浙江都市网联名卡	中国农业银行与浙江都市网联合在浙江地区发行的双币种信用卡,包括个人金卡与普卡,具备金穗贷记卡所有服务,还特有购物消费优惠功能,为持卡人打造精彩生活
	金穗影迷卡	电影主题信用卡。该卡除具备金穗信用卡个人卡的所有金融功能外,还具有与电影有关的系列增值服务,包括:购票折扣、影片鉴赏、影迷活动、电影资讯等。目前在广东地区发行(深圳地区除外)
	中国旅游卡(广东海陵岛)	IC联名卡,相关地域旅游景点、博物馆门票折扣,海陵岛内超过70家加盟商家折扣优惠

资料来源:中国农业银行网站,http://www.abchina.com/cn/。

(三)信用卡功能特点

信用卡主要有支付结算、汇兑转账、特惠商户、个人信用、循环授信等功能。

我国信用卡还具有以下特点:

第一,具有一定授信额度,先消费后还款,提取现金按天收取利息;

第二,存款无利息收入;

第三,还款时,在免息还款期内免收利息,不同银行一般为20～60天不等,利息一般为按日单利计息,按月付利计息;

第四,还款时,有最低还款额,客户选择最低还款额还款,将继续享用循环信用,但不再享受免息还款待遇;

第五,对未能按期以最低还款额还款,征收惩罚性利息或滞纳金,恶意透支的,要承担法律责任。

二、信用卡业务管理

(一)授信额度

授信额度是指商业银行根据申请人的资信状况等为其核定、在卡片有效期内可以使用的透支限额。授信额度分为信用额度、保证担保额度、质押担保额度和抵押担保额度。以免担保方式获得的授信额度为信用额度,以保证担保方式获得的授信额度为保证额度,以质押担保方式获得的授信额度为质押额度,以抵押担保方式获得的授信额度为抵押额度。

（二）还款

信用卡到期还款需注意交易日、记账日、账单日、到期还款日的特殊日期。还款方式可以全额还款,或者偿还银行规定一个计息周期内的最低还款额,持卡人未能在到期还款日之前偿还最低还款额,则应按最低还款额未偿还部分的一定百分比支付滞纳金。

表 8—8　　　　　　　　　信用卡利息计算相关日期概念

序号	相关日期	相关内涵
1	交易日	指持卡人实际消费、存取现、转账交易或与相关机构实际发生交易的日期
2	记账日	指发卡机构在持卡人发生交易后将交易款项记入其信用卡账户,或根据规定将费用、利息等记入其信用卡账户的日期
3	账单日	指发卡机构每月对持卡人的累计未还消费交易本金、取现交易本金、费用等进行汇总,结计利息,并计算出持卡人应还款额的日期
4	实际还款日	指持卡人以存现、转账等方式向发卡机构偿还其欠款的日期,以发卡机构收到客户还款资金的实际日期为准
5	到期还款日	发卡机构规定的持卡人应该偿还其全部应还款额或最低还款额的最后日期

（三）计息与收费

信用卡透支余额部分银行收取投资利息,人民币账户计收人民币,外币账户计收外币。超额存款部分一般不支付利息。除了向持卡人按年度收取年费,发卡行有时还征收国际结算费等其他服务费。

三、信用卡风险管理

信用卡业务风险管理是指运用先进技术、手段及分析工具针对信用卡业务风险进行有效识别和分析,并及时采取有效防范、控制措施,消除和化解风险,将风险控制在一定范围内的过程。

（一）信用卡风险的种类

信用卡风险主要分为信用风险及操作风险。

1. 信用风险

信用风险是指债务人及担保人违反约定,不能按时足额归还所欠银行贷款本息而给银行带来损失的可能性或不确定性。影响信用风险的因素与国家宏观经济状况、行业中观发展状况、企业微观效益状况以及借款人本身债务程度均息息相关。

2. 操作风险

操作风险是指由于内部程序不完善、操作人员差错或舞弊、IT系统失灵或技术失误、外部事件等给银行造成损失的风险。常见导致操作风险的主要原因有由于债务人或者第三方从事欺诈活动在信用卡申请环节及交易环节时产生，或由于信用卡业务外包过程中导致。

(二)信用卡风险管理要点

1. 风险的预防

所谓信用卡风险的预防策略，是指发卡行在风险尚未发生时，通过预防性措施，运用有效的监测方式和监测指标体系等，持续、动态捕捉来自于持卡人、特约商户、第三方或发卡行自身的不同层面的各类风险指标变动情况，密切关注可能引发的风险事件，并采用积极有效的措施防止风险进一步扩散。

2. 风险的处置

所谓信用卡风险的处置，是指发卡行通过贷款催收，采取短信、电话、信函、上门、委外、法务等方式，提醒和督促信用卡贷款债务人及贷款担保人按时还清贷款本金、利息及相关费用的行为，经贷款催收后仍无法收回全部或者部分贷款，则应当按照呆账核销相关规定和程序申报核销，及时消除信用风险隐患。

3. 风险的补偿

所谓信用卡风险的补偿，是指发卡行通过建立风险准备金制度，在日常信用卡管理工作中提取部分利润建立风险准备，以减少或者避免信用卡业务的损失。

第五节　其他消费信贷管理

一、个人教育贷款

(一)定义

个人教育贷款是银行向在读学生或其直系亲属、法定监护人发放的用于满足其就学资金需求的贷款。主要包括两大产品，分别是国家助学贷款和商业助学贷款。

(二)种类

1. 国家助学贷款

国家助学贷款是由国家指定商业银行面向在校的全日制高等学校中经济确实困难的本专科学生(含高职学生)、研究生以及第二学士学位学生发放的，用于帮助他们支付在校期间的学费和日常生活费，并由教育部门设立"助学贷款专户资金"

给予财政贴息的贷款。它是运用金融手段支持教育，资助经济困难学生完成学业的重要形式。

2. 商业助学贷款

商业助学贷款是指银行按商业原则自主向个人发放的用于支持境内高等院校困难学生学费、住宿费和就读期间基本生活费的商业贷款。

（三）特点

个人教育贷款与其他个人消费贷款相比，有如下特点：

第一，特定贷款用途与方式。个人教育贷款主要是用于支持教育事业，得到国家政策支持。

第二，特定贷款对象。个人教育贷款借款者多为在校学生，由于缺乏收入保障及财产担保，贷款多为信用贷款，有一定的不确定性。

（四）要素

1. 贷款对象

国家助学贷款的贷款对象是中华人民共和国境内的（不含香港特别行政区和澳门特别行政区、台湾地区）普通高等学校中经济确实困难的全日制本专科生（含高职生）、研究生和第二学士学位学生。

2. 贷款利率

国家助学贷款的利率执行中国人民银行规定的同期贷款基准利率，不上浮。如遇中国人民银行调整贷款利率，执行中国人民银行的有关规定。

3. 贷款期限

原国家助学贷款管理办法规定国家助学贷款的期限最长不得超过8年，新国家助学贷款管理办法规定借款人必须在毕业后6年内还清，贷款期限最长不得超过10年。贷款学生毕业后继续攻读研究生及第二学位的，在读期间贷款期限相应延长，贷款期限延长须经贷款银行许可。

4. 还款方式

还款方法包括等额本金还款法、等额本息还款法两种，但借款人须在"借款合同"中约定一种还款方法。

学生在校期间的贷款利息全部由财政补贴，毕业后开始偿还贷款本息，原国家助学贷款管理办法规定学生自毕业之日起开始偿还贷款本息，新国家助学贷款管理办法规定首次还款日应不迟于毕业后两年。

5. 担保方式

国家助学贷款的担保方式采用的是个人信用担保的方式。

6. 贷款额度

新国家助学贷款管理办法的贷款额度为每人每学年最高不超过6 000元，总额度按正常完成学业所需年度乘以学年所需金额确定，具体额度由借款人所在学校的总贷款额度,学费、住宿费和生活费标准以及学生的困难程度确定。每所院校的贷款总量根据全国和省级国家助学贷款管理中心确定的指标控制。

(五)流程

1. 提出申请

由借款人向学校提出申请,填写《贷款银行国家助学贷款申请表》,学校对借款人的身份证件及其家庭经济困难情况证明材料的真实性进行初审,并出具意见。贷款行不直接受理借款人的申请。

2. 受理及审批

贷款行收到学校送达的借款人申请表及有关资料后,应对借款人申请资料的真实性和完整性进行调查核实,并审查学校是否已签署初审意见、贷款总量是否未超过相应助学贷款管理部门核定给该学校的贷款控制总量。将审查同意发放贷款的学生名单及金额通知借款人所在学校,由学校通知学生。

3. 发放贷款

贷款申请被批准后,学校根据经办银行提供的借款学生名册,在10个工作日内完成组织学生填写、签署借款合同及借据的工作,并提交经办银行。国家助学贷款实行借款人一次申请、贷款行一次审批、单户核算、分次发放的方式。

4. 贷后管理

借款人因毕业、结业、肄业、退学、转学、出国、被取消学籍等原因离校,应在离校前与贷款行签订《国家助学借款还款补充协议》(以下简称《补充协议》)。《补充协议》签署后,学校方可为借款人办理离校手续。贷款行须取得借款人离校后的联系方式。借款人毕业、结业、肄业的,贷款行应取得其工作单位的相关信息。

5. 贷款偿还

毕业离校60日前,学校应组织借款学生与经办银行办理还款确认手续,经办银行会派人上门服务,为借款学生讲解还款有关事宜,并解答借款学生的咨询。借款人应按《借款合同》和《补充协议》的规定偿还贷款本金和利息。借款人可以与贷款行约定还款账户定期扣款或到贷款行营业网点偿还贷款。对于提前偿还贷款的,借款人应符合贷款行规定的条件并按照贷款行规定的有关手续办理。

国家助学贷款整体违约率较低,2014年整体违约率仅为1.75%[①],但在某些地区却面临尴尬境地,不良贷款率高居不下。据中国产经新闻消息称,截至2013年底,某银行发放国家助学贷款9 257笔,贷款金额4 787.68万元,其中不良贷款548.89万元,不良贷款率达到11.47%;其中在违约情况严重的贵州,截至2012年底,贵州高校逾期违约金额628万元,违约率达29.84%;即使是广受好评的生源

---

① 腾讯评论,http://view.news.qq.com/original/intouchtoday/n3219.html。

地信用助学贷款,违约率也达到了 25.47%。[①] 除了就业环境恶化等客观原因,部分学生重视不够、道德约束出现摇摆等主观原因也是产生贷款违约的重要因素。准确评估、预防借款人还款能力风险、还款意愿风险、还款行为风险是贷款管理难点之一。

专栏 8—3

农业银行生源地贷款

生源地信用助学贷款是指国家开发银行等金融机构向符合条件的家庭经济困难的普通高校新生和在校生(以下简称学生)发放的,学生和家长(或其他法定监护人)向学生入学户籍所在县(市区)的学生资助管理中心或金融机构申请办理的,帮助家庭经济困难学生支付在校学习期间所需的学费、住宿费的助学贷款。生源地信用助学贷款为信用贷款,不需要担保和抵押,学生和家长(或其他法定监护人)为共同借款人,共同承担还款责任。

"助学保捷贷"是农业银行与财产保险公司于 2013 年 3 月联手推出的国家助学贷款创新产品。学生申请助学贷款时由保险公司承保信用保证保险,贷款风险由政府、银行和保险公司共同分担。"助学保捷贷"全面覆盖生源地和就学地助学贷款,可以实现贷款网上申请、批量审批、快速放款、自动理赔、专业催收等功能,有效提升客户体验、节约人工成本、降低贷款风险,一推出便受到了试点地区政府、高校与学生的热烈欢迎。

资料来源:中国农业银行网站,http://www.abchina.com。

二、汽车贷款

(一)定义

汽车信贷即汽车消费信贷,即对申请购买汽车的借款人发放的人民币担保贷款,是银行与汽车销售商向购车者一次性支付车款所需的资金提供担保贷款,并联合保险公司为购车者提供相应的信用保险。

(二)主要模式

汽车消费信贷主要有直客与间客两种模式。其中,直客模式是指由银行直接面对客户,直接开展汽车信贷业务所涉及的各项业务;间客模式则是指银行通过第三方——汽车经销商——与客户开展业务并形成借贷关系。

(三)主要参与主体

汽车消费信贷主要参与主体有:汽车消费贷款申请人(借款人)、汽车经销商、

[①] 和讯网,http://bank.hexun.com/2015-07-15/177560595.html。

提供汽车消费贷款的金融机构(商业银行、汽车金融公司)、保险公司(提供汽车保险的保险公司)、汽车厂家(保证汽车质量、提供售后服务)、公安部门(办理汽车登记、发放牌照等)以及其他相关部门。

(四)贷款条件

(1)贷款对象:年龄在18周岁(含)至60周岁(含),具有完全民事行为能力的自然人。

(2)贷款额度:所购车辆为自用车的,贷款金额不超过所购汽车价格的80%。所购车辆为商用车的,贷款金额不超过所购汽车价格的70%,其中,商用载货车贷款金额不得超过所购汽车价格的60%。

(3)贷款期限:所购车辆为自用车,最长贷款期限不超过5年;所购车辆为商用车的,贷款期限不超过3年。

(4)担保方式:申请个人汽车贷款,借款人须提供一定的担保措施,包括纯车辆抵押、车辆抵押+担保机构、车辆抵押+自然人担保和车辆抵押+履约保证保险。

(5)还款方式:贷款期限在一年以内的,可以采取按月还息任意还本法、等额本息还款法、等额本金还款法、一次性还本付息还款法等方式;贷款期限在一年以上的,可采取等额本息、等额本金还款法。具体还款方式由经办行与借款人协商并在借款合同中约定。

(五)流程

1. 贷款申请

符合贷款条件的借款人咨询汽车经销商,选择汽车标的后,向贷款行提车申请,填写申请表,并提供相关资料。

2. 签订合同

银行对借款人提交的申请资料调查、审批通过后,双方签订借款合同、担保合同,视情况办理相关公证、抵押登记手续等。

3. 发放贷款

经银行审批同意发放的贷款,办妥所有手续后,银行按合同约定以转账方式直接划入汽车经销商的账户。

(1)贷前调查及信用分析

①对借款者品质的调查:贷款申请的准确性及以往的信用记录,如借款人不诚实或有欺诈行为,则会拒绝放贷。

②对借款者资本金的信用分析:调查借款人的经济状况和收入水平,确保填写的收入属实且稳定。

③对借款人担保物的调查:担保物要求必须有与贷款额度相当的价值,并且价值稳定且有一定的流通性。

(2)贷款的审批与发放

贷款的审批有两种方法：一是经验判断法；二是信用评分和数量分析法。贷款的审查和发放实行审贷分离制度，即将贷款过程的审贷查人员三分离的制度，既相互制约又相互监督，增强工作责任心，防止差错。

(3) 贷后检查及贷款的收回

银行对贷款进行贷后跟踪检查，检查贷款执行情况，要求借款者定期反映其收入变动状况等，以随时掌握、控制可能发生的风险。

4. 按期还款

借款人按借款合同约定的还款计划、还款方式偿还贷款本息。

5. 贷款结清

贷款结清包括正常结清和提前结清两种。

专栏 8—4

汽车贷款风险的案例

案例一：受人之托买宝马　买车人被判偿款

穆先生出借身份证给他人贷款买车，因部分贷款逾期未还被银行告上法庭。2007 年 6 月，上海市第二中级人民法院对这起借款合同纠纷案作出终审判决，判令穆先生清还拖欠银行的 33.9 万余元借款本金及利息。

2004 年 1 月，穆先生与银行及汽车销售公司签订《汽车抵押借款合同》，约定由穆先生向银行借款人民币 55.8 万元购买宝马 530i 轿车，汽车销售公司作为担保人，借款期限自当年 1 月 17 日起至 2007 年 1 月 16 日。签约当日，银行将贷款划至汽车销售公司账户。然而事隔三年，眼看还款期限已到，银行却只收到穆先生归还的借款本金 25.2 万元及相应利息。在经多次催讨未果之后，银行向法院提起诉讼，将穆先生和汽车销售公司一同推上被告席。

法庭调查得知，穆先生贷款买车背后的隐情。2004 年穆先生受朋友尤伟庆所托出面与汽车销售公司签订虚假的购车合同，尤伟庆向汽车销售公司提供了虚假的穆先生个人经济收入证明，向银行申请汽车消费贷款。随后，尤伟庆将汽车销售公司开具的本票加盖私刻的公章后背书给一拍卖公司套现，并将所获赃款挥霍一空。2007 年 6 月，尤伟庆因贷款诈骗罪被判入狱。

一审法院经审理，判决穆先生归还银行借款本金和利息、逾期利息共计 33.9 万余元以及自还款期限次日 2007 年 1 月 17 日至实际清偿之日的逾期利息；汽车销售公司对 33.9 万元还款承担连带担保责任。

案例二：贷款买车逾期不还　法院判决担保人承担连带责任

2002年12月5日，工商银行翠微路支行与宋某、新世纪保标公司签订借款合同，约定由工行翠微路支行向宋某提供10.6万元借款用于购买汽车，借款期限为60个月，自2002年12月5日至2007年12月5日，还款方式为按月等额本息还款，利率为月4.185‰，并约定了不按合同履行还款义务的罚息，新世纪保标公司对宋某的上述还款义务承担连带保证责任。后斯格姆斯公司又向工行翠微路支行出具承诺函，承诺对宋某的还款义务承担连带保证责任。

合同签订后，工行翠微路支行依约发放了借款，宋某通过其在工行翠微路支行设立的账号偿还了部分借款本息，借款合同履行期限届满，宋某尚欠借款本金68 471.59元及相应利息、罚息未予偿还。工行翠微路支行将宋某和新世纪保标公司与斯格姆斯公司告上法庭。法院在审理中查明，宋某购买的车辆未进行抵押。庭审中，宋某辩称车不在其名下，不应承担还款责任。

法院审理认为：宋某确与工行翠微路支行签订了借款合同，而工行翠微路支行已按合同履行了放款义务，故车辆是否在宋某名下并不影响借款合同的效力和实际履行。在工行翠微路支行按照合同约定履行了发放借款的义务的情况下，宋某未按照合同约定履行还款义务，新世纪保标公司与斯格姆斯公司未履行保证责任均属违约，宋某应将所欠借款本金68 471.59元及相应利息和罚息偿还工行翠微路支行，新世纪保标公司和斯格姆斯公司应就宋某的还款义务承担连带保证责任，新世纪保标公司和斯格姆斯公司履行连带保证责任后，有权在其履行保证责任的范围内向宋某追偿。

资料来源：http://newhouse.fang.com/house/2012-08-17/8352775.htm。

三、耐用消费品贷款

（一）定义

个人耐用消费品贷款是指贷款银行向借款人发放的，用于支付其购买耐用消费品的人民币贷款。其中，耐用消费品一般是指单价在2 000元以上、正常使用寿命在2年以上的家庭耐用商品（住房、汽车除外）。

个人耐用消费品贷款的贷款期限一般在半年到2年，最长不超过3年；同时需提供贷款银行认可的财产抵押、质押或第三人保证方式作为贷款担保条件；贷款利率按照中国人民银行规定的同期同档次贷款利率执行，一般没有利率优惠。

(二)要素

1. 贷款对象

个人耐用消费品贷款的贷款对象需满足以下条件：

(1)具有完全民事行为能力的中华人民共和国公民或符合国家有关规定的境外自然人，且年龄在18～60周岁；

(2)有正当职业和稳定的经济收入，具有按期偿还贷款本息的能力；

(3)有贷款银行认可的抵押或质押，或有足够代偿能力的个人或单位作为偿还贷款本息并承担连带责任的保证人；

(4)购买商品的目的是为了本人或自己家庭使用；

(5)信用良好，且有诚意分期或一次性还款；

(6)银行规定的其他条件。

2. 贷款利率

个人耐用消费品贷款的利率执行中国人民银行规定的同档次贷款利率。

3. 贷款期限

个人耐用消费品贷款期限一般在1年以内，最长为3年(含3年)。将至退休年龄的借款人，贷款期限不得超过退休年限(一般女性为55岁，男性为60岁)。

4. 贷款额度

个人耐用消费品贷款起点一般为人民币2 000元，最高额不超过10万元。借款人用于购买耐用消费品的首期付款额不得少于购物款的20%～30%，各家银行规定有所不同。

5. 偿还方式

(1)贷款期限在一年(含一年)以内的，实行到期一次还本付息，利随本清。

(2)贷款期限在一年以上的，实行按月等额偿还贷款本息，借款人从贷款发放的次月起等额归还贷款本息。

6. 担保方式

常见的耐用消费品担保方式主要有抵押、质押和保证，担保时需提交权威机构评估结果、凭证等并办理相关登记手续。保证人还需满足相关资格、年龄、技术职称等要求。

(三)流程

(1)客户在银行特约经销商店选择商品，填写《银行个人耐用消费品借款申请书》；

(2)客户到银行指定的受理点办理贷款申请手续，按申请的条件并附有关资料办理借款手续(包括与银行签订个人耐用消费品借款合同以及担保合同)，将购买商品的自付款存入银行营业网点；

(3)银行向客户发放贷款；

（4）银行受客户委托将客户自付款、贷款资金转入商户账户，向借款人和商户出具转款成功的凭证；

（5）客户凭银行出具的转款凭证、《个人耐用消费品购销意向书》和本人有效身份证件到商户提货；

（6）客户每月按时将款项存入银行储蓄卡或通存通取活期储蓄存折等，银行执行扣款。

本章小结

　　个人消费信贷是指银行、消费金融公司等金融、非金融机构为满足个人特定消费需求而发放的贷款。个人消费信贷一般分为居民住宅抵押贷款、非住宅贷款以及信用卡贷款三大种类，其中非住宅贷款主要包括汽车贷款、耐用消费品贷款、教育贷款和旅游贷款等。

　　个人消费信贷作为商业银行众多贷款种类中的一种，其操作也必须符合《商业银行法》、《贷款通则》、《个人贷款管理暂行办法》等相关法律法规的规定，必须经过贷前调查、贷时审查和贷后检查三个基本环节。

　　住房贷款是银行或其他金融、非金融机构向房屋的购买者提供的任何形式的购房贷款支撑，通常以所购房屋为抵押，采取公积金贷款、商业贷款、组合贷款三种信贷形式。住房贷款发放机构对于申请人的信用状况、还款能力和还款意愿的评估自贷款营销挖掘潜在客户之日起，贯穿受理申请、贷前调查、贷款审批等核心环节。住房抵押贷款证券化是资产证券化的一种模式，属于抵押支持证券。它是指贷款机构凭借预期能够产生稳定现金流的住房抵押贷款作为基础资产发行权益或者债务凭证，通过资产重组、风险隔离和信用增级等技术进行风险与收益的重新分配，以实现基础资产自身风险与发行证券风险的完全分离，从而确保证券发行的成功，使基础资产所产生的现金流成功传递至证券投资者手中。其本质就是通过将缺乏流动性的住房抵押贷款转换成可自由流通的有价证券，从而获取资金的一种融资方式。汽车信贷即汽车消费信贷，指对申请购买汽车的借款人发放的人民币担保贷款，是银行与汽车销售商向购车者一次性支付车款所需的资金提供担保贷款，并联合保险公司为购车者提供相应的信用保险。主要信贷模式分为直客模式及间客模式。

　　个人教育贷款是银行向在读学生或其直系亲属、法定监护人发放的用于满足其就学资金需求的贷款。主要包括两大产品，分别是国家助学贷款和商业助学贷款。其申请资格、发放流程、归还贷款、风险防范有其特殊性。

　　信用卡一般可分为贷记卡和准贷记卡。开始申领信用卡阶段后，发卡银行会根据诸如职业、年龄、资产、信用状况等不同因素针对每一信用卡申请人按照一定标准予以评分，主要从保障支持类、经济支持类、个人背景类、信用历史类不同角度考察。

复习思考题

1. 概述消费信贷内涵、特点及分类。
2. 简述 FICO。
3. 我国个人住房贷款发展特点是什么?
4. 住房抵押贷款证券化的流程是什么?
5. 汽车贷款有哪些模式?
6. 信用卡利息计算的相关日期有哪些?
7. 导致大学生助学贷款高违约率的主要原因有哪些?银行可以采取哪些措施降低助学贷款的违约率?
8. 什么叫个人征信制度?它的建立对个人消费贷款管理有何意义?
9. 各商业银行大力开拓住房消费信贷市场的主要原因是什么?商业银行在开拓这一市场时要考虑哪些主要因素?
10. 案例分析:

小王的购房计划

小王是某民营企业的财务人员,三年前毕业于某财经院校的金融专业本科。小王在进入该公司工作之前,曾经在某国有企业销售部门工作过两年。他目前的月收入约为6 000元,与他人合租住房的支出为每月1 200元,每月的生活节余约为900元。小王计划在一年后与相爱多年的女朋友结婚。小王的女朋友大专毕业两年,目前为一个民营企业的文秘人员,月收入在3 000元左右,每月结余600元。目前,小王希望能够通过按揭贷款的方式购买一套婚房。

为支持他们的婚事,双方父母将可以为他们提供最高约50万元的经济援助。银行可以提供7成按揭,5年期以上的个人住房贷款利率为6.12%。

小王和他的女友计划购买一套90平方米的两居室住房,房价为每平方米15 000元。

问题:

(1)小王的贷款申请能得到银行的支持吗?为什么?
(2)什么是住房贷款的首付比例?7成按揭意味着几成首付?
(3)小王听说等本偿还的方式能够比等额本息的偿还方式节约不少利息,因此,希望采用等本方式还贷。对此,你有何建议?
(4)如何评价现阶段我国商业银行个人住房抵押贷款的风险?

参考文献

1. 周伟民等. 中国个人信用贷款研究[M]. 北京:经济日报出版社,2007.

2. 季爱东. 银行消费信贷业务与风险防控[M]. 北京:中国金融出版社,2007.
3. 李国全. 零售银行消费信贷管理[M]. 北京:企业管理出版社,2010.
4. 刘华等. 个人消费贷款[M]. 北京:中国海关出版社,2003.
5. 赵晓菊等. 金融机构信用管理[M]. 北京:中国方正出版社,2004.
6. 刘澄等. 信用管理[M]. 北京:人民邮电出版社,2015.
7. 薛长斌. 商业银行信贷管理实务[M]. 北京:中国书籍出版社,2003.
8. 武飞等. 商业银行信贷业务[M]. 北京:中国人民大学出版社,2010.
9. 吴晶妹等. 信用经济学[M]. 北京:高等教育出版社,2015.
10. 林钧跃. 消费者信用管理[M]. 北京:中国方正出版社,2002.
11. 孙森等. 信用管理[M]. 北京:中国金融出版社,2012.
12. 世界银行集团国际金融公司(IFC)开发. 陈忠阳等译. 按揭贷款实务精解[M]. 北京:企业管理出版社,2010.
13. 陈建. 信用评分模型技术与应用[M]. 北京:中国财政经济出版社,2005.
14. 中国人民银行征信中心. http://www.pbccrc.org.cn/.
15. 中国工商银行. http://www.icbc.com.cn/icbc/.
16. 中国农业银行. http://www.abchina.com/cn/.
17. 中国银行. http://www.boc.cn/.
18. 中国建设银行. http://www.ccb.com/cn/home/index.html.
19. 招商银行信用卡中心. http://creditcard.cmbchina.com/.
20. 深证发展银行. http://www.sdb.com.cn/.
21. 新浪财经. http://finance.sina.com.cn/calc/money_loan.html.
22. 石明舟. 车贷:三种还款方式可选择[N]. 东方早报,2014－08－21.
23. 易车网. http://car.bitauto.com/boluo/.
24. 谢世清. 个人贷款科目[M]. 北京:中国发展出版社,2009.
25. 李红桃. 国家助学贷款运行机制[M]. 武汉:华中科技大学出版社,2008.
26. 中国银行国家助学贷款. 中国银行网. http://www.boc.cn/pbservice/pb2/200806/t20080626_727.html.

第九章 小微企业贷款管理

本章要点

- 小微企业贷款技术
- 关系型贷款
- 信用评分法
- 小微企业贷款管理

本章重要概念

普惠金融;小微企业贷款;关系型贷款;信用评分法

第一节 小微企业贷款概述

一、普惠金融与小微企业贷款

2005 年,联合国推广"国际小额信贷年"时提出"普惠金融"概念。普惠金融[①]是指立足机会平等要求和商业可持续原则,以可负担的成本为有金融服务需求的社会各阶层和群体提供适当、有效的金融服务。普惠金融有别于传统金融,它强调构建一个包容性的金融体系,目标是能够在任何经济主体有服务需求时能够为其提供理想的金融服务。

小微企业贷款[②]包括商业银行向小型、微型企业发放的贷款,个体工商户贷款以及小微企业主贷款。

---

① 2015 年 12 月,国务院印发《推进普惠金融发展规划(2016—2020 年)》,成为我国首个发展普惠金融的国家级战略规划。

② 关于小型企业、微型企业的认定标准,参见 2011 年 6 月 18 日工业和信息化部、国家统计局、国家发展和改革委员会、财政部联合印发的《关于印发中小企业划型标准规定的通知》。

可见,小微企业是普惠金融覆盖的对象,小微企业贷款是普惠金融的业务品种之一。关注小微企业贷款是发展普惠金融的重要组成部分,是题中应有之义。普惠金融概念的提出,给小微企业贷款注入更多内涵和未来发展空间;切实解决小微企业贷款难问题,才能从实质上推动普惠金融的发展。

二、小微企业融资的"三个难题"

一般认为,小微企业的经营管理活动具有经营风险高、缺乏抵押物和信息不透明的特点,而小微企业的融资需求却"短、小、频、急",这些造成了银行在放贷过程中的"三个难题":一是收集信息难。小微企业一般缺乏合格的"硬信息",即财务报表、抵押担保以及信用记录等;而小微企业的"软信息",如与其他客户的交易状况、信用状况等,小微企业自身也很难直接获得。这就导致金融机构与小微企业之间往往存在更严重的信息不对称问题,从而很难判断小微企业的信用风险。二是控制风险难。小微企业经营管理活动的特点决定了其经营风险比较大,导致金融机构很难控制小微企业的风险。三是控制成本难。在营销、调查、审批、放款、贷后管理、不良清收等各个环节,由于小微企业信息不透明、贷款额度小、贷款期限短,完成一定规模的小微企业业务所投入的经营成本往往是大中企业业务的数倍甚至十几倍、几十倍,导致控制小微企业金融业务的经营成本具有相当大的难度。

开展小微企业金融服务的前提,就是要妥善解决"收集信息难、控制风险难、控制成本难"这三个难题。[①]

第二节　小微企业贷款管理

近年来,我国的小微企业融资难问题越来越受到政策的扶持,商业银行也将小微企业贷款作为重要的业务增长点,我国的小微企业贷款取得了明显的进展,参见表9-1。

表9-1　　　　　　小微企业贷款统计(2012～2016年度)　　　　单位:万亿元

年　份	贷款余额	同比增长	占全部企业贷款比重	占同期全部企业贷款增量的比重
2012	11.58	16.6%	28.6%	34.6%
2013	13.21	14.1%	29.4%	43.5%
2014	15.46	17.0%	30.4%	41.9%

---

① 博鳌观察、中国光大银行、中国中小企业发展促进中心联合制作:《2013小微企业融资发展报告:中国现状及亚洲实践》。

续表

年　份	贷款余额	同比增长	占全部企业贷款比重	占同期全部企业贷款增量的比重
2015	17.39	12.5%	31.2%	38.1%
2016	20.84	16%	32.1%	49.1%

资料来源：中国人民银行《金融机构贷款投向统计报告》(2012～2016 年度)。

一、小微企业贷款的主要方法

(一)信息不对称与小微企业信贷技术

导致小微企业融资缺口的根本原因就是信息不对称，由此导致的逆向选择和道德风险会给商业银行带来巨大风险。

为了解决信息不对称，银行致力于收集和加工小微企业的信息，而由于银行生产信息的渠道和方式不同，形成了不同的信贷技术和方法。Berger and Udell(2002)将贷款技术分为财务报表型、信用评分型、抵押担保型和关系型贷款四种类型：(1)基于财务报表型的信贷技术主要是依靠企业的财务报表来判断信用风险，多应用于大中型企业的信贷决策。(2)基于资产的抵押担保型信贷技术主要取决于企业提供的抵押品或者质押物的质量。很多情况下小微企业经营规模小，无法提供有效的资产抵押，尤其对于科技型小微企业更是如此。不过近年来，银行逐步放宽可用于抵质押的资产范围，知识产权、应收账款、订单、存货等都可使用，这对于改善小微企业融资条件具有重大意义。(3)小微企业信用评分技术在部分市场化程度比较高、社会信用体系发达的国家有成功的应用，在我国，部分银行也在探索和应用该项技术。(4)关系型贷款技术基于"软信息"发放贷款，通常被认为是为小微企业量身定制的最适合小微企业的信贷技术。

小微企业信贷技术各有优劣，并没有绝对的好坏之分，关键在于能够适应银行小微企业金融服务需求，能够有效控制风险。同时，各种小微企业信贷技术并不孤立，而是相互联系和相互补充的，可以综合应用多种信贷技术，提高信贷决策的科学性和合理性。

(二)关系型贷款

关系型贷款具有三个主要特征：(1)银行的主要决策依据是积累的关于借款企业及其业主的私有信息，而不是企业能否提供足额的抵押担保或者合格的财务报表信息；(2)这些私有信息通常是无法通过公开市场渠道获得但反映企业特殊风险的"软信息"；(3)这些"软信息"是通过银行信贷员与企业之间的多种渠道的接触或通过银行为企业提供的多种服务获得，也有部分信息是通过银行信贷员对企业所在社区和企业的利益相关者(供货商、客户、雇员等)的走访获得。银行主要利用这些"软信息"进行贷款决策、贷款监督、合同签订以及再融资决策。

关系型贷款之所以能够成为小微企业贷款的一种重要方式,是因为靠长期关系积累的"软信息"可以在很大程度上弥补小微企业难以提供高质量"硬信息"的缺陷,能有效地解决小微企业的信息不透明问题以及由此产生的贷款风险。

专栏 9—1

泰隆银行:带着"小微"基因的银行 让贷款像存款一样方便

永嘉县桥埠头村的刘女士和老公是经营教玩具的夫妻档,今年下半年是大量进货采购塑料粒子的时间段,但资金面临缺口。得知泰隆银行推出了"游乐贷",联系了客户经理后,半天的时间就完成了开卡、签订贷款合同,客户经理在 Pad 机具上完成贷款审批及放贷的流程。当场刘女士的手机上便收到泰隆银行贷款资金到账的短信。

刘女士体验的就是泰隆商业银行新推出的"信贷工厂"模式,从原先三三制的新客户贷款三天、老客户续贷三小时,提升到半天半小时。这种快速放贷的信心来源于严密的风控系统。泰隆银行广为人知的是三品三表,三品指的是人品、产品和抵押品,三表指的是电表、水表和外贸企业的海关报关表。"我们还推出一村一档和一户一档,客户经理早已经谙熟于心。"泰隆银行的 90 后客户经理团队每天穿梭于村民之间,做金融知识宣传、广场舞送水。业界流传着传说,泰隆客户经理对客户熟悉到连客户家里冰箱里放的是什么东西都知道。

资料来源:《温州日报》,2016 年 9 月 29 日。

(三)信用评分法

小微企业信用评分技术是根据以往信贷数据建立的用以反映未来客户行为的一种统计模型。具体做法是根据历史上每个类别(按期还本付息和违约)的若干样本,从已知的数据中筛选出违约及不违约者有代表性的特征,从而总结出分类的规则,建立数学模型,用于测量借款者在未来的违约风险(或违约概率),为信贷决策提供依据。常用的数学方法包括判别分析、Logistic 回归以及神经网络模型等。

信用评分技术的运用带来了极大的便利。首先,贷款过程的自动化极大地提高了操作效率,降低了费用。其次,由于能够通过信用评分技术较为准确地度量贷款风险,传统的贷款要求比如纳税单、财务报表、抵押品和周期性的审核等都不再需要。同时,合理的风险度量为贷款定价提供了前提,使得收益能够覆盖风险。另外,利用信用评分卡所作的决定具有一致性,可以进行有效的管理和监控。

二、小微企业贷款管理

从小微企业的经营管理和融资需求特点可以看出,银行在为小微企业提供融资时必然承担较高的经营风险和经营成本,这固然可以在一定程度上通过提高贷款利率来解决,但在经营机制、风控技术、人才队伍等各方面也对商业银行提出了更高的要求。近年来银监会发布了《银行开展小企业授信工作指导意见》等一系列文件,引导和规范小微企业授信业务。下面根据相关文件要求并结合小微企业实际情况来说明小微企业贷款管理要点。

(一)市场和客户定位

商业银行应明确市场及客户定位,对小微企业市场及客户进行必要的细分,研究各类小微企业客户群的特点、经营规律和风险特征,建立小微企业客户准入、退出标准和目标客户储备库,提高营销的针对性和有效性。

(二)组织架构

商业银行应建立专业化的组织架构,形成层级管理下相对独立的业务考核单元,组建专职队伍,进行专业化经营。

(三)业务流程

商业银行可借助信贷管理信息系统,对不同的小微企业授信产品分别制定相应的标准化授信业务流程,明确各业务环节的操作标准和限时办理要求,实行前中后台业务专业化、标准化处理。

1. 授信调查

商业银行授信调查应注重现场实地考察,不单纯依赖小微企业财务报表或各类书面资料,不单纯依赖担保。银行应注重收集小微企业的非财务信息,编制有关小微企业或其业主个人或主要股东的资产负债表、损益表和现金流量表,作为分析小微企业财务状况和偿还能力的主要依据。

2. 风险评估

商业银行应建立和完善小微企业客户信用风险评估体系。可依据企业存续时间、经营者素质、经营状况、偿债能力、资信状况和发展前景等指标制定小微企业信用评分体系,突出对小微企业业主或主要股东个人的信用,以及小微企业所处市场环境和信用环境的评价。

3. 授信审查、审批

商业银行应建立高效的审批机制。在控制风险的前提下,合理设定审批权限,优化审批流程,提高审批效率。

商业银行应根据不同区域的经济发展水平和信用环境,不同分支机构的经营管理水平、风险控制能力,不同授信产品的风险程度等,实行差别授权管理。银行对小微企业授信环节可同步或合并进行,可尝试对小微企业授信业务实行集中、批量处理。

4. 授信后管理

商业银行应制定专门的小微企业授信后管理监测制度,及时发现授信客户的潜在风险并进行风险预警提示,严格按照监管部门的要求对已实施授信进行风险分类。商业银行应设定科学、合理的小微企业坏账容忍度,对出现逾期或欠息的授信要及时清收处置,对需用法律手段进行催收的授信,应指定专人管理,对于出现的坏账要建立合理的不良资产核销机制。

专栏 9—2

建设银行小微企业评分卡

小微企业评分卡信贷业务是针对单户授信总额人民币500万元以下小微企业客户办理的,运用小微企业评分卡进行评价,比照零售贷款进行资本计量的信贷业务,该业务通过针对性的评价、简化的业务流程,极大地提高了小微企业客户服务效率和满足小微企业融资需求的能力,对建行发展小微企业业务具有重要的战略意义。

首先,有利于提高小微企业业务的风险控制水平。引入申请评分卡围绕非财务信息进行风险评价,对实质性风险进行判断,解决财务报表不规范难以准确反映小微企业风险状况的问题,提高风险管理的针对性。

其次,有利于推进小微企业业务小额化发展。针对小微企业客户的小额资金需求,结合客户经营特征和风险特点,通过批量化运作和标准化操作,满足小微企业"短、小、频、急、散"的贷款需求。

最后,有利于降低小微企业业务的成本。通过批量化的经营模式、系统化的业务操作,提高流程效率,有效降低经营成本。同时,根据监管要求,采用零售化的资本计量,有效降低资本成本,提高了服务小微企业客户的积极性。

资料来源:中国经济网,2014年12月29日。

(四)贷款品种、条件

商业银行可发放信用贷款。对资信良好、确能偿还贷款的小企业,银行可在定价充分反映风险的基础上,发放一定金额、一定期限的信用贷款。

商业银行可灵活采用抵押和担保方式,创新授信额度使用和偿还方式,扩大对小微企业授信。

商业银行要坚持利率的风险定价机制,根据收益覆盖成本和风险的原则,在法规和政策允许的范围内,综合考虑风险水平、筹资成本、授信目标收益等各项因素,自主确定贷款利率,对不同小企业或不同授信实行差别定价。

三、小微企业贷款的发展趋势

随着经济金融环境的变化,更多新技术的出现和推广应用,以及支持小微企业发展的政策激励的作用,金融机构对小微企业的服务程度不断提高,小微企业贷款正呈现出一些新的发展趋势。

(一)信息技术和信用评级技术的普遍运用

信息技术的更新特别是大数据及人工智能的发展,以及信用评级技术的推广应用,可大大降低借贷双方的信息不对称现象,缩短贷款决策的时间和过程,从而降低金融机构的信贷风险和成本,为小微企业贷款提供更大的市场发展空间和可能。

(二)关系型贷款仍然是主要的管理手段

基于小微企业本身的特点和国内市场现状,虽然自动化审贷工具和技术在逐步发展,但对于大部分服务小微企业的金融机构来说关系型贷款仍然是主要的管理手段,发挥着主导作用。

(三)担保机构在小微企业贷款中发挥重要作用

由于小微企业的抵押物不足和自身信誉问题,融资担保机制的建立显得尤为重要。近些年来国内加快了担保体系建设,并对担保公司的发展提供相应的税收减免等优惠政策,简化担保方式,让担保公司当好企业和银行之间的贷款"桥梁"和信用"润滑剂"。

(四)大型金融机构对小微企业贷款的参与度增强

近年来由于市场环境变化,金融机构纷纷调整发展战略和市场定位,包括大型商业银行也开始把目标客户定位下移,关注小微企业。为支持小微企业发展,监管部门出台多项措施,比如单列年度小微企业信贷计划;在风险可控的前提下,切实加大对小微企业的信贷资源投入和考核力度,力争实现"两个不低于"目标,等等,推动大型金融机构业务转型,从"重大户"到"亲小微"转变。

(五)监管适度放松

从监管角度来看,近来出台的利好政策包括适度提高对小微企业不良贷款容忍度,在监管评级上相应放松要求,以及可以将专项金融债对应的全部小微企业贷款在存贷比分子项中予以扣除等措施,监管趋于放松有利于发挥其正向激励作用,促使金融机构发放更多小微企业贷款。

(六)利率管制放松

伴随国内利率市场化的进程,利率管制逐步放开,从而打开了金融机构自主定价的空间,金融机构有可能根据小微企业贷款的特点实行差别定价,获得相应的风险补偿。

(七)由单纯的贷款服务向综合化金融服务转变

为进一步优化服务,不少银行将客户服务的重点由单纯的信贷业务向综合化金融服务延伸。银行利用发达的结算网络、日趋成熟的现金管理系统和便捷的电子银行,以投行、基金、信托等多家子公司为依托,为小微企业提供包括融资、结算、理财、咨询等在内的全方位的金融服务,既方便了客户,也为银行自身带来了更多的业务机会和盈利空间。

本章小结

普惠金融关注的重点是小微企业贷款。但是由于小微企业本身的特点导致了其贷款过程中存在"三个难题"。如何解决小微企业融资难,从理论上来说需要借助于专门的信贷技术,特别是关系型贷款和信用评分法。而对银行而言,通过合理的技术运用,辅之以日常贷款过程中的管理,将有助于减少小微企业信贷风险和降低信贷成本。

实践中,银行在小微企业贷款领域展开了各种探索,新的技术、新的放贷模式有可能为这个领域打开广阔的发展空间。

复习思考题

1. 试说明普惠金融和小微企业贷款的关系。
2. 解释小微企业贷款过程中的"三个难题"。
3. 什么是关系型贷款?什么是信用评分法?并举例说明。
4. 小微企业贷款过程中应加强哪些方面的管理?
5. 2013年11月,银监会选定了6家农商银行作为全国首批农商银行信贷资产证券化工作试点单位。顺德农商银行取得了15亿元的额度,于2014年8月6日正式在银行间市场成功发行该行首期信贷资产支持证券。该行2014年首期信贷资产支持证券发行金额共153 370万元,分为优先A级、优先B级资产支持证券和次级资产支持证券。作为区域性的农村金融机构,顺德农商银行本期信贷资产证券化项目入池贷款大部分用于支持小微企业和"三农"经济。在银行新增信贷规模确定的情况下,对小微企业贷款和对其他领域贷款是此消彼长的关系,如果把已经发放的小微企业贷款不断盘活,进行资产证券化,吸收增量资金进入,再向社会发放小微企业贷款,这实际上扩大了对小微企业的信贷支持规模,是有益的创新。请说明在我国推行小微企业信贷资产证券化的意义。
6. 小微企业贷款有哪些新的发展趋势?

参考文献

1. 戴维·鲁德曼著. 游春译. 微型金融[M]. 北京:中国金融出版社,2015.

2. 焦瑾璞,王爱俭. 普惠金融:基本原理与中国实践[M]. 北京:中国金融出版社,2015.
3. 朱艳敏. 小企业信用评分模型的开发及应用[M]. 北京:中国财政经济出版社,2015.
4. 李镇西,金岩,赵坚. 微小企业贷款的研究与实践[M]. 北京:中国经济出版社,2007.
5. 博鳌观察,中国光大银行,中国中小企业发展促进中心联合制作. 2013 小微企业融资发展报告:中国现状及亚洲实践[R],2013.
6. 巴曙松. 大数据可解小微企业融资瓶颈[J]. 中国经济报告,2013(6):29－31.
7. 银监会. 银行开展小企业授信工作指导意见[Z]. 2007-06.
8. 银监会. 关于支持商业银行进一步改进小企业金融服务的通知[Z]. 2011-10.
9. 银监会. 关于2015年小微企业金融服务工作的指导意见[Z]. 2015-03.

第十章 贷款证券化

本章要点

- 贷款证券化内涵
- 贷款证券化的交易结构
- 贷款证券化的分类
- 贷款证券化的意义
- 贷款证券化风险管理

本章重要概念

贷款证券化；结构性融资；特别目的机构；破产隔离；结构化融资；信用增级；住房抵押贷款支持证券（MBS）；转付证券；转手证券；住房抵押贷款担保证券（CMO）；担保贷款支撑债券（CLO）；可证券化贷款

第一节 贷款证券化概述

一、贷款证券化的内涵

（一）贷款证券化的概念

证券化是指发行证券以筹集资金，一般可以分为两类：一类是融资证券化，即在资本市场上发行股票、债券等证券进行直接融资，又被称为初级证券化。另一类是资产证券化，虽然也是发行证券融资，但是证券的发行、偿还都依靠于某些具有未来现金流的资产，这种基于存量资产的证券化也被称为二次证券化，当存量资产为银行贷款时也被称为贷款证券化。因为贷款资产未来现金流稳定、合同标准化、抵押物变现价值高、本息偿付平均于整个资产的持续期间，故最早进行证券化的资产是房屋抵押贷款，随后其他贷款也加入证券化队伍，并渐渐延伸到非银行企业的其他存量资产。在我国《信贷资产证券化试点管理办法》[①]中,贷款证券化被定义为:银行业金融机构作为发起机构,将信贷资产信托给受托机构,由受托机构以贷款支持证券的形式向投资机构发行受益证券,以该财产所产生的现金支付贷款支持证券收益的结构性融资活动。

（二）贷款证券化的交易结构

与直接融资证券发行相比,贷款证券化的运作要复杂得多,图10—1概述了贷款证券化的大致流程结构。

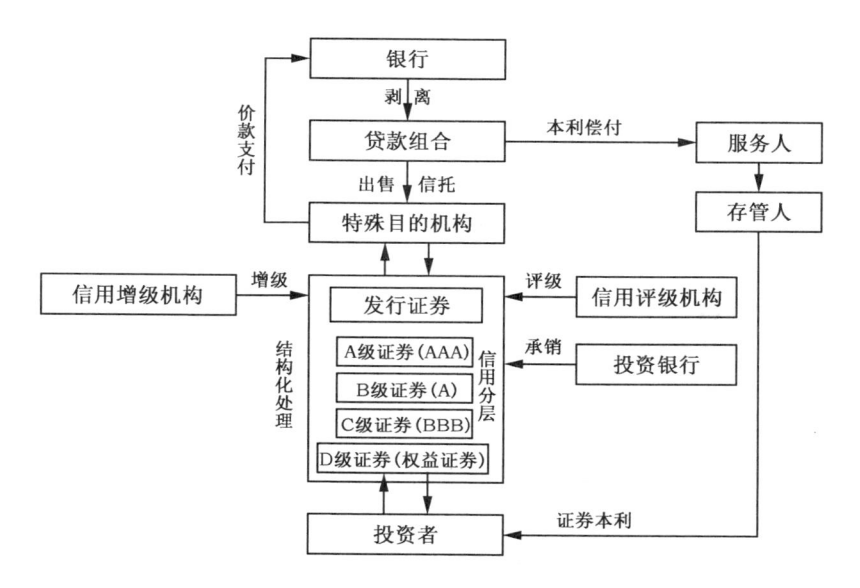

图 10—1 贷款证券化的交易结构

(1)形成贷款组合:银行是贷款的初始权益人,也是贷款证券化的发起人,它首先需要确定融资目标,随后将同类的贷款剥离形成贷款组合。

(2)组建或选择特别目的机构(Special Purpose Vehicle,简称 SPV):特别目的机构可以是新建或是选择已有机构,这个机构唯一的目的是管理贷款组合以发行证券,故又被称为发行人。

(3)真实购买或信托管理:为了实现"破产隔离",可以通过真实出售或通过信托方式将贷款组合风险转移给 SPV。

(4)完善交易结构:SPV 分别与服务人、资产托管人、券商签订协议,完成定价、监督资产质量、债权分层设计、承销方案的工作。

(5)初始信用评级:评级机构为资产池的资产提供初始信用评级,因贷款资产

---

① 中国人民银行:中国银行业监督管理委员会公告[2005]第7号第二条。

流动性较差,此时评级不会太高。

(6)信用增级:SPV采用内部增级和外部增级方法提高拟发行证券的信用等级。

(7)再次评级:再次委托信用评级机构进行发行评级,并由承销商向投资者出售抵押贷款证券。

(8)发行证券:券商将贷款支持债券分销给投资者,并将销售所得资金转给SPV。

(9)支付购买价格:SPV用出售贷款支持证券的收入向发起人支付购买贷款的价格。

(10)贷款组合收入管理:发起人或者发起人指定的服务公司对资产组合进行管理,负责收取、记录由贷款组合产生的全部收入,并将这些款项全部存入托管银行的收款专户。

(11)按期还本付息,对聘用机构付费。托管人按照约定期限,将收款拨入付款账户,对投资者还本付息,并向聘请的各类机构支付专业服务费。

(三)贷款证券化的本质和特点

贷款证券化是综合了直接融资和间接融资的新型融资模式,它有两个重要创新:构建特殊目的实体SPV转移贷款资产的风险;对资产池的现金流进行重组分层和增信的交易结构创新。在这个模式下,因为贷款支持证券往往都通过增信而达到投资级,所以投资人对证券风险的甄别和管理比投资一般的证券要简单得多,而发行人可获得更高的流通性和更低的融资成本。这样,专业机构管理风险的能力和投资者风险承担能力有效结合,提高了融资效率。具体来看,贷款证券化有如下特点:

1. 资产导向型

经过制度和法律上设计的"破产隔离"机制使发起人将证券化的贷款与其整体信用风险隔离开来,即免除了贷款原始权益人对贷款的追索权。即使发起人被破产清算,资产池中的贷款组合也不会被列为清算资产,因此投资者只需集中关注贷款资产本身的质量,从而帮助一些较特殊的公司获得资金支持。如某公司由于总体经营状况不佳,按常理很难获得资金,但公司如果有经营状况非常好的项目,就可以将项目的一些资产作为支持发行证券。

2. 表外融资方式

一般来说,贷款转移给了SPV,银行可以将其从资产负债表中剔除并确认收益或损失,很多国家从法律上都认可以表外方式处理资产证券化交易。

3. 结构性融资

传统的债券融资是资金需求者通过承销商直接发行债券,中间没有复杂的结构。而贷款证券化是要通过一个特殊目的机构对基础贷款组合的现金流进行分层、增信等结构性重组,创造出风险、收益和期限等方面不同的证券,因此,资产证券化也被称为结构化融资。

4. 融资成本低

由于运用成熟的交易结构和信用增级措施,证券的发行条件得以改善,从而使总的证券化融资成本低于传统的融资方式。

5. 复杂性

证券化参与主体众多,除了一般所需的发行人、中介机构和投资者外,还需要发起人、SPV、信用增级机构、服务商的合作。而且,证券化证券在期限、收益、风险方面结构复杂、因券而异,故交易结构设计、管理和偿付等都较复杂。

二、贷款证券化的主要分类

从 20 世纪 70 年代出现以来,贷款证券化发展迅猛,不仅贷款资产种类丰富,而且交易结构也日趋复杂。贷款证券化最常见划分标准是根据基础资产的种类,另外,根据证券现金流的处理及偿付结构的分类也很常见。

(一)现金流的处理和证券偿付结构的分类

根据对现金流的处理方式和证券偿付结构的差异,贷款支持证券可分为转手证券与转付证券。

1. 转手证券

转手证券(Pass Through),又称过手证券,将贷款资产池所产生的还款现金流如实如数直接"过手"转给证券投资者,投资者对资金池及其还款现金流拥有直接所有权,资产托管人就好像是接力赛的选手,负责将现金流传递给投资者。最早出现的贷款支持证券,如 MBS,都是转手证券。转手证券操作简便,但存在几个问题:一是证券本息支付不稳定,如果贷款被提前偿还,投资者也被迫提前结束投资;二是贷款原始权益人的收益与风险全部拆细到投资者,每个投资者面临相同风险与收益,无法吸引不同偏好的投资者;三是有时[①]银行想要通过证券化融资,但又不想或无法出售贷款组合。转付证券的出现则弥补了上述缺憾,使贷款证券化迎来了极大的发展。

2. 转付证券

转付证券(Pay Through)的贷款的所有权并没有转移给投资者,这些信贷资产只是抵押品,保证现金流的偿付。因为没有现实销售,为实现破产隔离,转付证券一般都有第三方担保或是信用违约互换。

转付证券的另一个特点是对基础贷款组合的现金流进行了分割重组,使证券本息的偿付机制发生变化,满足了对风险、收益、期限等具有不同偏好的投资者。

---

① 如重要客户贷款,或贷款涉及税务、法律和监管方面的约束时。

先将若干抵押贷款组合成为资产池,再根据资产池的现金流特点发行多种期限、多种利率、多种信用级别且依次偿还的转付证券。这里每组称作为一个"档"(tranche),一个典型转付证券结构一般包含四档:A档、B档、C档和Z档债券,每档单独评级,其中前三个是"正规级"债券,第四个是"剩余级"债券,偿付期限也是由短到长。资金池的现金流首先用于支付A档债券的本金,随后依次完全偿付B、C档债券后,Z档债券才开始清偿本息。实践中,"剩余级"Z档债券一般只由发起人持有,这对"正规级"债券起到了超额抵押和信用增档作用。

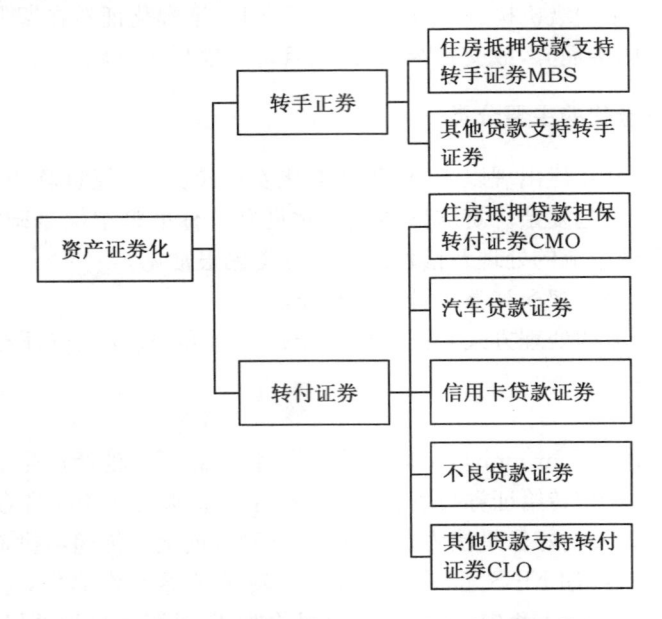

```
                          ┌─ 住房抵押贷款支持
                ┌─ 转手证券 ─┤  转手证券MBS
                │          └─ 其他贷款支持转手证券
资产证券化 ─────┤
                │          ┌─ 住房抵押贷款担保转付证券CMO
                │          ├─ 汽车贷款证券
                └─ 转付证券 ─┤─ 信用卡贷款证券
                           ├─ 不良贷款证券
                           └─ 其他贷款支持转付证券CLO
```

图10—2　贷款支持证券分类:按证券偿付结构

转付证券类型很多,住房抵押贷款担保债务(Collateralized Mortgage Obligation,CMO)是最早的典型转付证券①,其贷款组合是住宅抵押贷款,而CLO(Collateralized Loan Obligation)一般是由其他类型贷款支持的转付证券。

(二)根据贷款的种类划分

根据基础资产可以分为住房抵押证券和资产支持证券。进一步地,住房抵押贷款支持证券(Mortgage Based Security,MBS)分为个人住房抵押贷款证券(RMBS)和商业地产抵押贷款证券(CMBS)。在住房抵押贷款证券化开展之后,证券化的技术被广泛运用于非抵押债权,由非抵押债权资产为担保发行的证券被

---

① 1983年,联邦国民抵押贷款协会(即房利美,Federal National Mortgage Association,Fannie Mae)推出了担保抵押债券(Collateralized Mortgage Obligation,CMO)这一新型产品。

称为资产支持证券(Asset Based Security,ABS)①,从全球来看,贷款一直是证券化资产的主体。如果进一步将同一类特征的贷款划分出来,则又可以形成一系列的贷款证券化品种:汽车贷款支持证券、信用卡资产证券化、融资租赁资产证券化、不良贷款证券化、消费贷款证券化、教育助学贷款、公司贷款证券化等。② 与 MBS 分为转手和转付两类不同,大部分的 ABS 从一开始就采用转付证券模式,在交易结构上的创新很多,是真正的结构化融资。

专栏 10—1

建元 2005—1 证券化项目的发行

2005 年 12 月 15 日,中信信托投资公司受建设银行委托,以建设银行发放的住房贷款为基础资产在全国发行"建元 2005—1 个人住房抵押贷款资产支持证券"(简称建元 2005—1),这是中国首个个人住房抵押贷款证券化产品。

证券发行总规模为 30.17 亿元,其中公开发行的优先级证券为 29.26 亿元,采用的主要信用增级方式是超额抵押和优先与次级结构。该交易中的证券共分为四档:优先 A 档、优先 B 档、优先 C 档和次级档,其中前三档分别获得中诚信国际评级公司 AAA、A 和 BBB 级的评级,次级资产支持证券为非评级非公开发行证券,由建行直接持有。证券的票面利率为"基准贷款利率"加"基本利差"。优先级 A、B、C 档的利差分别是 1.1%、1.7%、2.8%。

建元 2005—1 证券信息(至 2016 年 11 月)

证券简称	原始本金 (亿元)	占比	剩余本金 (亿元)	原始利率	回收期	当期利率	原始评级	当前评级
05 建元 1A	26.69	88.50%	0	基准利率+1.10%	3.15	0.00%	AAA	AAA
05 建元 1B	2.03	6.75%	0	基准利率+1.70%	9.24	0.00%	A	AAA
05 建元 1C	0.52	1.75%	0.14	基准利率+2.80%	9.3	3.43%	BBB	AAA
05 建元 1S	0.91	3.00%	0.91	0.00%		0.00%	NR	NR

---

① 从美国的经验来看,可证券化的资产应该具有下列特征:能够产生稳定的未来现金流并且违约率和损失率较低。这样 ABS 应该涵盖所有能产生未来现金流的资产,概念范围应超过非抵押贷款。本书在此仅讲述资产支持证券中的贷款资产部分。

② 这里的公司贷款指的是企业的各种用途的贷款,其实是将前面可归类的研究的分出后剩下的公司贷款,是一个一般化统括的概念。当然,如果继续把公司贷款中具有同一特征的贷款划分出来,则又可以形成其他特殊含义的贷款。例如,对小企业的贷款分离出来形成小企业贷款证券化系列;对房地产企业的开发贷款形成房地产开发信贷证券化。

基础资产的本息现金流首先用于支付优先级A、B、C档证券的利息,剩余的现金按顺序支付本金。至上表数据日,A级证券、B级证券已经全部清偿完毕,C级证券也得到了很多本金偿付,这大大增加了C级证券的信用支持。由于信用支持的增加,B级和C级证券全部被升至AAA级。

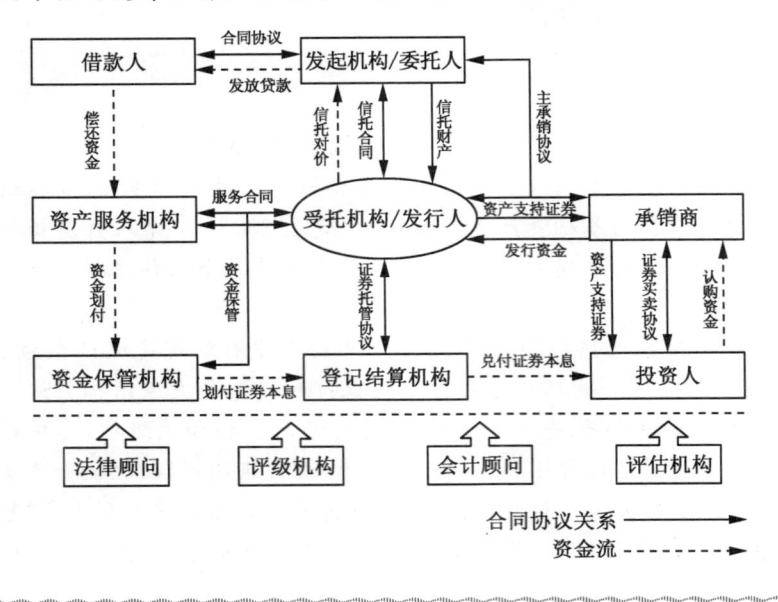

1. 汽车贷款证券

汽车贷款证券是继住房抵押贷款证券化之后最早出现的贷款支持证券。因为汽车贷款可以很方便地按照借方、贷方和地域等标准进行划分与组合,而且还本付息也具有很强的可预测性,非常适合成为证券化的基础资产。在美国,大约3/4的汽车贷款的资金靠发行贷款担保证券来支撑,我国汽车贷款证券的规模仅次于公司信贷资产支持证券。

与较长期限的住宅抵押贷款不同的是,汽车贷款证券的期限相对较短,一般在20个月到60个月之间,只能吸引短期投资者。汽车贷款证券化的流程和运作与住宅抵押贷款基本一致,基本的结构也可分为"过手证券"和"转付证券",但转付证券越来越盛行。

2. 信用卡贷款证券

信用卡贷款是开放式循环信用,消费者在额度内透支不需要另外审批、资金用途无限制、不需要担保抵押。但也正是因为这些融资便利,信用卡贷款的信用风险比其他任何贷款都要高,所以信用卡贷款利息率远高于一般的贷款。

尽管存量大、收益高,信用卡贷款证券化却遇到了巨大障碍。因为与还款日期和现金流稳定的住房贷款和汽车贷款不同,信用卡消费贷款期限短、无担保、余额浮动不定和无预定还款期,所以无法得到稳定的、可预期的现金流。但这些障碍也激发了交易结构设计、信用增级方面的创新。

在1986年之前,美国对信用卡贷款的处理方式一般是将其打包出售给其他金融机构,实现有追索权的债权转让①。这种贷款销售被认为是最原始的证券化,可将资产出表和享受税收优惠。但1986年之后,美国金融监管当局取消了税收优惠,而且规定有追索权的信用卡资产也不允许出表。为规避管制,所罗门兄弟公司另辟蹊径,在承销第一银行公司信用卡贷款债券时,设计了一个差额账户,当贷款损失超过一定标准时,用差额账户来应对投资者的追索,这样就免除了被追索义务,这个结构化的设计巧妙地避开了金融管制,开拓了证券化的发展道路。

为解决短期现金流无法支持支持中期或长期证券的问题,循环购买、多次发放和卖方权益吸收的开放式资产交易结构被开发出来。将老的短期资产收回的现金流来购买新的短期资产,这样就可以支持长期债券的发行。为了避免循环转让资产每次都要设立一个新信托的问题,信用卡公司一般采用主信托模式(Master Trust)而不是传统上的单一信托模式(Single Trust),主信托不是封闭的,可以长期不停地购买信用卡应收款,并以汇集的信用卡应收款资产池作为支撑,多次发行证券系列,每个证券系列都可以分享这个主信托里的信用卡应收款的权益。

3. 不良资产证券

不良资产是银行等金融机构中不能如期足额回收本金和收益的资产,与正常贷款不同,不良资产无法产生稳定、可预期持续现金流收入,所以在交易的基础资产、分层结构方面又有所不同。第一,资产池组合一般应纳入尽可能多笔数的不良贷款以分散风险,又可以形成规模效应,节约发行成本。第二,交易结构设置较为简单,仅分优先级和次级两档证券。因为不良贷款必定有一定比例无法收回,所以优先级一般是给予一个合理的折扣率予以增信,而次级这档证券基本都由发起机构全部自留,以加强投资者对优先档证券的信任。第三,证券发行总额小于资产池未偿本金总额,小于资产池预期回收金额总额。第四,产品存续期限低于初始预期。

4. 公司贷款证券

公司贷款证券化也称为工业和商业贷款证券化、信贷资产证券化,基础资产主要有风险较高的非房产类商业贷款,如杠杆贷款、联合贷款和非投资级商业或工业企业贷款。进一步地,根据贷款企业的大小又可分为两种:一种是现在证券化市场占比非常大的担保贷款支撑债券CLO;另一种是根据小企业贷款组合发行的小企业贷款支撑证券。

1996年之后,担保贷款支撑债券一直是美国银行业贷款最主要的融资渠道,

---

① 有追索权的销售,这些贷款即便已售出,仍要受到发行人和所在行业情况变化的影响。

平均每年贷款额超过新发放贷款的50%。但是，工商企业贷款利差低、产品不统一、抵押担保多样化、本息支付规律难预测，要求CLO在交易结构方面有特殊的设计：(1)为了解决期限错配问题，CLO证券化中也运用了再投资和循环购买贷款模式，这样开放变化的资产池的贷款组成、结构和质量都会变化。(2)资产管理人的经验和能力至关重要。资产管理人在资产的处理和资产池的结构改变上被赋予非常大的权力。为了能够及时抓住市场机会并对信用事件做出快速反应，资产管理人决定资产选择、替换和买卖，实现资产增值收入和降低损失，对资产质量结构进行维持或调整。

在美国，小企业管理局(Small Business Administration，简称SBA)的职责是为小企业提供贷款，或对小企业的贷款给予担保，以小企业管理局担保的小企业贷款支撑发行的证券被称为小企业贷款担保证券。由于小企业局保证支付85%的本息，所以SBA债券具有安全性高的优点。

第二节 贷款证券化的发展历程和意义

一、贷款证券化在美国的发展

贷款证券化产生于20世纪70年代，当时美国经济陷入严重的衰退，通货膨胀导致市场利率上升。储蓄贷款机构面临双重困境：发放的长期贷款利率风险不断加大，受《Q条例》限制无法提高利息揽储。

(一)抵押贷款出售及服务

为增加流动性，贷款机构经常将抵押贷款打包后出售给其他投资人，同时还为投资人提供其他收费服务：将借款人偿还的本息转交给投资者、保存交易记录、维护准备金账户。美国联邦政府也从两方面促进了抵押贷款的销售：一方面，成立了几家机构购买抵押贷款，为抵押贷款设立了二级市场。美国联邦国民抵押协会(FNMA，Fannie Mae，房利美)是最早成立的购买抵押贷款的政府机构，它用来购买抵押贷款的资金是向公众出售债券来筹得的，投资者纷纷抢购这些有政府信用背景的债券。另一方面，政府成立了联邦住房管理局，专门为某些抵押贷款[①]合同提供担保，退伍军人管理局也设立了类似的担保计划，为退伍军人的抵押贷款提供担保。这样，出售抵押贷款就更容易了。此时，直接融资和间接融资并没有合成在一个流程里，购买贷款以及发行债券融资是房利美的两个独立的业务。

[①] 这些有担保的抵押贷款又被称为一致性贷款，需要签订一份标准化的贷款和余额。贷款合同的这种标准化是抵押贷款二级市场发展的一个重要的因素，而这种标准化的贷款合同在抵押贷款发展的早期很容易实现，因为那时的储蓄和贷款机构都是在所在地营业，抵押贷款业务高度标准化。

(二)住房抵押贷款证券发展时期(1968~1985 年)

1. 住房抵押贷款证券(MBS)的发行

1970 年吉利美①协助把单一家庭的房屋抵押贷款"捆绑"在一起形成一个不可分割的资产,并以此为支持发行证券(受益凭证),投资者按比例拥有相应抵押贷款池的权益份额。有人认为这是现代资产证券化的第一个产品——住房抵押贷款证券(MBS),与前述房利美发行债券融资完全不同,因为这次的受益凭证必须以大量的抵押贷款组合产生的现金流来支付,而且贷款组合的信用也和单纯债券融资依靠的政府信用无法比拟。不过,吉利美马上又为这些证券(受益凭证)提供了担保或保险,这样相应的抵押贷款证券的信用被提升到了美国政府的信用水平。

之后,房利美和房地美也加入了转手证券发行的行列。与吉利美不同,房利美和房地美的常规抵押贷款中没有联邦住宅管理局或退伍军人事务部担保的贷款。抵押贷款转手证券最大的问题是贷款提前偿付,美国大部分抵押贷款允许房屋所有者在到期日之前偿还它们本金的任何部分,且没有违约金。一旦收到提前还款,服务人和资产管理人只能向投资者转移收到款项,这样债券被迫提前归还。对投资者来说,如果此时市场利率下降,他只能按更低的利率进行再投资,收益比预期减少,这就是提前清偿风险。

此外,由房利美、吉利美和房地美三个代理机构购买的抵押贷款被称为一致性贷款,即在贷款规模、区域集中度、发行标准等方面满足上述三家机构条件的贷款。达不到这些标准的贷款称为非一致性贷款、次级贷款或不利信用贷款。它们在贷款规模上更大,地区分布更集中,发放标准比较宽松,风险更大,也有巨大的流动性需求。

2. 担保住房抵押贷款证券(CMO)

为了解决提前清偿问题和扩大住房抵押贷款市场的容纳能量,担保住房抵押贷款债券(Collateral Mortgage Obligation,CMO)被开发出来。最早的 CMO 由房地美在 1983 年发行,通过分析贷款组合产生的现金流,发行一系列不同期限、不同利率、不同信用级别的多层次且依次偿还的债券。它是一种转付证券。

(三)ABS 的兴起(1985~1996 年)

CMO 分层结构和现金流分割技术促进了证券化从抵押贷款向其他贷款类别的延伸。

1985 年 3 月,美国 Sperry Lease Finance Corporation 以 1.92 亿美元的租赁

---

① 20 世纪 60 年代末,美国政府对联邦国民抵押贷款协会(房利美)进行了重组,又新成立了两家新机构:政府国民抵押贷款协会(Government National Mortgage Association,GNMA,也称 Ginnie Mae 吉利美)和联邦住房贷款抵押公司(Federal Home Loan Mortgage Corporation,Freddie Mac,房地美)。政府发行的抵押债券的担保人不再是房利美,改由吉利美承担。这三家机构现在能够发行有担保抵押贷款以及没有担保的抵押贷款支持的证券。

票据为担保,发行了世界上第一只非住房抵押贷款资产支持证券,这是典型的资产证券化产品。

1985年5月,美国Marine Midland银行发行了汽车应收款凭证(Certificates for Automobile Receivables,CARs)证券,这是首例以汽车贷款为基础资产的ABS。

1987年1月,共和银行(Republic Bank)以其22.7万个万事通卡和维萨卡持卡人的2亿美元应付款为担保发行了信用卡支持证券。

此后,更多种类的贷款支持证券相继问世,如以消费者贷款、贸易应收款、小企业贷款、计算机租赁票据等为担保的贷款支持证券。

(四)CDO超常规发展(1996~2006年)

当债权资产种类越来越多,出现了担保债务凭证CDO,并在随后十年间有了爆炸式发展。有专家指出,次级抵押贷款的随意发放、CDO市场不透明和风险监管不力是导致2007~2008年金融危机的主要原因。

担保债务凭证CDO(Collateralized Debt Obligation,CDO)源于抵押贷款担保债券CMO[①],也是有复杂分层结构的转付债券。不同的是:(1)CMO的发起人多为政府支持机构房利美、房地美和吉利美,而CDO的发起人则是银行或其他金融机构。(2)CMO的资产池是由非一致性房屋抵押贷款组成,而CDO的资产池则涵盖非常广泛的债权资产,它不仅包括信贷资产,还包括其他各式各样的债券,根据债权资产特征CDO又可进一步分为担保贷款证券CLO和担保债券证券CBO(Collateralized Bond Obligation)。

CLO主要由银行通过出售所持有的商业和工业贷款来发行,需要注意的是:不良贷款、固定资产贷款、杠杆贷款等风险较大的资产可能也在资产池中。1996年,《巴塞尔协议》对商业银行资本充足率提出了较高的要求,美国商业银行大规模使用证券化以提高银行资产的流动性,CLO得到了快速发展。

CBO主要由债券或股票基金管理人来发行,同样要注意的是新兴市场债券、垃圾债券、巨债债券、MBS(抵押支持债券)、ABS(资产支持债券)甚至其他CDO(担保债务债券)这些已经发行的债券也在资产池中,所以CDO又被称为再证券化等,因为它是由已有的资产支持证券再次证券化衍生而来。此外,由于CBO可以套利[②],导致了CDO超常规发展。

---

① 有的文献中甚至直接将CMO归入CDO,不做区分,特别是在分析2007~2008年次贷危机时。

② 发行者在金融市场上以较低价格购入其他SPV发行的中间层债券(一般中间层风险等级为BBB级),通过结构化技术使这些债券风险分散化、现金流分割、信用增加,再以此发行不同级别的债券,因为经过增信高级次债券可获得AAA的评级,被发行者以高价出售。如此,不需净投资但可赚取差价,买低级别债券的钱可以由卖出高级别债券的钱支付,即套利。

(五)金融危机爆发中的停止阶段(2007～2009年)

2007年,美国房贷利率的上升与房价的下跌相互刺激,导致出现了次级贷款大面积违约。各大信用评级机构纷纷对各类贷款的违约和损失率重新进行评估,并发布了多轮针对RMBS的大规模降级,投资者纷纷抛售RMBS证券和根据RMBS再次证券化的CBO证券,由此拉开了席卷全球的次贷风暴。在金融危机期间,美国没有发行CDO。

次贷危机发生与资产证券化过度和缺乏有效监管有关。2006年之前,美国房地产价格持续上升,抵押房产价值看好,银行发放了大量次级抵押贷款。因为次级房贷经过证券化可以卖出好价钱,而且风险也通过证券化被传递到投资者手中,因此放贷机构也逐步丧失了对信用风险的敏感性,把大量的贷款贷给本来不应该放贷的信用不够的借款人。

由于资产证券化机理和分档技术的支持,证券化产品种类繁多、盘根错节。建立在次贷证券化之上的相关证券化衍生产品以几何级数膨胀增加,形成了一个数额巨大且错综复杂的网络。比如,CBO证券多次被证券化,这样就衍生出CDO的平方、CDO的立方等证券化产品,投资者对风险的来源已经不太敏感,只知道自己手中的债券是AAA级。但评级是评级机构根据以往的数据和外部增级得出的,其中的误差在层层打包中不断被放大。当产品的一个环节出现问题,所有证券化产品几乎都要降级。当大面积的违约到来时,资产证券化产品的链条从第一级开始崩坏,资产证券化链条上的所有人都要承受损失并引起恐慌。

(六)危机后的恢复时期(2010年至今)

危机过后,美国政府、监管机构和学术界对证券化和金融危机进行了审视反思,在会计、信息披露、具体操作方面监管当局已经出台了一系列政策、法律、法规和指导意见。后来的发展情况也显示,CDO并没有投资者和评级机构预计的那么差,从2012年开始,评级机构调升了当年被降级的CLO信用等级,CDO业务呈现强力反弹,发行规模也恢复至金融危机前的水平。

二、贷款证券化在我国的发展

(一)探索期

2000年,中国人民银行批准中国建设银行、中国工商银行为住房贷款证券化试点单位,相继发行了信贷资产证券。这些尝试取得成功的主要突破点在于SPV形式的落实,即通过特定目的信托SPT的方式。

表10—1　　　　　　　我国商业银行资产证券化的早期探索

发行时间	发行人	项目金额
2000年9月	建设银行	住房抵押贷款证券化

续表

发行时间	发行人	项目金额
2000年1月	工商银行	住房抵押贷款证券化
2003年1月	工商银行	宁波分行不良资产证券化3亿美元
2004年4月	工商银行	宁波分行不良资产证券化26.02亿元
2004年6月	中信实业银行	存贷宝(信贷资产信托收益权)转让产品
2005年3月	浦发银行、申银万国证券	房贷资产证券化10亿元

(二)第一次试点(2005~2008年)

2005年开始,中国人民银行和中国银监会提出贷款证券化的三批试点,[①]试点贷款的重点在非标贷款(如企业贷款和不良贷款)上,而流动性需求最大、金额小、数量多、期限长的房屋抵押贷款、汽车贷款和个人消费贷款的比例很小,这体现了试点期间监管部门对证券化产品安全性的考虑。

同时,相关主管的部门相继出台了关于资产证券化的专项法律法规,搭建了由中国人民银行和银监会主导的贷款证券化法律框架体系。

(三)暂停期(2009~2011年)

资产证券化被指为美国次贷危机的元凶,2009年起,我国暂停了资产证券化试点,贷款证券化陷入停滞状态。

(四)快速发展期(2012年至今)

2012年国家开发银行在银行间市场正式发行了"第一期开元信贷资产支持债券",标志着资产证券化试点重新开启。随后几年,国内相关监管部门一方面完善证券化业务的相关管理制度,另一方面不断鼓励和促进证券化业务发展[②];2013年放松风险自留比例,提高了发起机构的发行动力[③]。2014年9月,鼓励发行住房抵押贷款支持证券(MBS)、发行期限较长的专项金融债券,用于增加首套和改善型普通自住房贷款投放。2014年11月,证监会明确信贷资产证券化业务由审批制

[①] 2005年4月20日中国人民银行和中国银监会共同发布了《信贷资产证券化试点管理办法》,同年11月7日中国银监会颁布了《金融机构信贷资产证券化试点监督管理办法》。

[②] 中国人民银行、银监会、财政部联合发布了《关于进一步扩大信贷资产证券化试点有关事项的通知》。

[③] 12月31日,央行和银监会进一步规范信贷资产证券化发起机构风险自留行为,规定"持有最低档次资产支持证券的比例不得低于该档次资产支持证券发行规模的5%"。

改为业务备案制[①],2015年央行启动信贷资产证券化注册制,这些都大大推动了信贷资产证券化业务的发展。2016年我国信贷证券化债券发行量为3 908.53亿元,是2013年发行量的55倍。

表10—2　　　　　　　2013～2016年证券化信贷资产情况　　　　　　单位:亿元

年度		企业贷款	专项信贷	汽车抵押贷款	住房抵押贷款	不良资产重组	金融租赁	个人消费贷款	设备按揭贷款	住房公积金	总发行额
2013	金额	77.73	80								157.7
	占比	49.28%	50.72%								
2014	金额	2 177	372.4	159	68.14		16.56	26.31			2 820
	占比	77.22%	13.21%	5.64%	2.42%		0.59%	0.93%			
2015	金额	3 113		424	259.8		61.91	113.2	14.85		3 987
	占比	76.10%		10.37%	6.35%		1.51%	2.77%	0.36%		
2016	金额	1 438.48		587.19	1 049.43	156.1	130.8	200.31		347.1	3 909.5
	占比	36.79%		15.02%	26.84%	3.99%	3.35%	5.12%		8.88%	

资料来源:中国资产证券化分析网站,http://www.cn-abs.com/。

2015年之前,我国证券化基础资产中大约有70%为公司贷款,这和欧美以住房按揭贷款为主不同。这和我国存量贷款结构有关,因为从腾出信贷规模、降低资本占用和信贷集中度等角度看,对公贷款证券化的"改善资产负债表"效果更加显著。而且按揭贷款由于单笔贷款规模较小、入池资产笔数繁多、涉及抵押物变更手续繁杂等原因,操作起来成本较高。2014年实施备案制后,我国证券化基础资产种类不断丰富,企业贷款在基础资产中的占比逐渐降低,而住房抵押贷款、汽车抵押贷款、个人消费贷款成为证券化的主流。2015年之后,贷款证券化进入了快速发展的轨道,不良贷款证券化重启、住房抵押贷款证券化比例加大。贷款证券化渐渐发展成为一种常规化的手段。

三、贷款证券化意义

贷款证券化改变了传统的融资方式和概念,使直接融资和间接融资形成了有效的互补,提升了资金的流动性,对参与各方都是有益的。

(一)微观层面

1.对发起人的意义

[①] 2014年11月,银监会发布《关于信贷资产证券化备案登记工作流程的通知》,未来银监会不再对信贷资产证券化产品逐笔审批,银行在取得业务资格后对产品发行进行备案登记即可。2014年9月,中国人民银行和银监会联合发布《关于进一步做好住房金融服务工作的通知》,鼓励银行业金融机构通过发行住房抵押贷款支持证券(MBS)发行期限较长的专项金融债券等多种措施筹集资金,专门用于增加首套普通自住房和改善型普通自住房贷款投放。

(1)贷款证券化可以灵活调整自身资产负债的规模及结构,缓解商业银行的"短存长贷"的结构性错配问题,降低流动性风险。

(2)证券化释放相应的资本,缓解对资本充足率要求的压力,提高资金使用效率。新巴塞尔协议中,企业贷款的风险权重都比较高,为满足资本金充足率要求,贷款会占用银行大笔资本金。若将这些资本金去持有收益率更高或风险权重更小的资产,或者去发放新的企业贷款,可以提高银行资金的利用率,使同一笔资金获得多次的服务费收入和利差收入,实现银行利润的最大化。

(3)拓宽融资渠道,降低融资成本。典型的公开股权、债权直接融资需要满足严格发行条件,并需支付给券商较高佣金,融资成本较高。贷款证券化不需要融资方的整体信用支持,信用等级不高的中小企业也能办理。因为只需考虑基础资产的质量,并可以通过真实出售、破产隔离和信用增级等手段,大大提高证券的信用级别。而债券等级提升,可以降低投资者所要求的投资回报率,进而减少融资成本。

(4)增加收入来源。一般来说,发起人可以通过资产管理方面的优势充当证券化中的服务商,通过对贷款付款服务的途径收取相应报酬,拓宽了发起人的收入来源。而且,基础资产由于信用增级还可以产生一个差额收益,这也由发起人获得。

2. 对投资者的意义

(1)贷款证券化实行投资者导向,它根据投资者需求创造多样化产品。通过分割基础资产现金流和风险重组机制,使得证券本金和利息的偿付机制发生变化,可以有效满足不同投资者对于收益、风险和期限的多样化需求。

(2)证券化产品还能让特殊投资者间接进入受限制领域,如银行、保险公司等优良机构投资者原本不允许进行不良贷款处置、股权投资和公募基金投资,通过投资相应的证券化债券可以间接实现投资意愿。

3. 对投资银行

(1)投资银行是债券结构设计、债券评价、债券的发行承销和债券交易过程的核心,证券化业务为投行提供了稳定客观的收入。

(2)投资银行是证券化证券的重要机构投资者,他们基于专业技术分析投资于高收益的证券化产品,获得较高收益。

(3)贷款证券化为投行提供了金融创新机会,使其专长得以充分发挥,可以促进投资银行产业的大力发展。

(二)宏观层面

(1)贷款证券化分散了金融系统的风险,并且大大提高了资本配置效率。多家机构投资者共同参与服务和交易,高效的专业化分工将积压在银行体系的房地产贷款、企业贷款、消费贷款、不良资产等的风险合理配置给各个层次的投资者,金融市场的融资结构得以改善,大大提高了资本的流通和增值能力。

（2）贷款证券化使资本市场和信贷市场相互联系补充，信贷市场因资本市场而更加完善，资本市场因信贷市场获得更多的交易对象和金融服务。

（3）疏通货币政策传导渠道、丰富公开操作市场工具、提高货币政策传导效率。在间接调控方式下，货币政策主要通过央行在货币市场上实施灵活的公开市场操作实现，而贷款支持证券在银行间债券市场上市，可以成为央行公开市场操作的工具。一般来说，货币市场的流动性和交易性越强，货币政策的传导效率就越高，商业银行是货币市场的主要参与者之一，贷款证券化提高资产流动性，促进货币政策效率提高。

第三节　贷款证券化的运作和管理

一、贷款证券化的运作

（一）发起人和服务人

发起人是资产池中贷款的原始权益人和主要受益人，他一般还兼做服务人，为 SPV 提供有偿的账户管理业务，负责贷款到期本息的收取、追收逾期的贷款本息、将归还的贷款本息存入资产管理人账户，再由资产管理人将债券利息本金转给投资者。发起人在出售资产时，必须要考虑资产池贷款未来现金流结构是否稳定、贷款总量的规模效应是否可以降低发行费用和分散风险、贷款笔数是否足够多分散风险，这些都关系到资产池是否适于证券化。另外，资产池中的资产在行业、地区的分散也是需要发行人考虑的。

（二）特殊目的机构

特殊目的机构 SPV 是为贷款资产证券化而特设的机构，它主要有两项功能：一是破产隔离功能。在美国特殊目的公司被称为"纸面公司"（paper company），不能负债、没有员工，它更多是一种法律层面的意义，仅仅体现破产隔离功能。二是交易主体功能。但在实践中这个功能被大大弱化和忽视，因为 SPV 相关职责被委托给各种中介服务机构：发起人管理证券化的资产；交易商负责设计资产的类型、规模、价格、产品利率等证券化架构；承销商负责证券化产品的承销。

SPV 可以是信托投资公司、信用担保公司、投资保险公司或其他独立法人。根据组织形式，又可进一步细分为特殊目的公司（Special Purpose Company, SPC）、有限合伙和特殊目的信托（Special Purpose Trust, SPT），三种模式都可实现远离破产、最大化节约融资成本、合理避税的目的，但前两者是将基础资产"出售"给受托机构，后者则是被"信托"给受托机构。我国的实践中，基本上以信托 SPT 作为载体的首选。

（三）运作模式

根据信贷资产是否出表，贷款证券化总体上可归纳为三种运作模式：表外模式、表内模式和准表外模式。

表外模式也称美国模式，是发起人（如银行）把资产"真实出售"给特殊目的载体 SPV。有人认为这种模式才是真正的贷款证券化，但这种模式在美国外的国家和地区发展缓慢，主要原因有银行出售贷款的积极性不高、政府提供信用担保力度不强或相关法律法规的限制等。

表内模式也称欧洲模式，把贷款仍留在其资产负债表上，发起人以某些贷款为担保发行证券融资。这种模式实质上并不存在真正意义特设目的载体 SPV，由发起人本身承担了发行人的职责。如果发起人破产，抵押贷款资产池内的资产也属于破产资产范围，但有些国家有一些法律安排，使得抵押贷款证券的持有人得到破产资产池的优先偿付。

准表外模式也称澳大利亚模式，是原始权益人成立全资或控股子公司作为 SPV，然后把资产真实出售给 SPV，子公司不但可以购买母公司的资产，也可以购买其他机构的抵押贷款资产，并以此组建资产池发行证券。因子公司的利润要上缴给母公司且需合并报表，子公司的资产最终是体现在母公司的资产负债表上的，但由于资产是真实出售给子公司，进入子公司的资产可以实现"破产隔离"，所以这种模式的实质是发起人主导的表外证券化。

我国贷款证券化是基于信托关系的表外业务模式，但现行的法律以及会计制度还需要进一步完善以满足表外资产证券化的要求。

（四）基础资产的出售、转让和管理

在 SPV 成立后，证券化交易进入了核心环节，SPV 与原始权益人或指定的资产池服务商签订《资产池汇集与服务协议》，由后者管理资产池资产。资产池服务商通过专门账户负责收款、记录贷款产生的现金流、支付贷款支持证券投资者的本息、遵照特设机构的指令支付费用。当贷款支持证券全部偿还后，如资金有剩余，按协议规定在贷款出售银行和特设机构之间分配。

可证券化的贷款一般是缺乏流动性但有稳定的未来净现金流的资产，除此之外，贷款资产组合还应满足以下一些要求：贷款对应的债务人地域和人口统计分布较广泛；原所有者持有该项贷款已经有一段时间，本息支付稳定；资产池中的贷款达到一定的规模，容易实现证券化交易的规模经济。如果贷款的现金流均匀地分布于资产的续存期内、贷款合同标准化、抵押物容易变现且对债务人非常重要，那么这些优质、有抵押的标准化贷款是非常合适的可证券化贷款。

相应的，较难进行证券化的贷款特征有：资产池中的贷款数量较少或者金额最大的资产所占比例过高、资产的收益属于本息到期一次偿还、付款时间不确定或者付款间隔期过长、资产的债务人有修改合同条款的权利。非投资级的杠杆贷款、信

用等级低的工商企业贷款、过桥贷款、银团贷款、不良贷款属于较难证券化的非标贷款,这些贷款在行业、期限、利率、担保、偿付等条款方面差别巨大且质量不一。但这并不意味着这些贷款无法证券化,SPV可以对非标贷款组合进行结构重组和现金流的分割、替换、循环购买、更新,这些技术性较强的金融工程被认为是贷款证券化的核心技术。

(五)信用增级机制

在确定了证券交易结构之后,SPV会邀请评级机构对结构化产品的每个层级进行专业分析评级。信用等级越高,证券的风险越低,发行证券的成本更低,但一般情况下,大部分产品只能获得低于投资级的评级,这就需要内部或外部信用增级。

内部信用增级主要包括超额抵押、现金抵押账户、利差账户、资产支持证券分层结构四种方式。超额抵押是指资产池中贷款总价值大于发行的证券价值,现金抵押账户资金来源于发起人或由其他金融机构所发放的贷款,利差账户资金是资产池中贷款的利息收入减去发行证券支付的利息和费用,这三部分作为信用保护,用于弥补贷款证券化业务活动中可能产生的损失。资产支持证券分层结构是将资产支持证券按照受偿顺序分为不同档次的证券。高档次的证券比低档次的证券在本息支付上享有优先权,低档次的证券先于高档次的证券承担损失,以此为高档次的证券提供信用保护。因我国多采用内部增级进行增信,主要为优先/次级结构和超额抵押方式,因为我国贷款证券化绝大多数为优质资产,通过较为简单明了的劣后清偿安排,基本可以保证优先档证券评级所需的信用增级量。

外部增信有备用信用证、信用担保、信用违约互换等几种方法。(1)备用信用证是具有明确金额的信用支持,一般由银行出具,承诺在满足预先确定的条件下提供无条件的偿付。一份条件良好的备用信用证可以将SPV的信用条件提升到信用证开证行的信用条件。(2)第三方担保是贷款证券化最简单的外部增信方式。美国很多贷款支撑证券都是由政府担保的,企业担保的效果虽然不及政府,但也是一种重要的手段,企业担保可以针对整个交易,也可以针对交易中的某个档级提供担保。(3)信用违约互换(Credit Default Swap,简称CDS,又称信用违约掉期)是对贷款或债券的违约风险进行保险的行为。可能会出现违约的贷款、债券或其他债务通常被称作参考资产,而这些资产的借款人或债券的发行方叫作参考信用方。信用违约互换的买方经常是参考资产的持有人,他们向CDS保险合约的卖方支付一定的保险费[①]。如果合约有效期内发生了双方约定的信用违约事件,CDS卖方

---

① 买方一般定期根据参考资产的票面价值向卖方支付一定的保险费。

须对买方给予一定的补偿①。在交易主体缺失的情况下,信用违约互换为投资者权利的实现提供了保障,而且它的成本一般比担保和信用证要低。因为合约的卖方多是专业化的风险管理机构,他们能较为精确地测算风险,在风险超过合意水平时,可以通过国际市场再次进行风险互换。所以,该种安排既可以控制市场的整体风险,又不会过度加重发行人成本,对整个金融市场的发展极为有利。

但是外部增信也有缺点:它容易受增信提供方信用等级变动的影响,而且监管不当时易引爆信用危机。如信用违约互换 CDS 是欧美证券化运用最普遍的外部增信手段,但也被认为是 2008 年金融危机的重要推手。金融危机前,CDS 监管不当、交易信息不公开,无序过度膨胀吹大了资金泡沫,当大量的次级抵押贷款证券出现违约后,很多 CDS 不能提供应有的巨额补偿,评级机构迅速下调了信用等级,进一步引发连锁性的金融恐慌。

(六)证券承销商发行证券

信用增级后,特设机构委托证券承销商将创造出来的贷款支持证券,经有关证券监管部门批准后,向资本市场的投资人进行推销。证券商在推销时以与特设机构协议规定的方式和价格,采用包销、承销或代销方式发行证券。特设机构从证券商那里获得销售收入,并按与贷款销售银行合同的约定向贷款出售银行支付购买贷款的价款。

二、贷款证券化过程中的风险及防范

贷款支持证券发行和新增信贷之间有种互相促进的"加速器效应",容易导致信贷过度增长和资产价格上升,推动金融机构风险偏好增加和风险暴露规模扩大。在贷款证券化过程中应积极识别和防范信用风险、流动性风险和利率风险,严格限制贷款证券化市场的过度投机。

(一)信用风险

信用风险是指获得信用支持的借款人不能按信贷合约的约定按时还本付息所带来的损失可能性。贷款证券化中的信用风险主要来自以下几个方面:

1. 原始债务人违约

指原始债务人到期无法支付贷款本息的风险,这会对资产池中的资产质量产生不利影响,进一步影响到各参与主体的利益。损失最大的是投资人,因为他们所持债券的本息收益来自于基础资产的现金流。违约风险可以通过以下方法予以回避:第一,设定资产合格条件并得到发起人保证,即只有符合这些条件的贷款才能由 SPV 购买或受托;第二,为确保项目有超额的流动性,可由 SPV 从发起人那里

---

① 合约卖方可以接受买方向其交割的参考资产,并向买方支付参考资产的票面价值,也可以通过现金交割补偿债券面值与现值的差额,还可以针对基差等风险予以补偿。

收购更多的贷款,超过对投资者支付及融资成本的需要。

2. 原始债务人提前清偿

债务人提前偿还贷款会扰乱资金池现金流规划。如果是转手证券,投资者手中的债券会被要求提前偿还,投资者不得不再次寻找投资。如果转付证券资产池中的贷款被提前支付本金,则原本规划好的投资利息则没了来源,导致 SPV 无法负担定时的支付。这种风险可以通过几种方法解决:利率互换、对于资产证券一开始发行时就设计出快速偿还档和慢速偿还档等多档结构。

3. 发起人的道德败坏

商业银行作为发起人,对出售的贷款质量一般都比较了解,在披露信贷资产时可能出于自身利益的考虑而向 SPV 隐瞒不利信息。另一方面,通过信用增级后,投资者一般都倾向于相信第三方机构出具的评估报告,但如果独立第三方与银行合谋,没有客观公正地对证券化产品进行评价,投资人利益将会受到损失。这种情况可以通过约定自留比例、自留档次、持有期限等手段使发起人和投资人利益一致。

4. 第三方中介机构业务水平或道德问题

证券化中的贷款是由服务商和资产管理人来管理的,如果服务商和资产管理人违约或破产倒闭,证券化则面临停止或瘫痪的危险。在 CMBS 和 CDO 这些交易结构处理比较复杂的业务中,服务商和资产管理人的权力很大,其业务水平和职业道德对证券的表现有直接的影响。另外,采用外部增信时,增信机构的信用等级下降会对证券的等级产生不利影响,甚至会直接导致证券流动性变差而引起挤兑。其他第三方如会计师、律师、保管人等如果缺乏有效的组织形式和运作规范,不能做到客观、公正独立地提供服务,甚至利用证券化谋求自身利益,同样会扩大证券化的风险。

第三方机构风险可以从以下方面进行防范:(1)对第三方机构的资格和经验做出要求;(2)从证券投资者的利益出发,尽量降低基础资产与增级机构的关联程度;(3)建立对第三方机构的监控和惩戒程序。

(二)流动性风险

流动性贯穿于贷款证券化过程的始终。贷款证券化的流动性包含三个层次:(1)基础资产被打包转给 SPV;(2)SPV 以资产池为支持向投资者发行信贷资产支持证券,这被称为一级市场流动性;(3)信贷资产支持证券在投资者之间转手交易,即二级市场流动性。

第二层次的流动性是对 SPV 来说的,因为它的基本工作是保证收入流和支出流相匹配。如果突然出现大面积贷款违约,导致贷款支持证券出现本金利息支付不继时,为了保证流动性,发起人有时会帮助抵补现金短缺[①]。例如,在证券化项目开始时,为了抵补可能的流动性风险,发起人会给予 SPV 一笔一次性的贷款,但是这个贷款是长期的、附属的,只有在其他所有债权人都全部得到偿付并且证券化项目已经结束以后才获得偿还。

第三层次的流动性风险指的是贷款支持证券以接近于其真实价值的价格出售的难易程度。衡量的一般指标是市场上买卖价差,差价越大,流动性风险就越大。一般来说,由于贷款支持证券结构设计特点,其流动性一般比较高。但是,在市场或证券本身出现问题时,贷款支持证券也会面临流动性问题,这一点在 2007 年的金融危机中体现无疑。

(三)利率风险

利率风险又称基础风险,即基础资产的利息收入少于应该支付给投资者的利息,这种损失的可能性取决于基础资产的种类和计息的方式。如果基础资产利息是按浮动利率计算,在市场利率下降时,其利息很有可能不能覆盖贷款支持证券化的固定利率要求。利率互换可以用来防范利率风险,即可以由发起人与 SPV 签订利率互换协议。

此外,贷款支持证券的投资人也面临着利率风险。因为贷款支持证券一般是固定收益证券,其市场价格与市场利率水平是呈反向变动的,当市场利率升高时,其所投资的证券价值下降。常见的解决方法是采用浮动利率、进行利率互换或者引入其他利率保值方法。

本章小结

贷款证券化是 20 世纪 70 年代的重大金融创新,它能增强银行资产的流动性及安全性。通过将缺乏流动性但又能产生可预期的稳定现金流的贷款汇集起来,对贷款组合中的风险与收益要素进行分离与重组,辅以信用评级和增级,将贷款转变成可以在金融市场上出售和流通的证券。典型的贷款证券化过程涉及发起人、服务人、资产管理人、特殊目的机构、投资银行、评级机构、增信机构、投资者众多主体。主要特征有:贷款收入导向型、结构化、表外化、复杂化和低成本等。

贷款支持证券根据现金流偿付特征可以分为转手证券和转付证券。转手证券是将收取的贷款本金利息直接"过手"转给投资者以偿付证券的本息。住房抵押贷款和汽车贷款由于贷款合同标准和抵押价值高,是最易证券化的贷款,它们多采用转手证券的形式。转付证券的支持资产多为现金流不稳定、抵押担保不完全、合同非标准的贷款,如信用卡贷款、不良贷款、企业贷款等。发行转付证券需要对贷款

[①] 这并不意味着发起人承担贷款支持证券的支付,因为真实出售(信托)形成的破产隔离使 SPV 的证券融资有独立的特征。

组合进行积极管理以应对期限、风险不一的证券本息支付。担保债务凭证CDO是典型的转付证券,它分为以商业贷款为支撑的担保贷款证券CLO和以其他债券为基础资产的担保债券证券CBO。

我国贷款证券化起步较晚,在经历了探索、试点、停止、重启几个过程后,进入了加速发展阶段。我国证券化采用的是基于信托关系的表外业务模式,在试点期间基础资产中公司贷款占较大比例,2015年后,房贷、车贷等个人贷款和不良贷款证券化业务发展非常迅速。

贷款支持证券发行和新增信贷之间有种互相促进的"加速器效应",容易导致信贷过度增长和资产价格上升,推动金融机构风险偏好增加和风险暴露规模扩大。在贷款证券化过程中,应积极识别和防范信用风险、流动性风险和利率风险,严格限制贷款证券化市场的过度投机。

复习思考题

1. 什么是贷款证券化?它与发行证券直接融资有何区别?
2. 试述贷款证券化的运作过程。贷款证券化具有哪些创新?
3. 可证券化信贷资产有哪些特征?对较难进行证券化的贷款应如何操作?
4. 试述贷款证券化对各参与方的意义。
5. 试述美国银行贷款证券化的演进过程。
6. 贷款证券化的主要品种有哪些?
7. 如何对贷款支持证券进行信用增级?
8. 请分析贷款资产证券化的风险以及防范方法。
9. 案例分析:

阿里小额信贷资产证券化

2013年7月证监会审批通过"东方资管—阿里巴巴1号—10号专项资产管理计划"(以下简称专项计划),计划以发起人阿里巴巴小贷公司小额贷款形成的债权为基础资产,在深交所协转平台3年内不定期发行10期产品,每期发行额度为2亿~5亿元,总募集金额为50亿元。截至2014年9月底,10只专项计划全部完成发行,募集资金50亿元。专项计划是我国首个以小额信贷资产为基础资产的证券化项目,它以小微企业贷款产生的现金流作为第一还款来源,以优先级/次优级/次级分层机制和担保公司的补充支付机制提供综合增级保障的固定收益产品。其全部受益权按照每份人民币100元均分为均等份额,投资者根据其拥有的资产支持证券数量取得相应的受益权份额。

一、专项计划参与方及交易结构

计划的管理人为上海东方证券资产管理公司,它通过设立专项计划募集资金,接受认购人的委托将认购资金用于购买基础资产,并以基础资产及其管理、运用和处分形成的属于专项计划的全部资产和收益,按约定向资产支持证券持有人支付。

计划的原始权益人、次级资产支持证券持有人以及资产服务机构为重庆阿里小贷或浙江阿里小贷。它们受计划管理人委托对基础资产资料保管、对借款人应还款项进行催收、运用前期基础资产回收款滚动投资后续资产包等。

担保及补充支付承诺人为商诚融资担保有限公司,负责在期限届满时在保证责任范围内提供担保,并在补充支付额度内为优先级资产支持证券和次优级资产支持证券的本金及收益提供补充支付,履行担保及补充支付义务的金额合计不超过专项计划规模的30%。

此外,专项计划托管银行为兴业银行股份有限公司,登记托管机构为中国证券登记结算有限公司深圳分公司,评级机构为上海新世纪资信评估投资服务有限公司。

二、专项计划资产支持证券概况

根据不同的偿付顺序和风险、收益特征,专项计划的资产支持证券分为优先级资产支持证券、次优级资产支持证券和次级资产支持证券,上述三类证券的比例依次为7.5∶1.5∶1,次级份额由蚂蚁微贷自身认购,优先级份额可在交易所平台上市交易,存续期内不交易。评级机构根据专项计划基础资产的情况、交易结构的安排、担保安排等因素,评估了有关的风险,给予优先级资产支持证券信用评级均AAA级,次优级资产支持证券和次级资产支持证券未进行信用评级。

三、原始权益人和基础资产情况

专项计划的原始权益人为重庆市阿里巴巴小额贷款有限公司和浙江阿里巴巴小额贷款股份有限公司(以下合称"阿里小贷"),两家公司均为阿里巴巴集团控股的小额贷款公司。阿里小贷在成立之初就以互联网金融创新为使命,对与小企业和个体工商户相对应的金融服务层级进行大胆尝试。它以数据和网络为核心基础,利用阿里巴巴B2B、淘宝、支付宝等电子商务平台上客户积累的信用数据及行为数据,引入网络数据模型和在线视频资信调查模式,通过交叉检验技术辅以第三方验证确认客户信息的真实性,将客户在电子商务网络平台上的行为数据映射为企业和个人的信用评价,向这些通常无法在传统金融渠道获得贷款的弱势群体批量发放"金额小、期限短、随借随还"的小额贷款。从阿里小贷开业至2013年4月30日,累计获贷客户数24.03万户,累计发放贷款803.08万笔,累计发放金额810.23亿元;余额客户数4.38万户,贷款余额11.48万笔,金额19.78亿元,整体不良率为1.23%,贷款资产整体的逾期率和不良率稳定控制在较低水平。总体而言,阿里小贷的贷款资产反映了小企业数量多、贷款金额小、贷款时间短等特征,而且在较大的客户及贷款样本上,逾期及不良等风险指标表现出了一定的稳定性。此外,小额贷款以阿里巴巴集团旗下大规模电子商务平台为基础,将有较大的增长空间。

当专项计划发行结束并起始运作日,计划管理人根据约定向托管人发出付款指令,与原始权益人完成专项计划对应的基础资产转让交易。由于小微贷款资产金额小、期限短,需要与合作机构反复评估、筛选资产,将其源源不断地放入资产池,筛选过程操作复杂且成本较高,项目引入了自动化的资产筛选系统。根据以下标准筛选贷款:各单项贷款应为原始权益人真实、合法、有效拥有,且未设定抵押权、质权、其他担保物权或任何第三方权利,按贷款五级分类标准归类为正常类,其对应的借款人无不良贷款记录;借款人不会享有原始权益人提供的返还借款人已实际支付之利息的任何优惠措施;单一贷款的借款人在专项计划项下的贷款本金余额不超过人民币100万元;贷款到期日不得晚于专项计划的最后一个分配基准日;基础资产转让后,资产池的加权平均贷款年利率将不低于10%。

四、专项计划资产管理

在交易结构方面,专项计划最大的特点在于循环购买基础资产,要求小贷公司的产品期限设计、还款方式设计都要与循环购买方式相匹配。因为如果一笔资产在资产池里到期了,下一笔资产必须很快地进入,否则提前清偿将影响投资者体验。在首批受让的基础资产产生回收款后,资产服务机构向计划管理人提交再投资拟受让的基础资产清单及再投资金额的建议,经过计划管理人的审核和确认后,资产服务机构根据约定继续将该款项投资于符合合格投资约定的小额贷款资产并按照约定进行保管和催收等管理工作,计划管理人每日对前一日的基础资产再投资过程中发生的资金划拨进行核对。以此类推,直到专项计划按照约定停止再投资。

资产服务机构需对已向计划管理人转让的资产池进行实时监控,并根据计划管理人的要求随时提供相关数据。当发生基础资产逾期率超过6%或基础资产不良率超过5%任一情形时,资产服务机构应立即通知计划管理人和原始权益人,并向计划管理人进一步提供资产池行业、地区或信用等级分散度的相关信息。此外,资产服务机构应核查并落实相关原因,并根据实际情况与计划管理人和原始权益人协商采取对应措施,在基础资产不良率超过8%的情形下,资产服务机构还应根据计划管理人的要求对不良基础资产展开专项催收工作。

在日常运营方面,引入了支付宝公司提供的资金归集和支付服务。在专项计划存续期限内,如专项计划收款支付宝账户内的资金连续十个自然日超过专项计划募集资金的20%,计划管理人有权将专项计划收款支付宝账户内的全部或部分资金划付至专项计划账户,并指示托管银行将转入专项计划账户中的资金进行合格投资。

每一认购专项计划项下的认购人,应与计划管理人分别签署《认购协议》,授权计划管理人代表其行使和履行《担保及补充支付承诺函》项下的权利和义务。计划管理人应委托资产服务机构就发生违约情形的任何一笔基础资产向相应的借款人及相关责任人进行追偿,并将成功追偿所得的金额付入专项计划收款支付宝账户,若担保及补充支付承诺人足额支付担保履行额,计划管理人应在资产服务机构的协助下,将追偿所得金额的相应部分转付给担保及补充支付承诺人。

问题:

(1)小额信贷资产证券化给阿里小贷带来了哪些好处?

(2)根据案例资料,绘制专项计划的交易结构图并简要分析各参与方在交易中的作用。

(3)请分析小额信贷资产证券化在突破传统证券化模式方面的创新。

(4)专项计划在运作过程中可能面临哪些风险?应如何防范?

参考文献

1. (美)扈企平. 资产证券化理论与实务[M]. 北京:机械工业出版社,2014.
2. 戴天柱. 投资银行运作理论与实务[M]. 北京:经济管理出版社,2004.
3. 沈炳熙. 资产证券化——中国的实践[M]. 北京:北京大学出版社,2013.
4. (美)弗雷德里克·S. 米什金,(美)斯坦利·G.埃金斯著. 丁宁等译. 金融市场与金融机构(原书第7版)[M]. 北京:机械工业出版社,2013.
5. 周沅帆. 债券增信[M]. 北京:北京大学出版社,2010.
6. 奚君羊. 投资银行学[M]. 北京:首都经济贸易大学出版社,2014.
7. 中国人民银行金融市场司. 中国资产证券化——从理论走向实践[M]. 北京:中国金融出版社,2006.
8. 林华. 金融新格局——资产证券化的突破与创新[M]. 北京:中信出版社,2014.
9. (美)弗兰克·J. 法博齐,维诺德·科塞瑞著. 宋光辉,刘璟,朱开屿译. 资产证券化导论[M]. 北京:机械工业出版社,2014.
10. 焦方义,祝洪章. 投资银行学[M]. 北京:中国金融出版社,2013.
11. 张明. 全球金融危机与中国国际金融新战略[M]. 北京:中国金融出版社,2010.
12. 姜建清. 商业银行资产证券化——从货币市场走向资本市场[M]. 北京:中国金融出版社,2004.
13. 威廉·F. 马克斯韦尔,马克·R. 申克曼. 高收益产品大全[M]. 北京:机械工业出版社,2014.
14. 马晓军. 投资银行学理论与案例[M]. 北京:机械工业出版社,2014.
15. 刘忠燕. 商业银行经营管理学(第2版)[M]. 北京:中国金融出版社,2014.
16. 东证资管-阿里巴巴X号专项资产管理计划说明书.

第十一章 贷款风险管理

本章要点

- 贷款风险概念及分类
- 贷款风险管理的流程
- 贷款风险五级分类
- 贷款损失准备
- 贷款风险管理策略
- 贷款操作风险识别
- 不良贷款处置和管理

本章重要概念

贷款风险;信用风险;操作风险;全面风险管理;财务风险因素;非财务风险因素;抵押品监测;贷款风险预警;贷款风险评估方法;贷款风险五级分类;贷款损失准备;贷款风险管理策略;不良贷款;不良贷款处置

第一节 贷款风险概述

一、贷款风险的内涵

(一)贷款风险的定义

贷款风险是商业银行在贷款业务过程中受内外不确定因素的影响,资产及其收益蒙受损失的可能性。贷款风险可以从量和时间上考察,即贷款的本金和利息能否按时全额收回。

(二)贷款风险产生的原因

贷款风险对商业银行来说是客观存在的,信息不对称理论较好地分析了贷款风险,也为风险的管理提供了思路。一般来说,贷款风险的成因可从内部和外部角度考察，内部控制因素来源于消息不对称导致的贷款风险管理体系不健全，外部环境因素主要有信息不对称造成的社会诚信缺损、市场的不确定性、信用环境缺损、法律不健全等。在信息不对称的情况下，信息流通渠道局限和市场噪声等主客观因素会严重阻碍市场信息交流和有效的传播，使借款人行为具有很大的不确定性，以贷款合约签订时间点为界，可将风险分为两个内容：逆向选择和道德风险。

在合同签订之前的信息不对称风险被称为逆向选择，如果交易双方隐瞒自己商品的缺陷信息来获取额外利益，会导致错误的市场资源配置。在信贷市场上，借款人中有很多财务状况不佳的消息隐藏者，一般来说，银行只知道风险在全体借款人中的统计分布，不知道单独借款人的具体风险系数。因此，银行一般对所有借款人都提供标准债务合同，而且为了防范风险，会要求所有借款人支付相同的高利率，或者提出超额抵押和回存的要求。但财务状况好、信用高的借款人会因此觉得融资成本过高，从而退出这些高利率贷款的申请，导致取得贷款的都是剩下的偿还能力弱、低信誉的高风险申请人，这种合约签订事前的信息不对称导致的风险被称为逆向选择。

合同签订之后信息不对称导致的后果被称为道德风险，这是信用风险和操作风险的主要原因。贷款从发放到收回充满了变数，如果一些企业或个人客户违背道德采取不正当手段逃避银行债务、把银行贷款挪作他用，这样会降低银行收回贷款的可能性，增大信用风险。还有一种银行内部的道德风险，如银行内上级机构委托下级机构去开展业务，但二者的目标并不总是一致的。下级行可能迫于绩效考核，担心上级审批过于严格无法做成业务，于是隐瞒不利信息，内外串通，隐瞒甚至篡改信息，将贷款发放给不具备资格的借款人。银行内部人员信息不对称导致的道德风险还可以从委托代理关系角度进行解释，因为契约是不完全契约，不能穷尽所有事项，契约之外的事项都可能导致委托人的利益受损。

二、贷款风险的主要类型

（一）按诱发风险的原因

贷款风险从不同角度划分有多种不同的分类方法，按照诱发风险的原因可分为信用风险、市场风险、操作风险和其他风险。

1. 信用风险

信用风险指借款人不能或不愿按约定偿还贷款本息，导致银行信贷资金遭受损失的可能性。借款人的偿债能力和偿债意愿是决定贷款信用风险最主要、最直接的因素。影响借款人的偿债能力和偿债意愿的因素包括道德、市场、经营管理等。

2. 市场风险

市场风险是指由于利率、汇率的不利变动而使银行贷款遭受损失的可能性。由于利率是资金成本，汇率变动必定影响利率，利率的波动直接导致贷款价值的变化。目前在我国利率市场化进程才刚刚起步,影响利率的因素仍不明朗,利率风险还不是主要风险。

3. 操作风险

英国银行家协会(BBA,1999)将操作风险定义为"由于内部程序、人员、系统的不完善或失误,或外部事件造成的直接或间接损失的风险(外部事件主要指自然、政治或者军事事件以及设备或技术存在的缺陷等)"。这个定义强调内部控制以及银行职员的重要作用,得到了广泛的认可和应用。

4. 其他风险

其他风险包括政策性风险、国家风险、战略风险等。政策性风险是指由于政策发生变化给贷款带来损失的可能性。国家风险是指由于借款国宏观经济、政治、社会环境的影响导致商业银行的外国客户不能偿还贷款本息的可能性。战略风险是指银行的贷款决策失误或执行不当而造成的贷款损失的可能性。

目前我国商业银行贷款风险中最主要的是信用风险和操作风险。

(二)按贷款风险影响范围划分

按贷款风险影响的范围可划分为系统性风险和非系统性风险。系统性风险往往和整个社会的经济有关,它的作用范围比较广泛,通常涉及整个银行业,如政策性风险、利率风险、汇率风险等,具体银行无法规避系统性风险;非系统性风险只和具体银行的贷款业务有关,它的作用范围狭小,通常仅涉及单个银行自身的决策风险、信贷人员风险等,可以通过银行风险控制手段予以管控。

三、贷款风险管理的意义

贷款在商业银行资产占比最大,既是主要的盈利资产,也是主要的风险来源。贷款质量的高低直接影响银行自身的安危,也会对一国金融体系乃至整个国民经济的正常运行产生巨大的影响。2010年之后,《巴塞尔资本协议Ⅲ》强调加大风险管理的力度,贷款风险管理成为风险管理的重中之重。银行在加强贷款管理、识别风险类型、分析风险成因的基础上,监测贷款过程产生各种风险的可能性,对各种不可避免的贷款风险进行事先控制。一旦贷款风险来临,或转移、或分散、或部分承担,这样即使产生贷款风险也不会给银行带来过大的资金损失。

第二节 贷款风险管理过程

一、商业银行风险管理体系

(一)全面风险管理

商业银行全面风险管理是通过银行所有层次、所有部门、所有人员协调一致的

共同参与,对银行所面临的各种风险进行全方位、全过程的管理,以实现银行的经营目标。全面风险管理包含:

(1)全球的风险管理体系;

(2)全面的风险管理范围;

(3)全程的风险管理过程;

(4)全新的风险管理方法;

(5)全员的风险管理文化。

全面风险管理体系有三个维度:第一维是企业的目标。即战略目标、经营目标、报告目标和合规目标。第二维是风险管理要素。即风险识别、评估、控制、信息、监控。第三维是企业的各个层级。公司治理架构:股东大会、董事会、监事会和高级管理层。风险管理和内部控制决策平台:三会一层下设的风险政策委员会、内部控制委员会和内部审计委员会。内部控制三道防线:一是银行各级机构、业务经营部门及员工;二是操作风险管理部门、法律合规部门和业务管理部门;三是内部审计部门。

专栏11-1

中国银行业风险管理

1999年,在我国四大国有银行大规模不良贷款剥离之后,监管部门开始积极推进风险管理体系建设。这个时期引进的审贷分离制度、贷款抵押担保要求、贷款五级分类制度都是由监管部门发起的。因为风险管理动力主要来自外部,所以商业银行在此阶段都是对风险进行"消极回避型"的管理,有的银行将"风险"看成是"负面"因素,为追求"风险最小化"纷纷"惜贷",造成贷款过度控制、牺牲收益回避风险等问题。而且此时的贷款风险管理技术相对落后,基本是依靠手工操作定性分析、使用规模指标直接控制、控制单笔贷款而非组合管理。

2006年末我国世贸组织过渡期结束,银行业开始全面对外开放,商业银行纷纷规划建设全面风险管理体系以应对外资银行的竞争。经过数十年的发展,各商业银行已经确立了全面风险管理的理念和公司治理结构,基本建设了内部控制防线。但从实际情况来看,银行对不同类型风险的重视程度和管理能力存在着差异,在风险计量手段方面还需加强,操作风险的评估、计量和控制管理尚需加强。

(二)贷款风险管理的流程

以法人信贷业务为例,贷款可分为评级授信、贷前调查、信贷审查、信贷审批、贷款发放、贷后管理六个环节,以发放时间为界,前四个为贷前环节,后两个为贷后环节。全面风险管理应贯穿整个贷款流程,JP 摩根利用统计数据分析了各风控环节对降损的贡献度并发现:在贷前预见风险对降低实际损失的贡献度为 50%～60%;在贷后管理过程中监测到风险并迅速补救,对降低风险损失的贡献度为 25%～30%;而当风险产生后才进行事后处理,其效力则低于 20%。贷前环节的操作和风险管理要点,已在前述贷款授信、审批相关章节分析说明,下面仅以法人贷款贷后环节为例阐述贷款风险管理机制。

全面风险管理不仅是对具体风险因素的管理,更是从制度、组织方面管控操作风险的过程。商业银行首先应根据经营环境、内部流程变化及监管要求,及时梳理和制定各项信贷管理政策、制度程序及操作规范;健全职责明确的授权机制、审批流程;严格审贷分离和前后台制约制度;强化贷款受理、尽职调查、风险评价、贷款审批、合同签订、贷款发放、资金支付、贷后管理各环节相互制约。制度建立之后,合规部门对每一类信贷业务的基本程序、调查内容、审查要点、合同文本使用、到期或展期处理等方面做出具体规定,作为办理信贷业务的依据。这样,将各种信贷政策制度和管理要求固化于流程控制之中,变制度执行和业务操作"软约束"为"硬控制",刚性控制违规问题发生,保障信贷流程有效进行。

二、贷款风险的监控和识别

识别贷款的内在风险是贷款风险管理的基础,早期介入问题贷款,可以最大限度地降低损失。这个过程首先应及时监控动态捕捉信用风险领域的异常变动、收集与借款有关的内外部信息,将信息输入银行信用风险信息系统进行储存。

(一)贷款行对借款人贷款使用情况的检查

法人贷款发放和使用过程中,信贷部门要深入借款企业,按照规定的检查时间和检查内容定期进行贷后检查,及时了解贷款使用情况并发现问题。对需重点监管的贷款,信贷部门应依据合同约定,向借款企业开户行的会计部门提出具体的监管要求。比如:固定资产项目贷款发放后,资金要转入为该项目开设的存款账户实行专户管理、专款专用,要对贷款项目实行监理和三算审核制度[①]。

贷款发放后,应对借款人进行定期检查:(1)对经营正常的客户,信用等级较高的客户检查间隔期一般不超过 6 个月;随着客户信用等级降低,贷后检查间隔期相应缩短,一般为不超过 3 个月或不超过 2 个月;(2)对出现异常情况的客户,要每月跟踪检查;(3)对停产、半停产客户要随时密切关注资产保全情况;(4)对发生欠息、贷款逾期及承兑、担保、信用证到期垫付的客户,要立即进行检查并采取措施。

贷后定期检查内容有:借款人和保证人经济效益以及财务状况;借款人到期贷款和应付利息的清偿情况;中长期贷款项目配套资金到位情况;贷款的实际用途;

---

① "三算"审核,即对项目贷款的概算、预算、决算进行审核。

抵押物、质物的保管情况；借款人组织形式、法人代表变更以及债权债务变动情况。

贷后第一次跟踪检查主要检查内容：贷款资料的合法性、真实性、完整性；贷款是否按合同要求按期发放；贷款资金实际使用人是否是借款合同中的借款人；借款人有无挤占挪用贷款的现象；中长期贷款配套项目资本金及其他建设资金到位情况；抵押物、质物保管情况；贷款到期前要重点对客户的还款能力和还款资金落实情况进行检查；固定资产贷款、房地产开发贷款在还款期内还要检查借款人的还款资金来源是否翔实、能否按期归还贷款。

(二)贷款人财务风险因素监控

贷款风险分析最重要的是对贷款企业的财务状况分析,应及时取得借款人的报表,通过分析了解借款人或交易对方当前的资产负债状况、财务状况、经营管理情况、偿债能力和利润情况,识别潜在的贷款风险。财务风险分析主要从财务报表项目分析、财务比率分析和现金流量监测三个方面进行,具体方法参见第四章。但必须注意,贷后进行财务风险分析侧重于借款人财务数据的变化及其对贷款偿还能力带来的变化。

(三)担保抵押物监测

2016年12月银监会起草《商业银行押品管理指引(征求意见稿)》(以下简称《指引》)并公开征求意见。《指引》提出商业银行应将押品管理纳入全面风险管理体系,在以下方面完善押品管理:(1)完善组织架构。需设置押品抵质押登记、价值评估、保管等业务岗位,充足配备具有专业知识和业务能力的人员,在明确岗位职责的同时,建立人员轮换、回避制度以及流程化管理以管控操作风险。(2)建立押品管理制度和流程。通过制度明确可接受的押品种类、目录、估值方法及频率、抵质押率、存续期管理、担保设立及变更、返还和处置等相关要求。如要求商业银行应至少将押品分为金融质押品、房地产、应收账款和其他押品等类别,并在此基础上进一步细分。应结合本行业务实践和风控水平确定可接受的押品目录,每年至少更新一次。(3)建立押品管理信息系统。通过持续收集押品种类、抵质押率和各类押品估值等信息,开展对押品及其担保业务的统计分析,动态监控押品债权覆盖情况和风险缓释能力。这样将业务管控规则嵌入信息系统,通过系统自动监控来防范抵质押业务风险。

基于上述要求,商业银行在放款后应建立动态监测机制,对担保人担保能力和抵(质)押物状态进行跟踪和分析,判断相关政策、行业、地区环境变化对抵押和担保进而对贷款安全性的影响。在实务中有如下操作建议:(1)对各担保抵押品物的名称、数量、估值、担保债权设定以及保险情况做好登记工作,以备查考。(2)定期或不定期查看担保抵押物的保管、保养及使用情形,注意担保抵押物有无被擅自出卖、出租、出质、迁移或其他处分等情形发生。(3)根据不同押品价值波动特性,合理确定各类押品价值重估频率,一般情况每年应至少重估一次。而对价格波动较大的押品、押品债权形成不良等情况应适当提高重估频率,对于有活跃交易市场的金融质押品应进行盯市估值。应经常注意质押的上市股票的时价变动,如果股票市价下跌造成抵押率下降进而使贷放金额超过规定时,应补征担保、抵押、质押品或收回部分放款,如发生除权、除息时,应将新取得的股份设立质押。(4)在抵押期间转让或处分抵押物的,必须获得贷款银行的书面同意。同时,转让抵押物所得的价款应优先用于提前清偿其所担保的贷款,或者存入商业银行账户;若经同意部分转让抵押物的,除所得收入存入商业银行还款专户或偿还债权外,应确保剩余的抵押物价值不得低于规定的抵押率。(5)抵押期间,抵押物出险所获赔偿金(包括保险金和损害赔偿金)应存入商业银行指定的账户,若出险所得赔偿数额不足以清偿贷款,银行可以要求借款人提供新的担保。

(四)非财务因素风险因素监控

非财务风险因素和财务分析相互印证、相互补充,为贷款风险识别提供充分和必要的依据。这些因素比较难以量化,可从以下方面进行分析:(1)管理层风险分析。重点考察企业管理者的人品、诚信度、授信动机、经营能力、道德水准、重大人事变动、员工士气。(2)行业风险分析。行业特征、周期、竞争力、替代性、监管政策、企业在行业地位变化。(3)生产与经营风险分析。企业在行业中的地位、企业运转特征、产品的竞争地位、新产品开发、消费者特征、原材料供应渠道依赖性及议价能力、生产的技术和设备、劳资关系、产品销售渠道和份额等。(4)宏观经济及自然环境分析。经济环境、法律环境、科技进步以及战争、自然灾害和人口等。

(五)往来账户和还款账户监控

1. 往来账户

银行的资金往来是借款人经营情况最直接的反映,贷款银行应实行动态监控银行往来异常现象:要特别关注大额资金、与借款人现有的交易习惯、交易对象等存在明显差异的资金,以及关联企业间资金的流入流出情况,及时发现风险隐患。(1)借款人在银行存款大幅下降;(2)在多家银行开立超出经营所需的账户;(3)对短期贷款需求较多,且有展期要求;(4)还款来源没有落实,需用非销售回款还款;(5)借款人有抽逃资金的现象,同时仍在申请新增贷款;(6)临近还款期,将回笼资金挪作他用;(7)借款人有抽逃资金的现象,同时仍在申请新增贷款。

2. 还款账户

为保证还款资金充足,对贷款需设置还款账户。(1)固定资产贷款:当借款人信用状况较差、贷款安全受到威胁时,银行应要求其开立专门的还款准备金账户,并约定账户资金进出条件、账户余额或平均存量等的最低要求。(2)流动资金贷款:银行必须指定或设立资金回笼账户,借款人应按要求及时提供能反映该账户资金进出情况的材料,如对账单等。(3)风险较大的流动资金贷款:银行应与借款人协商签订账户管理协议,直接监控管理借款人账户回笼资金的进出。

三、贷款风险预警和报告

制作风险清单是商业银行识别风险的最基本、最常用的方法。一般可以采用类似于备忘录的形式,将所面临的风险逐一列举。

表 11-1　　　　　　　　　　　贷款信用风险清单

项　目	内　容
有关财务状况的预警信号	流动资产占总资产的比例下降;存货激增;存货周转速度放慢;流动资产状况恶化;现金状况恶化;应收账款余额或比例激增;固定资产状况迅速变化;除固定资产外的非流动资产集中;长期债务大量增加;短期债务增加不当;资本与债务的比例降低;销售额下降;成本上升、收益减少;销售上升、利润减少;相对于销售额(利润)而言,总资产增加过快等
有关经营者的预警信号	关键人物的态度朝缺乏合作方向转变;董事会、所有权变化或重要的人事变动;还款意愿降低;财务报表呈报不及时;各部门职责分裂;冒险兼并其他公司;冒险投资于其他新业务、新产品以及新市场等
有关经营状况的预警信号	丧失一个或多个财力雄厚客户;关系到企业生产能力的某一客户的订货变化无常;投机于存货使其水平超出正常;工厂或设备维修不善,推迟必要的设备更新

当发现借款人出现上述一种或几种信号后,贷款人应及时反映、深入调查、积极处置风险。上述信号通过适当的分层处理、甄别和判断后,进入风险评价系统或预警指标体系,系统通过对内外部因素分析处理,获得可估计贷款风险状况的风险指标,并将所得到的结果与预警参数进行比较,做出是否报警警报、发出何种程度警报的判断。

此外,商业银行应建立一整套风险内部报告体系,确保董事会、高级管理层、信用风险主管部门能够及时了解贷款组合信用风险的变化情况;根据信息重要性、类别及报告层级的不同,商业银行应明确内部报告的频度和内容。

专栏 11-2

浙企"跑路潮"与贷款风险监控

2011年,浙江温州地区发生多起企业倒闭、企业主跑路或自杀等事件,有21家银行受资金链断裂牵连,涉及资金为15.86亿元,银行信贷资产安全经受巨大考验。

在众多"跑路"老板中,尤以浙江XT集团董事长胡某名气最大,他的

"出逃"被认为是事态进一步恶化的标志,因为资金链断裂开始由中小企业传导至龙头企业。胡某欠款达20多亿元,民间高利贷12亿元,月利息2 000多万元;银行贷款达8亿元,为其他企业的关联担保金额高达数亿元。XT集团是温州最大的眼镜生产商之一,2010年眼镜业务销售收入2.7亿元,在华东地区拥有200多家连锁店。2008年底,后金融危机时代的新能源前景令胡某全力借款投资光伏产业,但在欧盟逐渐下调或取消光伏产业补贴、欧债危机等一系列事件的影响下,胡某最终资金链断裂。

企业主的不良行为也影响到信贷资金安全,温州服装业、打火机、眼镜、皮革等利润率较低,很多企业主利用制造项目获得银行贷款后会转手放高利贷或者炒楼,发展"副业"。还有企业主提前为自己准备好退路,经营失败就移居他国。另有一些小企业经营者因自身约束能力差,参与赌博,一旦出现大额赌资损失,往往抽调企业流动资金归还债务或以外逃方式躲避债务,从而影响银行贷款资金安全。例如浙江JN皮革有限公司,2010年净利润3 525万元,但因法人代表黄某欠下巨额赌债并在2011年4月外逃,企业陷入瘫痪。

资料来源:根据网络材料编写。

四、贷款风险的评估和分类

(一)信用风险计量

信用风险计量是现代贷款风险管理的基础和关键环节。《巴塞尔新资本协议》鼓励有条件的商业银行使用基于内部评级体系的方法来计量违约概率、违约损失并据此计算信用风险对应的资本要求。内部评级不仅在授信审批、贷款定价、限额管理、风险预警等基础信贷管理中发挥决策支持作用,而且也是制定信贷政策、计提准备金、分配经济资本以及进行经风险调整的绩效考核的重要基础。

贷款风险程度划分具有很强的实践性,一般可通过银行风险管理专家相关知识和经验进行判断,也可以通过信用评分模型、违约概率模型对借款人的财务因素、现金流量、非财务因素等方面进行综合分析,将分析结果比照贷款风险分类的标准和特征(风险分类的标准和特征参见第三章)来确定贷款质量、控制贷款风险。银行内部评级有二维评级体系:一维是客户评级,另一维是债项评级。通过客户评级、债项评级计量违约概率和违约损失率之后,商业银行还必须构建组合计量模型,用来计量组合内各资产的相关性和组合的预期损失。

专栏 11—3

信用评分模型

20世纪初,亚历山大·沃尔出版的《信用晴雨表研究》以及《财务报表比率分析》开创了对公司财务状况综合检测和评价的先河。

Fitzpatrick(1932)将19家样本公司划分为破产和非破产两组,并发现净利润/股东权益和股东权益/负债对财务危机的判别能力最高,由此开创了实证分析财务危机预警的研究。Beaver(1966)分析了79对公司样本破产前1~5年的6组30个财务特征变量,发现最好的判别变量是营运资本、流动负债和净利润、总资产。Beaver发现,越临近破产日,误判率越低,理论界对此研究俗称Beaver单变量判定模型。此后,研究者不断通过大样本数据来建立信用预警模型,进而挖掘出最具预见性的变量。目前主流的信用状况定量分析模型包括:一元线性判定模型、多元线性判定模型、多元逻辑(Logit)模型、Probit模型和人工神经网络模型等。

Altman(1968)提出的多元线性判定模型也称多变量模型,模型在破产前1年的总体判别准确度高达95%,是现在预测公司财务困境较常用的方法。模型包含5个判别变量:营运资本/总资产(X_1)、留存盈余/总资产(X_2)、息税前利润/总资产(X_3)、股东权益的市场价值/负债总额的账面价值(X_4)、销售收入/总资产(X_5),并以最终计算的Z值来判定其状况归属,其判别方程的形式为:

$$Z=1.2X_1+1.4X_2+3.3X_3+0.6X_4+X_5$$

通过多元判定模型产生了一个总阈值称为Z值,并依据Z值进行判断,Z值越小,企业破产的可能性越大,具体见表11—2。

表11—2　　　　　　　短期破产概率的Z值表

Z值	短期出现破产的概率
Z≤1.8	存在严重财务危机,破产概率很高
1.8≤Z≤2.99	灰色区域,可能存在某些财务隐患和财务危机,处理不好则公司破产;接近1.8很危险;接近2.99,有财务危机的可能
Z>2.99	财务状况良好,非常安全,无破产风险

多元判定模型又被称为Z模型,后来,相关学者将其他财务变量如现金流变量纳入模型,得到F模型。随后各国运用类似的数据分析方法,使用各自上市公司数据得到类似的模型,虽然有的模型系数、变量、判断标准在各国有所不同,但基本上财务失败的临界值都低于1.8。

（二）客户评级

客户信用评级是商业银行对客户偿债能力和偿债意愿的计量和评价，反映客户违约风险的大小。符合《巴塞尔新资本协议》要求的客户评级能够有效区分违约客户和能够量化客户违约风险。一般来说，信用评级有定性和定量两种方法。

1. 专家判断法

专家判断法是定性分析方法，由高级信贷人员和信贷专家根据自身的专业知识、技能和丰富经验，在分析评价各种关键要素后，通过主观判断来综合评定信用风险。据以判断的关键要素有多种架构，其中 5C 系统使用得最为广泛：

（1）品德(Character)，考察企业负责人的品德、经营管理水平、资金运用状况、经营稳健性以及偿还愿望等，信用记录对品德的判断具有重要作用。

（2）资本(Capital)，是指借款人的财务杠杆状况及资本金情况。资本金是经济实力的重要标志，也是企业承担信用风险的最终资源。财务杠杆高意味着资本金较少，债务负担和违约概率也较高。

（3）还款能力(Capacity)，需要关注借款人未来现金流量的变动趋势及波动性，对借款人的公司治理机制、日常经营策略、管理的整合度和深度进行分析评价。

（4）抵押(Collateral)，商业银行对抵押品的要求权级别越高，抵押品的市场价值越大，变现能力越强，则贷款的风险越低。

（5）经营环境(Condition)，主要包括商业周期所处阶段、借款人所在行业状况、利率水平等因素。商业周期是决定信用风险水平的重要因素，因为借款人处于行业周期的不同阶段以及行业的竞争激烈程度，对借款人的偿债能力具有重大影响；利率水平是影响信用风险水平的重要环境因素，因利率高低决定了资金成本。

2. 信用评分模型

信用评分模型是传统的信用风险量化模型，利用借款人特征变量计算得分来衡量债务人的信用风险。对个人客户而言，可观察到的特征变量主要包括收入、资产年龄、职业以及居住地等；对法人客户而言，包括现金流量、财务比率等。

信用评分模型的关键在于特征变量的选择以及其权重的确定，特征变量可以根据经验或相关性分析，权重则可根据历史数据回归分析得到。根据上述方法得到评分模型之后，将借款人的相关变量的数值代入模型计算出数值，根据该数值的大小衡量借款人的信用风险水平。目前，应用最广泛的信用评分模型有：线性概率模型、Logit 模型、Probit 模型和线性辨别模型。由于信用评分模型建立在历史数据模拟的基础上，对历史数据数量的要求相当高，而且各特征变量的权重在一定时间内保持不变，无法及时反映企业信用状况的变化。

3. 违约概率模型

因为信用评分模型只能得到风险分值，不能得到借款人违约的概率值，所以 20 世纪 90 年代以来，能够直接计算违约概率的模型在信用风险评估中开始受到重视。具有代表性的模型有 Risk Calc 模型、Credit Monitor 模型、KPMG 的风险中性定价模型和死亡率模型。虽然违约概率模型能够直接估计客户的违约概率,但模型对历史数据的要求更高,而且需要商业银行建立一致的、明确的违约定义,并且在此基础上累积至少 5 年的数据。

(三)债项评级

债项评级是对交易本身的特定风险进行计量和评价,反映客户违约后的债项损失大小。对贷款的债项评级主要是通过计量借款人的违约损失率来实现的。影响违约损失率的因素主要包括:产品因素、公司因素、行业因素、地区因素、宏观经济周期因素。

计量违约损失率的方法主要有以下两种:

(1)市场价值法。通过市场上类似资产的信用价差率推算违约损失率。

(2)回收现金流法。根据违约贷款历史清收情况,判断违约贷款在清收过程中可能的现金流。

(四)贷款风险分类

在动态监测的基础上,银行对借款人现金流量、财务实力、抵押品价值等因素的连续监测,定性和定量分析贷款的可能损失程度,据此对贷款质量做出评价分类。贷款分类除了帮助识别贷款的内在风险以外,还有助于发现信贷管理、内部控制和信用文化的风险程度。我国《贷款风险分类指引》规定,商业银行应至少将贷款划分为正常、关注、次级、可疑和损失五类,其中后三类为不良贷款。具体分类方法参见第三章以及本章第五节内容。

专栏 11—4

××××公司 20××年信贷风险分析报告

贷款大户由于贷款金额大,自然而然地产生了银行贷款风险集中的问题。因此,对它们的贷款必须作为管理的重点,定期报告其风险状况。下面的内容是某行贷款大户信贷风险分析报告的格式范本。

分行信贷管理部:

按照总行有关要求和省分行　　文的通知精神以及大户信贷风险管理的制度规定,我们组织人员对我行的贷款大户××××公司进行了信贷风险分析,现将分析情况报告如下:

第一部分　企业概况

一、客户基本情况

(一)客户概述

公司经营范围、所属行业、生产能力及行业地位、历年信用等级、场地职工情况；

公司注册资本、股东结构及股东情况、对外股权投资、控股子公司情况；

公司法人代表、公司总经理履历、各类专业技术人员学历、职称；

公司发展目标和前景展望；

公司治理结构；

环保情况。

（二）客户财务基本状况

1. 近三年总体财务状况

三年资产负债表、利润表和现金流量汇总以及趋势分析。

2. 短期偿债能力分析

三年短期偿债能力指标表、对三年情况进行纵向趋势分析，并结合行业均值横向比较，对将来的短期偿债能力做出预测。

3. 长期偿债能力分析

三年长期偿债能力指标表、长期偿债能力分析。

二、企业发展前景

（一）机遇与挑战

（二）市场发展、技术创新、质量提升、产品结构和管理创新方面迎接挑战

（三）前景预判

第二部分 融资情况

一、总量情况

和本行信贷关系、贷款情况、综合贡献度；

近三年信用等级、授信、融资情况汇总表。

二、担保情况

三、融资前景预测

历年贷款额度趋势分析，如有下降趋势需分析原因。

第三部分 问题及措施

一、监测检查发现的主要问题

（一）生产经营、政策环境、财务指标等方面的具体分析

（二）目前存在的风险

价格方面的风险、市场风险、政策风险、经济周期。

二、对××××公司的信贷掌握意见及风险控制措施

可能存在的风险,我行可以从以下几方面着手:

一是密切关注该公司整个集团公司的发展情况,母公司和子公司融资条件的变化会影响该公司融资需求。

二是对融资进行结构性调整。

三是加强贷后管理工作,关注该公司整体改制进展情况、市场销售状况、原材料价格情况等,尤其要特别关注该公司海外市场的开发前景。通过灵活机动调整授信额度使用量,达到控制我行整体融资规模,进一步降低我行金融资产风险的目的。

管户客户经理:

部门经理:

二〇××年×月×日

五、贷款风险控制和处置

风险控制是对经过识别和计量的风险采取分散、对冲、转移、规避和补偿等措施进行有效管理和控制的过程。风险管理和控制措施可以采取从基层业务单位到业务领域风险管理委员会,最终到达高级管理层的三级管理方式。

风险处置按照阶段可分为预控性处置与全面性处置。

预控性处置是在风险预警信号出现,而决策部门尚未采取相应措施之前,由风险预警部门或客户部门对尚未爆发的潜在风险提前采取控制措施。

全面性处置是商业银行风险资产管理部门或信贷管理部门对风险的类型、性质和程度进行系统详细的分析后,从内部组织管理、业务经营活动等方面采取措施来控制、转移或化解风险,使风险预警信号回到正常范围。相应的风险处置措施有:列入重点观察名单;要求客户限期纠正违约行为;要求增加担保措施;暂停发放新贷款或收回已发放的授信额度等;控制账户资金。

六、贷款损失准备计提及衡量标准

贷款损失准备是银行为了弥补贷款将来可能出现的损失而从银行税前利润或税后利润中提取的专门准备。贷款准备主要有三种:普通准备金(又称一般准备金)、专项准备金和特别准备金。2012年我国银监会发布施行了《商业银行贷款损失准备管理办法》,办法中明确了贷款风险分类的方法和贷款损失准备的总量标准,同年由财政部修订的《金融企业准备金计提管理办法》提出了贷款损失准备的具体标准。

（一）普通准备金

由于信息不完全和技术限制,已有的风险识别和分类机制不可能识别全部的贷款内在损失,普通准备金就是为了弥补这些不确定的贷款损失而计提的。因为一些内在损失无法事前确定,所以普通贷款损失准备金一般在利润分配中提取,一定程度上具有资本的性质。西方商业银行的贷款损失准备计提一般是由银行按照审慎原则自主决定。我国商业银行现行的按照贷款余额1‰提取的贷款呆账准备金相当于普通准备金,而且金额在加权风险资产的1.25％以内的普通准备金可以计入商业银行资本基础的附属资本。

（二）专项准备金

专项准备金是根据贷款风险分类结果,对不同类别的贷款根据其内在损失程度或历史损失概率计提的贷款损失准备金。银行可按季计提专项准备:一般来说,对于关注类贷款,计提比例为2％;对于次级类贷款,计提比例为25％;对于可疑类贷款,计提比例为50％;对于损失类贷款,计提比例为100％。其中,次级和可疑类贷款的损失准备的计提比例可以上下浮动20％。专项准备金由于不具有资本的性质,不能计入资本基础,在计算风险资产时,要将已提取的专项准备金作为贷款的抵扣从相应的贷款组合中扣除。

（三）特别准备金

特别准备金是针对贷款组合中的特定风险,如国家政治动荡、经济或金融危机等重大事件,按照比例提取的损失准备金。特别准备金与普通和专项准备金不同,它不需常规提取,一般由商业银行或监管部门按照国别和行业等特殊情况风险、风险损失概率及历史经验按季计提。

商业银行一般通过贷款损失准备充足率和拨备覆盖率来判断不良贷款损失、坏账准备金是否充足。(1)贷款损失准备充足率是贷款实际计提准备与应提准备之比,不应低于100％。(2)拨备覆盖率又称拨备率,是指为了预防不良资产的发生而准备的金额的比例,实际上就是坏账准备金的提取比率,拨备覆盖率＝贷款实际计提准备/不良贷款(次级类贷款＋可疑类贷款＋损失类贷款)×100％。一般情况下拨备覆盖率只要100％就可以了,银监会要求我国商业银行的拨备覆盖率不得低于150％。但由于经营上可能出现的不可预知的风险,很多银行遵循稳健的财务政策而提高拨备覆盖率,财务保守稳健的银行拨备覆盖率甚至高达300％。

第三节 贷款风险管理策略

从商业银行贷款风险管理技术和措施的角度看,可以将贷款风险管理策略分为风险规避、风险分散、风险转移、风险对冲和风险补偿。

一、风险规避

风险规避是风险的事前控制管理,对于不擅长或是不愿承担风险的贷款,商业银行可以设立非常低的风险容忍度,降低对该业务的风险暴露,甚至主动放弃这些贷款领域。

在实践中,风险规避主要通过资本配置来实现。商业银行将贷款业务风险分析量化,然后依据董事会制定的信贷风险战略和风险偏好分配资本,最终表现为授信额度和交易限额等各种信贷业务限制条件。比如:有些商业银行个人住房贷款管理办法中规定房贷申请人必须有稳定的职业和收入,必须信用良好。某商业银行对 B 级和 C 级的房地产企业禁止放款,对企业主管人的道德因素和信用状况、合作意愿存在怀疑时,不论借款人有怎样的经济实力或抵押物的价值如何高,均应不予贷款。

风险规避策略在风险事件发生之前消除了损失的可能性,是防范贷款风险最有力、最彻底的手段,因为其他风险管理策略只能减少损失发生概率、减轻损失程度或对损失予以补偿。但风险规避是消极管理,意味着市场份额的降低和盈利机会的丧失,不宜成为主导性的风险管理策略。

二、风险分散

风险分散是为了防止风险过于集中而将风险组合多元化的一种措施。虽然商业银行发放的每一笔贷款都是有风险的,但并不意味着每一笔都发生损失。马柯维茨的资产组合管理理论认为,只要两种资产收益率的相关系数不为 1,分散投资于两种资产就具有降低风险的作用。对于相互独立的多种资产,只要组合内的资产的个数足够多,非系统性风险(即个别资产的风险)就可以通过这种分散化的投资完全消除。循着分散化的思路,贷款管理部门可以将贷款进行有效的贷款对象分散、地区分散、期限分散、币种分散、利率分散等,以便从整体上降低风险水平,实现贷款效益的最大化。

期限分散:商业银行一定时期的贷款总量应该按照期限的短、中、长,合理进行搭配,保证商业银行必要的流动性要求,避免陷入支付危机。

贷款对象分散:商业银行可以通过资产组合管理的方式,使自己的授信对象多样化。而且,根据分散化理论,在实施授信分散化时,各借款人的违约风险是相互独立的,不会集中在一起同时爆发违约的情形。

参与者分散:与其他商业银行组成银团贷款,使单户授信额度下降。银团贷款既可以抓住有利的获利机会,又可以有效地分散贷款风险,还可以促进借款人注重信誉,加强管理,按期还本付息。

贷款利率分散:指商业银行贷款总量中,固定利率和非固定利率的贷款均应各占一定的比例,从而避免或减少因市场利率变动给商业银行造成的损失。

三、风险转移

分散策略虽可以将贷款的非系统性风险降到零,却对由共同因素引起的系统性风险(比如经济危机等)无能为力,系统性风险可以通过保险和非保险手段转移给其他主体。

(一)抵押、担保、保证转移贷款风险

商业银行普遍采取抵押或担保等方式来实现风险转移,备用信用证等也能将信用风险转移给除保险人之外的第三方。保证贷款的安全性比信用贷款高,但一般比抵押贷款和质押贷款低。因为当借款人不能履行债务时,如果保证人也不能或不愿履行保证责任,贷款风险仍然没有转移出去。

(二)利用保险、衍生金融工具转移贷款风险

随着金融新工具的大量涌现,贷款证券化、贷款保险、信贷衍生交易成为贷款风险转移的新路径。比如贷款保险,一种是间接投保,即在贷款协议中规定借款人对其拥有的财产向保险公司投保作为贷款的保证条款。如果贷款风险的可能转化为现实,借款人可以向保险公司索赔,然后用索赔收入归还贷款。另一方面,在信贷保险基金制度建立以后,银行可直接向保险公司投保,以交纳保险费为代价将风险转移给承保人。当发生贷款损失时,承保人按照保险合同的约定责任给予被保险人经济补偿。贷款风险保险中较有代表性的如出口信用保险,国际信贷中的国家风险特别是其中的政治风险也可以由保险人承保。

四、风险对冲

对冲(hedge)在国内经常被称为套期保值,风险对冲策略是通过投资或购买与标的资产收益波动负相关的某种资产或衍生产品来抵消标的资产潜在的风险损失的一种风险管理方法。风险对冲对减少系统性风险和非系统性风险都是有效的,这与风险分散策略仅仅分散贷款特殊风险不同。

当市场利率向不利变动时,会给银行的贷款带来损失,如果银行利用金融衍生工具包括远期合约、期货、期权、互换等交易,通过利率反方向的对冲交易可以达到贷款等资产套期保值、规避风险目的。

商业银行的贷款风险对冲可以分为自我对冲和市场对冲两种情况。自我对冲是指商业银行利用资产负债表或某些具有收益负相关性质的业务组合本身所具有的对冲特性进行风险对冲。当无法利用自有资产进行自我对冲时,可以通过衍生产品市场进行对冲。

> **专栏 11—5**
>
> **风险对冲策略**
>
> 期货和期权等衍生产品是股票和外汇等交易性资产组合风险对冲的重要手段,由于贷款组合流动性较差,传统信用产品组合风险管理中很少应用衍生产品对冲风险。20 世纪 90 年代以来,贷款销售、贷款证券化和信用衍生产品市场发展迅速,信用市场的流动性大大增强,这为金融机构提供了众多对冲信用风险的工具。美国的莱曼兄弟公司、花旗银行、信孚银行、J.P 摩根公司和摩根士丹利公司是信用衍生产品市场的早期参与者和建设者。目前在美国最常用和最具流动性的信用衍生工具分别是:信用违约掉期,约占 38% 市场份额,其次是总收益率掉期和抵押负债证券,这三者共占信用衍生市场份额的 70%,其他信用衍生产品还有资产掉期、信贷利差掉期和信贷挂钩连接证券(credit linked notes)等。
>
> 目前,我国只有几种与违约期权类似的贷款履约保证保险:住房按揭贷款履约保证保险;房屋装修贷款履约保证保险;汽车贷款履约保证保险。这些履约保证保险与违约期权的不同,信用保险是由贷款人自己购买来代替提供抵押品,商业银行并不介入保险产品的交易。因此,该方式实质上也是一种信用风险保险方式而非对冲方式。可以说,我国商业银行对信用风险对冲技术的运用还尚未开展。

五、风险补偿

风险补偿策略主要是指商业银行在所从事的业务活动造成实质性损失之前,对所承担的风险进行价格补偿。对于那些无法通过风险规避、风险分散、风险转移、风险对冲进行有效管理,而且又无法规避不得不承担的风险,商业银行可以采取在交易价格上附加更高的风险溢价,即通过提高风险回报的方式来获得承担风险的价格补偿。银行可以预先在金融资产的定价中充分考虑风险因素,通过价格调整来获取合理的风险回报。例如,商业银行在贷款定价中,对于那些信用等级较高而且与银行保持长期合作关系的优质客户,可以给予优惠贷款利率;而对于信用等级较低的客户,银行可以在基准利率的基础上调高贷款利率。

第四节 贷款操作风险管理

操作风险存在于商业银行各个领域,目前由操作风险造成银行业损失的案件呈高发态势。据有关资料统计,2001～2005 年,美国排名前 12 位的银行因风险造成的损失占其净收入的 4%~5%,占税前净收入的 10%。我国商业银行操作风险也呈现上升趋势,呈现出涉案数量多、金额大、损失严重等新特点。近年我国发生数起轰动全国的操作风险案件,2001 年的"开平案"、2005 年的"高山案"、2007 年的"邯郸案"、2012 年的唐山农民被贷款案让人们记忆深刻。可见,操作风险管理在商业银行风险管理中越来越重要,本节将从银行贷款业务出发,探讨操作风险的具体表现、特点及管理。

一、贷款操作风险的概念和特点

贷款操作风险是指由于内部程序、人员、系统的不完善或失误及外部事件造成损失的风险。根据《巴塞尔新资本协议》,操作风险成因可以分为四类:人员因素,包括操作失误、违法行为(员工内部欺诈/内外勾结)、违反用工法、关键人员流失等情况;流程因素,包括流程设计不合理和流程执行不严谨两种情况;系统因素,包括系统失灵和系统漏洞两种情况;外部事件,主要是指外部欺诈、突发事件及银行经营环境的不利变化等情况。

表 11—2　　　　　　　　　　　操作风险的具体表现

操作风险因素	具体表现
人员因素	内部欺诈、失职违规、知识技能匮乏、核心员工流失、违反用工法
内部流程	财务会计错误、文件合同缺陷、产品设计缺陷、错误监控报告、结算支付错误、交易定价错误
系统缺陷	数据信息质量、违反系统安全规定、系统设计开发的战略风险、系统的稳定性兼容性和适应性
外部事件	外部欺诈、洗钱、政治风险、监管规定、业务外包、自然灾害、恐怖威胁

操作风险有一些显著的特点:(1)独特性。因每个银行都有其独立和独特的操作环境。(2)内生性和外生性。操作风险存在于银行内部贷款审批、发放、风险控制的各个流程众多环节,也可能是自然灾害、恐怖袭击等外部事件引起的。(3)人为性。银行员工的素质、能力对操作风险的大小起着至关重要的作用。(4)复杂性。引发操作风险的因素很多而且比较复杂,不仅与操作相关,也与欺诈、报告、会计等方面有关。(5)隐蔽性。操作风险一般不直接与特定产品相联系,而是产生于服务和经营过程之中,往往具有很强的隐蔽性,较难以对冲和分散。(6)模糊性。操作风险存在于信贷管理的每一个环节,有时很难将其从日常的信用风险或市场风险中区分开来。

因操作风险造成的损失具有低频高损的特点,故对操作风险的控制成为商业银行全面风险管理的重心。2003 年,巴塞尔委员会发布《操作风险管理和监管框架的稳健做法》报告,提供了操作风险有效管理理论和监管所需的参考。商业银行操作风险管理过程包括：风险识别与度量、建立损失数据库、设置关键指标、流程再造以及风险防范与控制。我国《商业银行操作风险管理》(2007)要求商业银行应当建立与本行的业务性质、规模和复杂程度相适应的操作风险管理体系，有效地评估、监测和控制缓释操作风险。

贷款操作风险管理主要内容有记录整体风险情况、归纳典型的操作风险以及分析风险潜在的原因以及对操作风险进行防范和控制。

二、贷款业务的主要操作风险识别

按照贷款风险事件和所属业务部门积累风险识别经验，有利于进一步识别当前和未来潜在的操作风险。

(一)法人信贷业务主要操作风险[1]

表11—3　　　　　　　　　　法人信贷业务操作风险

评级授信	• 涉贷人员擅自更改评级标准和指标，弄虚作假给予客户信用等级和最高授信额度。 • 涉贷人员在企业发生重大变化或出现其他重大不利因素时，未及时下调信用等级和调整或终止授信额度。 • 客户提供虚假的财务报表和企业信息，骗取评级授信等。
贷前调查	• 信贷调查人员未按规定对信贷业务的合法性、安全性和盈利性及客户报表真实性、生产经营状况进行调查，或调查不深入细致，或按他人授意进行调查，未揭示问题和风险，造成调查严重失实。 • 调查人员未按规定对抵(质)押物的真实性、权利有效性和保证人情况进行核实，造成保证人、抵(质)押物、质押权利不具备条件，或重复抵(质)押及抵(质)押价值高估。 • 客户编造虚假项目、利用虚假合同、使用官方假证明向商业银行骗贷，或伪造虚假质押物或质押权利等。
信贷审查	• 审查人员隐瞒审查中发现的重大问题和风险，或按他人授意进行审查，撰写虚假审查报告。 • 审查人员未按规定对调查报告内容进行审查，未审查出调查报告的明显纰漏，或未揭示出重大关联交易，导致审批人决策失误。 • 超权或变相越权放款，向国家明令禁止的行业、企业审批发放信用贷款。 • 授意或支持调查、审查部门撰写虚假调查、审查报告。 • 暗示或明示使贷审会审议通过不符合贷款条件的贷款。

---

[1] 中国银行业从业人员资格认证办公室. 中国银行业从业人员资格认证考试教材·风险管理[M]. 北京：中国金融出版社，2015.

续表

贷款发放	• 逆程序发放贷款。 • 未按审批时所附的限制性条款发放贷款。 • 贷款合同要素填写不规范。 • 未按规定办妥抵押品抵押登记手续或手续不完善,造成抵押无效。 • 未按规定办理质押物止付手续和质押权利转移手续,形成无效质押。 • 贷款录入错误等。
贷后管理	• 未及时收取贷款利息,贷款利息计算错误。 • 未履行贷款定期检查和强制性报告义务。 • 未按规定对贷款资金用途进行跟踪检查。 • 未关注企业生产经营中的重大经营活动和重大风险问题。 • 不注意追索未偿还贷款而丧失诉讼时效。 • 企业有意将抵押物或质押物转移。 • 企业通过重组或破产等方式故意逃废银行债务。

(二)个人信贷业务主要操作风险点

表11—4　　　　　　　　　个人信贷业务操作风险[①]

个人住房按揭贷款	• 涉贷人员未尽职调查客户资料而发放个人住房按揭贷款。 • 房地产开发商与客户串通,或使用虚假客户资料骗取个人住房按揭贷款。 • 未核实第一还款来源或在第一还款来源不充足的情况下,向客户发放个人住房贷款。 • 房产中介机构以虚假购房人名义申请二手房贷款,骗取商业银行信用。 • 内外勾结变造客户资料骗取商业银行贷款。 • 因未及时办理抵押登记手续,而使开发商有机会将抵押物重复抵押或重复销售等。
个人大额耐用消费品贷款	• 内部人员变造、窃取客户资料,假名、冒名骗取贷款。 • 为规避放款权限而化整为零为客户发放个人消费贷款。 • 客户出具虚假收入证明骗取汽车消费贷款/大额耐用消费品贷款等。
个人生产经营贷款	• 内部人员未对个人生产经营情况进行尽职调查,不了解贷款申请人的生产经营状况和信用状况。 • 向无营业执照的自然人或法人客户发放个人生产经营贷款。 • 抵押物未按规定到有权部门办理抵押登记手续,形成无效抵押或未按规定保管抵押物。 • 贷款抵押物被恶意抽走或变更,形成无效抵押或抵押不足等。

---

① 中国银行业从业人员资格认证办公室. 中国银行业从业人员资格认证考试教材·风险管理[M]. 北京:中国金融出版社,2015.

续表

个人质押贷款	• 质押单证未办理止付手续或止付手续不严密,质押单证未经所有人书面承诺、签字,形成无效质押。 • 未对保单、存单等质押物进行真实性验证。 • 申请人以假存单和假有价单证办理质押贷款。 • 质物持有人在权利上有缺陷。

(三)建立损失数据库,识别评价操作风险

商业银行通常借助自我评估法和因果分析模型[①],对所有业务岗位和流程中的操作风险进行全面识别,并据此建立风险成因和损失事件之间的关系。自我评估法是开展全部职工从影响程度、发生概率两个角度来评估操作风险,同时让职工评估风险控制措施的质量,即判断是否有风险控制措施、现有措施有哪些问题。因果分析模型对风险成因、风险指标和风险损失进行逻辑分析和数据统计,最后形成三者之间相互关联的多元分布。实践中,商业银行通常先收集损失事件,然后使用实证分析法、与业务管理部门会谈等方法识别哪些风险因素和风险损失具有最高的关联度,这样使得操作风险识别、评估、控制和监测流程变得更加有针对性和效率。

专栏11—6

黑客非法窃取银行信息

2005年6月17日,由于黑客侵入"信用卡第三方支付系统",使包括万事达、维萨等机构在内的4 000多万张信用卡的用户资料被窃。2004年8月1日至2005年5月27日间,我国大约9 000多名内地持卡人因在美国使用信用卡而账户信息被盗。依照国际信用卡组织的惯例,非持卡人过失造成的信息泄密,由发卡方承担因信息泄密而出现资金损失的责任。

商业银行外部人员通过网络侵入内部系统作案已经成为新型外部欺诈风险的重要关注点。因客户不断增加的网络支付需求,商业银行为了争揽业务,大力拓展网络支付和网上银行业务,如果在信息系统和网络建设方面忽视安全问题,会造成信息泄露乃至客户和商业银行的直接损失。

三、贷款操作风险防范与控制

商业银行的不同业务的操作风险点、风险成因千差万别,风险控制方法有几种:

---

① 操作风险评估方法还有自下而上或自上而下之分。

（一）根据操作风险计量数据，配置合理的资本金以平稳损失

根据新巴塞尔协议，符合条件的商业银行可以高级计量法计量操作风险并据此配备相立的资本金[①]。这种方法要对每种业务线和每种类型的损失分别从内部采集数据进行计算，建立模型力求估计出操作风险在一定的时间段（通常是一年）内的概率分布，因此要求建立操作风险事故的大型数据库，所以使用该法的大多是规模很大、业务组合非常复杂的商业银行，并且要得到银行监管当局的批准。

（二）建立操作风险指标体系来预防风险

操作风险事故损失数据库能够查询过去操作事故发生的原因和损失及损失规模，能提示现在风险和预警未来。一般情况下，商业银行可建立关键风险指标，关键风险指标应有相关性、可计量性、风险敏感性、实用性的特征。而且，关键风险指标应该随着时间而变化，在试错中优化指标组合。

（三）强化公司治理和内部控制来预防操作风险

商业银行的整体风险控制环境包括公司治理、内部控制和风险文化等要素，对有效管理与控制操作风险至关重要。可通过对商业银行的业务管理流程进行再造，将操作风险管理的要求落实到商业银行具体业务的每一个环节中，实现管理的目标。业务流程重组也称业务流程再造，主要是围绕着风险控制与缓解，从操作风险管理人手对商业银行业务流程进行重新设计组织，使流程中的绩效增值最大化、风险最小化，实施商业银行业务流程再造。

（四）按损失发生概率和损失率对风险进行排序，采取购买商业保险等风险规避风险转移手段防范风险

对于可能的低频高损事件的威胁，如遭遇自然灾害、恐怖袭击等因不可抗力事件使银行营业场所、电力、通信、技术设备严重受损无法使用，商业银行应当建立完备的灾难应急恢复和业务连续性管理应急计划，提前明确一些至关重要的关键业务程序以迅速恢复服务，提前规划在中断事件中恢复服务的备用机制。

第五节　不良贷款处置管理

一、不良贷款管理概述

（一）不良贷款的定义

不良贷款（Non-Performing Loan）指非正常贷款或有问题的贷款，即借款人未能或者有迹象表明不能按照贷款协议约定按时如数偿还贷款本息的贷款。

---

① 《商业银行资本充足率管理办法（试行）》2013年起实施，要求我国商业银行在2018年底前全面达到相关资本监管要求。并要求所有银行必须计提市场风险和操作风险（含法律风险）资本。

(二)不良贷款的分类

我国商业银行曾实行正常、逾期、呆账、呆滞四级分类制度,后三类即"一逾两呆",合称不良贷款。贷款到期未还次日起转为逾期贷款,逾期90天以上为呆滞贷款,贷款确定无法收回则称为呆账贷款。四级分类可操作性较强,但是过于机械,一些未到期但有明显风险的贷款不曾纳入不良考察,而且对呆账的认定标准各家银行有所不同。

从2002年起,我国全面实行贷款五级分类制度,对不良贷款进行分类、登记、考核和催收。贷款按风险程度分为:正常、关注、次级、可疑、损失五类,不良贷款主要指后三类[①]。次级类是借款人已不能按时清偿本息,还款能力有明显不确定性;可疑类是在执行抵押以及担保后,借款人仍不能清偿本息;损失类是采取所有措施后,借款人仍不能清偿本息或仅能偿还极少本息。此外,有一些商业银行准备实施基于《巴塞尔资本协议Ⅱ》的更细分的十二级(或十三级,或更多级别)分类管理方法,在这些分类方法下,无论次级、可疑类贷款被细分为多少个层次,依然与损失类贷款合称为不良贷款。

(三)不良贷款控制指标

商业银行每年会制定控制贷款质量目标,如新发生不良贷款额、新发生不良贷款率、不良贷款变动额和不良贷款率。这些指标大小需要根据贷款规模和贷款质量之间的权衡关系,考虑宏观经济环境、历年贷款组合迁徙经验值、资产质量水平、行业的平均不良率等因素给出参考值。

新发生不良贷款额＝当年新不良贷款发生额－当年新不良贷款清收额
　　　　　　　　－当年新不良贷款级次调回正常贷款额

新发生不良贷款率＝新发生不良贷款额/日均贷款余额×100%

不良贷款变动额＝年末不良贷款余额＋核销金额－年初不良贷款余额

年末不良贷款余额＝年初不良贷款余额＋新发生不良贷款额
　　　　　　　　－存量不良贷款清收额
　　　　　　　　－存量不良贷款级次调回正常贷款额
　　　　　　　　＋汇率变动影响额－存量不良贷款核销金额

不良贷款率＝期末不良贷款余额/期末全部贷款余额×100%

不良贷款拨备覆盖率[②]是实际计提的贷款损失准备对不良贷款的比率,它是衡量商业银行贷款损失准备金计提是否充足的一个重要指标,该比率最佳标准为100%。

$$\text{拨备覆盖率} = \frac{\text{一般准备}+\text{专项准备}+\text{特种准备}}{\text{次级类贷款}+\text{可疑类贷款}+\text{损失类贷款}} \times 100\%$$

---

① 《贷款风险分类指导原则》(2001);《关于全面推行贷款质量五级分类管理的条例》(2002)。
② 也称拨备充足率。

专栏 11—7

我国国有银行历史不良贷款发展情况

1995年《商业银行法》的颁布拉开了国有银行向商业银行转变的序幕。但由于长期承担政策性贷款业务和国有企业贷款预算软约束问题,国有银行过高的不良贷款率和过低的资本充足率无法达到巴塞尔协议对商业银行经营的基本要求。针对这些问题,我国采取了一系列措施,一方面通过发行特别国债来补充资本,另一方面成立了资产管理公司为四大行剥离大量不良资产。在2001年末我国加入WTO后,银行业面临着全面对外开放的竞争,降低不良贷款率迫在眉睫。但由于不良贷款历史存量过大,国有银行不良贷款率一直远高于轻装上阵的股份制银行。据统计,2004年末四大国有商业银行的平均不良贷款率仍然高达14.57%,而同期西方银行不良贷款率通常在3%以下。而且仅通过剥离快速降低不良贷款率的做法缺乏后劲,无法激励国有银行通过自身经营改善指标。随后,改革国有银行单一国有的所有权结构成为改善国有银行效率低下的突破口。

2003年4月中国银监会的成立,我国开启了国有商业银行股份制改革进程。2005年中国建设银行、中国银行和中国工商银行分别在中国香港上市,2010年10月农业银行在上海证券交易所和香港联合交易所上市。国有银行在上市过程中剥离了大量的不良贷款,同时因为引入了众多的投资者,充足的资本得以加大贷款发放规模,这两方面的举措使不良贷款率快速下降。

表 11—5　　　　我国部分股份制银行不良贷款率　　　　单位:%

年份	中国银行	建设银行	工商银行	农业银行	交通银行	浦发银行	平安银行	民生银行	招商银行
2000	28.8	20.27	34.43	39.71	35.15	10.7	21.76	4.39	13.62
2001	27.51	19.35	29.78	35.06	23.58	7.57	14.84	2.8	10.25
2002	22.49	15.17	25.43	30.07	19.65	3.38	10.29	2.04	5.99
2003	16.28	9.12	21.24	30.66	13.31	1.92	8.49	1.29	3.15
2004	5.12	3.92	18.99	26.73	2.91	2.45	11.41	1.31	2.87
2005	4.62	3.84	4.69	26.17	2.37	1.97	9.33	1.28	2.58
2006	4.04	3.29	3.79	23.43	2.01	1.83	7.98	1.23	2.12
2007	3.12	2.6	2.74	23.57	2.06	1.46	5.62	1.22	1.54
2008	2.65	2.21	2.29	4.32	1.92	1.21	0.68	1.2	1.11

续表

年份	中国银行	建设银行	工商银行	农业银行	交通银行	浦发银行	平安银行	民生银行	招商银行
2009	1.52	1.5	1.54	2.91	1.36	0.8	0.68	0.84	0.82
2010	1.1	1.14	1.08	2.03	1.12	0.51	0.58	0.69	0.68
2011	1	1.09	0.94	1.55	0.86	0.44	0.53	0.63	0.56
2012	0.95	0.99	0.85	1.33	0.92	0.58	0.95	0.76	0.61
2013	0.96	0.99	0.94	1.22	1.05	0.74	0.89	0.85	0.83
2014	1.18	1.19	1.13	1.54	1.25	1.06	1.02	1.17	1.11
2015	1.43	1.58	1.5	2.39	1.51	1.56	1.45	1.6	1.68
2016.9	1.48	1.56	1.62	2.39	1.53	1.72	1.56	1.57	1.87

数据来源：银监会网站及各银行报表。

从表11—5数据可见，在股份制改革前后，国有银行的不良贷款率都经历了断崖式下降的过程。但是，中国银监会发布的监管指标数据显示，2016年9月初我国商业银行不良贷款率达1.74%，已连续13个季度保持上升状态，又一次引起了社会对银行信贷资产质量的担忧。过紧的宏观经济政策、经济周期波动、经济增速降低都能为此现象做出解释，不过，随着银行加大不良贷款的处置力度及贷款结构的调整优化，不良贷款率的上升步伐有所放缓。

二、不良贷款的成因分析及报告

（一）我国不良贷款的成因

1. 外部不利环境造成的不良贷款

我国的国有商业银行在转型期间曾经出现过大量不良贷款，这和当时我国国有企业经营效率低下有关，改革之前国企亏损严重，甚至连员工工资都无法保障，为防止经济和社会动荡，政府命令国有银行为国企放贷以维持生产和员工工资。因国企和国有银行都归国家所有，很多国企从银行借钱的时候根本就没有考虑过还钱，形成国企贷款的软约束。这种现象在制度经济中被称为"制度风险不可避免论"和"改革成本论"、"赖账经济的传染性"。随着经济转轨国有企业完全市场化后，改革的成本大部分由国有银行承担，这也是我国商业银行大量历史存量不良贷款产生的主要原因。

此外，我国的社会信用环境还有待提高，从整体上看，社会经济还没有形成较好的信用文化，对借款人的信用调查信息不足、对失信行为的惩罚力度不够。

在经济形势过热时期,政府可能会出台优惠政策推动企业超出自身能力借贷投资。如为大力推动经济发展,一些政府通过减免企业部分税收和低价出让土地等,企业也盲目跟进,但当宏观形势下滑,竞争日趋激烈,企业一旦流动性不足,隐藏的不良贷款便聚集爆发。

2. 银行内部体制不完善

商业银行改制后,法人治理结构不完善、贷款业务控制程序不严、经营机制不灵活、管理落后、人员素质低等银行内部管理因素都影响着银行资产质量的提高。(1)从贷前来看,主要问题有调查不深入、审查审批不严、放款操作失误、贷款控制程序不完善。例如,信用分析不完整或资料收集不充分;给银行有关系的借款人放宽条件;对新客户采取过于宽松的贷款政策;对购买证券和商品等投机性活动发放贷款;发放担保品不足的贷款;对品质有问题的借款人发放贷款。还有的银行过分重视利润和增长,出现超贷现象,即发放超过借款人偿还能力的贷款,同时向边际借款人增加贷款,即贷款用于贷款人员不太了解的领域。(2)从贷后环节来看,对借款人的监督不力、风险缓释不力是主要的风险点。很多银行在贷款形成后,都是被动地等待借款人的还本付息,这实质上是在累积风险。

3. 借款人方面的原因

从借款人来看,问题贷款有其主观原因,也有其客观原因。

(1)主观原因

借款人不愿偿还贷款。

(2)客观原因

由于管理上的缺陷、创业资本不足、财务杠杆率过高、竞争激烈、失业等原因,借款人没有能力偿还贷款,这是导致我国银行增量不良贷款的主要原因。

(二)不良贷款分析报告

当出现不良贷款后,银行各级信贷部门应会同业务经办部门分析不良贷款成因,并对项目调查、审查审批、业务操作和事后检查等各环节岗位责任的履职情况,按相关规定进行初步认定责任,撰写并上报不良贷款成因报告。稽核部在收到不良贷款分析报告后进行独立的调查和分析,并出具独立的"不良贷款分析报告",上报风险管理委员会作最终审定,同时将成因分析报告提交合规部门备案。报告的内容应包括造成不良贷款的原因、相应的经验教训,以及对改进银行信贷政策、信贷制度、业务流程、信用审查方法和其他有效控制与管理风险的措施的建议。银行风险管理委员会对稽核部提交的"不良贷款分析报告"进行审查,并形成有关会议决议。稽核部负责落实会议决议有关要求,督察风险管理各有关部门调整银行信贷政策,改进信贷制度、业务流程、信用审查方法以及实施其他有效控制和管理风险的措施。

三、不良贷款处置制度

(一) 不良贷款的认定[①]

根据央行 2001 年《贷款风险分类指导原则》、银监会 2007 年《贷款风险分类指引》的规定,贷款质量划分为正常、关注、次级、可疑和损失五个不同档次。其中后三类为不良贷款。商业银行对贷款进行分类,应主要考虑以下因素:借款人的还款能力;借款人的还款记录;借款人的还款意愿;贷款项目的盈利能力;贷款的担保;贷款偿还的法律责任;银行的信贷管理状况。对贷款进行分类时,要以评估借款人的还款能力为核心,把借款人的正常营业收入作为贷款的主要还款来源,贷款的担保作为次要还款来源。

借款人的还款能力包括借款人现金流量、财务状况、影响还款能力的非财务因素等。不能用客户的信用评级代替对贷款的分类,信用评级只能作为贷款分类的参考因素。

认定不良贷款的关键是抓住每个类别的核心定义,从核心定义看,各类别贷款风险的程度和损失的程度呈现出逐步递增或恶化的趋势。

(1) 正常类贷款的偿还有充分把握,不会有损失。

①借款人有能力履行承诺,还款意愿良好,经营、财务等各方面状况正常,能正常还本付息,银行对借款人最终偿还贷款有充分把握。

②借款人可能存在某些消极因素,但现金流量充足,不会对贷款本息按约足额偿还产生实质性影响。

(2) 关注类贷款的偿还目前没有问题,但是存在潜在的缺陷,继续存在下去将会影响贷款的偿还,应引起注意。贷款损失的概率不会超过 5%,有下列情况之一的应划入关注类:

①借款人的销售收入、经营利润下降或出现流动性不足的征兆,一些关键财务指标出现异常性的不利变化或低于同行业平均水平;

②借款人或有负债(如对外担保、签发商业汇票等)过大或与上期相比有较大幅度上升;

③借款人的固定资产贷款项目出现重大的不利于贷款偿还的因素(如基建项目工期延长、预算调增过大);

④借款人经营管理存在重大问题或未按约定用途使用贷款;

⑤借款人或担保人改制(如分立、兼并、租赁、承包、合资、股份制改造等)对贷款可能产生不利影响;

⑥借款人的主要股东、关联企业或母子公司等发生了重大的不利于贷款偿还

[①] 此部分内容参考中国人民银行《贷款风险分类指导原则》。

的变化；

⑦借款人的管理层出现重大意见分歧或者法定代表人和主要经营者的品行出现了不利于贷款偿还的变化；

⑧违反行业信贷管理规定或监管部门监管规章发放的贷款；

⑨借款人在其他金融机构贷款被划为次级类；

⑩宏观经济、市场、行业、管理政策等外部因素的变化对借款人的经营产生不利影响，并可能影响借款人的偿债能力；

⑪借款人处于停产或半停产状态，但抵（质）押率充足，抵（质）押物远远大于实现贷款本息的价值和实现债权的费用，对最终收回贷款有充足的把握；

⑫借新还旧贷款，企业运转正常且能按约还本付息的；

⑬借款人偿还贷款能力较差，但担保人偿还能力较强；

⑭贷款的抵押物、质押物价值下降，或银行对抵（质）押物失去控制，保证的有效性出现问题，可能影响贷款归还；

⑮本金或利息逾期（含展期，下同）90天（含）以内的贷款或表外业务垫款30天（含）以内。

（3）次级类贷款的划分，要抓住"明显缺陷"这一内在特征，正常经营收入不足以保证还款，需要使用抵押担保，贷款损失的概率在20%~40%：

①借款人经营亏损，支付困难并且难以获得补充资金来源，经营活动的现金流量为负数；

②借款人不能偿还其他债权人债务；

③借款人已不得不通过出售、变卖主要的生产、经营性固定资产来维持生产经营，或者通过拍卖抵押品、履行保证责任等途径筹集还款资金；

④借款人采用隐瞒事实等不正当手段取得贷款的；

⑤借款人内部管理出现问题，对正常经营构成实质损害，妨碍债务的及时足额清偿；

⑥借款人处于半停产状态且担保为一般或者较差的；

⑦为清收贷款本息、保全资产等目的发放的"借新还旧"贷款；

⑧可还本付息的重组贷款；

⑨信贷档案不齐全，重要法律性文件遗失，并且对还款构成实质性影响；

⑩借款人在其他金融机构贷款被划为可疑类；

⑪违反国家法律、行政法规发放的贷款；

⑫本金或利息逾期90天以上至180天（含）的贷款或表外业务垫款30天以上至90天（含）。

（4）可疑类贷款即使执行抵押担保也肯定要发生一定的损失，只是因为存在借款人重组、兼并、合并等待定因素，损失金额还不能确定。损失类贷款损失的概率在 40% 以上，有下列情况之一的一般划入可疑类：

①借款人处于停产、半停产状态，固定资产贷款项目处于停、缓建状态；

②借款人实际已资不抵债；

③借款人进入清算程序；

④借款人或其法定代表人涉及重大案件，对借款人的正常经营活动造成重大影响；

⑤借款人改制后，难以落实银行债务或虽落实债务，但不能正常还本付息；

⑥经过多次谈判借款人明显没有还款意愿；

⑦已诉诸法律追收贷款；

⑧贷款重组后仍然不能正常归还本息；

⑨借款人在其他金融机构贷款被划为损失类；

⑩本金或利息逾期 180 天以上的贷款或表外业务垫款 90 天以上。

(5) 损失类贷款在采取所有可能的措施或一切必要的法律程序之后，本息仍然无法收回，或只能收回极少部分。对于这类贷款在履行了必要的法律程序之后应立即予以注销，其贷款损失的概率在 95%～100%。有下列情况之一的一般划入损失类：

①借款人被依法撤销、关闭、解散，并终止法人资格，即使执行担保，经确认仍然无法还清的贷款；

②借款人虽未依法终止法人资格，但生产经营活动已经停止，且借款人已名存实亡，复工无望，即使执行担保，经确认仍然无法还清的贷款；

③借款人的生产经营活动虽未停止，但产品无市场，企业资不抵债，亏损严重并濒临倒闭，且政府不予救助，即使执行担保，经确认仍然无法还清的贷款；

④借款人依法宣告破产，对其资产进行清偿，并对担保人进行追偿后未能收回的贷款；

⑤借款人死亡，或者依据《中华人民共和国民法通则》的规定宣告失踪或死亡，依法对其财产或者遗产进行清偿，并对担保人进行追偿后未能收回的贷款；

⑥借款人遭受重大自然灾害或意外事故，损失巨大且不能获得保险补偿，或者以保险清偿后，确实无力偿还部分或全部债务，对其财产进行清偿或担保人进行追偿后，未能收回的贷款；

⑦借款人触犯刑律，依法判处有期徒刑、无期徒刑或者死刑，其财产不足归还所借债务，又无其他债务承担者，经确认无法收回的贷款；

⑧借款人和担保人不能偿还到期债务，银行诉诸法律，经法院对借款人和担保人强制执行，借款人和担保人均无财产可执行，法院裁定终结后，仍无法收回的贷款；

⑨经国务院专案批准核销的贷款；

⑩预计贷款损失率在 90% 以上;
⑪本金或利息逾期 360 天以上的贷款或表外业务垫款 180 天以上。

上述基本分类标准是依据各类贷款的风险表现特征列举而来,因为贷款人生产经营情况复杂多样,编者不可能穷尽所有损失特征,它们只是贷款分类的重要参考因素。对贷款分类的实践中,关键要把握借款人的还款能力和贷款的损失程度,并结合担保分析后进行初分结果调整,依据核心定义,确定分类结果。

当企业授信发生五级分类认定级次下调为次级(含)以下,或企业发生重大预警信号,风险管理部门可将其认定为风险贷款。客户在银行多笔授信,其中一笔发生不良,其余未到期的所有授信业务均应纳入风险贷款范围。关联授信客户有一家企业发生不良,其余关联企业未到期的所有授信业务均应纳入风险贷款管理范围。

(二)清收责任

对于新发生的风险贷款,经办机构必须承担起主要的清收责任,不能因为经办人更换,或已移交法律保全部而不积极清收。作为化解风险的措施,银行可要求有关人员离岗清收,对于要求进行离岗清收的,停止其授信业务资格,不得再从事授信业务操作,原有的授信业务全部移交给其他人员管理,直至收回贷款为止。对于工作中已尽职,由于不可抗力等因素形成不良贷款的,可以集中精力在岗清收。

(三)不良贷款决策和管理部门[①]

为规范银行不良资产的处置、提高处置效率、防范处置风险,银监会《不良金融资产处置尽职指引》[②]要求银行需要设立不良资产处置委员会,由处置委员会审议决定不良资产的清收、重组、以资抵债、资产变现、损失核销、贷款出售、贷款证券化等处置方案。总行不良资产处置委员会负责全行不良资产处置方案的审查、审批,并授权分行处置本行不良资产。处置委员会对不良资产处置方案的审议实行"专业审查、集体审批和独立表决"的审议决策方式。总行每年对分行不良资产管理情况、年度清收计划完成情况等进行考核。

分行应设立专门的不良资产管理部门或岗位,专门负责不良资产管理工作,并根据不良资产的不同性质,按债权类不良资产、抵债类资产、已核销类资产,以及其他类不良资产等进行分类管理。

(四)不良资产项目移交和台账管理

对于新增不良贷款项目,风险管理部门应当在贷款认定为不良后,及时将认定结果通知业务部门和不良资产管理部门,并主动组织项目移交工作。业务管理部

---

① 此部分内容参考:孙建林. 授信风险管理实务[M]. 北京:中国金融出版社,2014.
② 不良资产管理监管法规包括《商业银行贷款损失准备管理办法》、《金融企业准备金计提管理办法》、《金融企业呆账核销管理办法》、《不良金融资产处置尽职指引》、《金融企业不良资产批量转让管理办法》、《银行抵债资产管理办法》、《商业银行不良资产监测和考核暂行办法》等。

门在移交前,应分析不良资产形成的内、外部原因,初步落实责任。将不良资产成因分析报告与不良资产项目有关的全部债权凭证和相关材料,一并移交不良资产管理部门。不良资产管理部门应及时建立相应的管理台账,将项目纳入"不良资产信息管理系统"统一管理。原则上应在分类结果认定后的 10 个工作日内完成项目移交和清收管理台账的建立。对于已移交的不良资产项目,业务部门仍应当协助、配合不良资产管理部门进行管理和处置。

(五)不良资产清收工作

不良资产管理部门应当根据不良资产存量和项目情况,确定清收小组的数量和人员,并将所有不良资产项目合理分配到各清收小组具体负责清收。清收工作一般有"定项目、定人员、定计划、定进度、定奖励"的"五定"原则。不良资产项目进行定期检查和催收,以确保诉讼时效、保证期间、执行时限等相关法律权利的有效性。原则上,债权类项目应至少每月进行一次检查和催收;如涉及金额超过 5 000 万元以上的,应至少每旬一次;如遇特殊情况,应随时进行;抵债资产项目检查频率和要求按照《银行抵债资产管理办法》有关规定执行;其他非信贷类项目的检查和催收根据实际需要定期进行。对于已结清不良资产项目,清收小组应及时完成后评价报告。认真填写信息收集记录,并及时更新"不良资产信息管理系统"的相关内容。对不良资产项目进行现场检查和催收时,清收小组应认真填写走访记录,详细记录走访参与人员、债务人及担保人接待人员、走访时间、内容及结果等情况。

四、不良贷款的处置方法

(一)现金清收[①]

对于借款人尚存在一定的偿还能力,或是银行掌握部分第二还款来源时,银行可尝试通过催收、依法诉讼等手段进行现金清收。

1. 现金清收准备:债权维护及财产清查

(1)债权维护

资产保全人员至少要从以下三个方面认真维护债权:第一,妥善保管能够证明主债权和担保债权客观存在的档案材料,例如借款合同、借据、担保合同、抵(质)押登记证明等;第二,确保主债权和担保权利具有强制执行效力,主要是确保不超过诉讼时效、保证责任期间,确保不超过生效判决的申请执行期限[②](保护债权的诉讼时效一般为 2 年,保证责任期限为约定或是贷款期满之后的 6 个月内);第三,防止债务人逃废债务。

---

① 中国银行业从业人员资格认证办公室.中国银行业从业人员资格认证考试教材·公司信贷[M].北京:中国金融出版社,2014.

② 向人民法院申请保护债权的诉讼时效期间通常为 2 年。诉讼时效一旦届满,人民法院不会强制债务人履行债务,但债务人自愿履行债务的,不受诉讼时效的限制。

(2)财产清查

及时清查债务人可供偿还债务的财产对清收非常重要。如果能取得债务人经过审计的财务报表,那么财产清查相对容易。但债务人若采取各种手段隐匿和转移资产,则需要查找债务人的工商登记和纳税记录来寻找财产线索。有些债务人还没有完全停止经营活动,往往会采取各种手段向客户正面宣传,例如营业收入和资产实力等,从债务人对自己的正面宣传中能够发现一些有价值的财产线索。

2. 清收方法

根据是否诉诸法律,可以将清收划分为常规清收和依法清收两种。

(1)常规清收

常规清收包括直接追偿、协商处置抵质押物、委托第三方清收等方式。常规清收需要注意以下几点:其一,要分析债务人拖欠贷款的真正原因,判断债务人短期和中长期的清偿能力;其二,利用政府和主管机关向债务人施加压力;其三,要从债务人今后发展需要银行支持的角度,引导债务人自愿还款;其四,要将依法收贷作为常规清收的后盾。

(2)依法清收

采取常规清收的手段无效以后,要采取依法收贷的措施。依法收贷的步骤是:向人民法院提起诉讼(或者向仲裁机关申请仲裁),胜诉后向人民法院申请强制执行。在起诉前或者起诉后,为了防止债务人转移、隐匿财产,债权银行可以向人民法院申请财产保全。对于借贷关系清楚的案件,债权银行也可以不经起诉而直接向人民法院申请支付令。对于扭亏无望、无法清偿到期债务的企业,可考虑申请其破产。

(二)资产重组

1. 资产重组定义

资产重组又称债务重组。对于借款人经营、管理或是财务状况等方面存在问题而形成的不良贷款,银行和借款人之间经过协商,在对借款人、担保条件、还款期限、借款品种、借款利率等进行恰当的修改或重新制定贷款偿还方案。这里,银行并不要求借款人立即归还贷款,而是寄希望于通过重组稳定或提高债务人的清偿能力后,再要求履行债务。在很多时候,重组能比清收更好地化解风险,不失为一个优先的选择。

根据债权银行在重组中的地位和作用,可以将债务重组划分为:自主型、行政型和司法型债务重组。自主型重组完全由借款企业和债权银行协商决定。行政型贷款重组是政府部门参与协调债务,像20世纪90年代四大国有商业银行以及四大国有资产管理公司,为了配合政府的经济结构调整对部分国有企业进行了变更债务人、豁免利息、延长还款期限以及实施债转股等债务调整。司法型债务重组,主要指在我国《企业破产法》规定的和解与整顿程序中,以及国外的破产重整程序中,在法院主导下债权人对债务进行适当的调整。

2. 实施条件

适合实施债务重组必须满足一个条件:通过重组至少能够部分改善经营状况,提高清偿能力。适合采取资产重组的几种情况如下:

(1)企业出现突然性的财务损失,但损失并不是由正常经营关系引起的。正常生产经营虽然受此影响周转困难,但是产品销售正常,借款人目前资产能覆盖负债。

(2)借款人经营出现严重问题,已经不可能凭自身能力依约归还借款,但是担保人或其他有力人士愿意利用其原有资产继续经营或改营的,或母公司参与重组的。

(3)政府因素。主要系国有或国有控股企业,在企业出现经营困难时,为优化资产结构、盘活存量资产,对企业进行合并、重组,随之银行的贷款也发生重新组合。

(4)债转股。债转股是比较深度的重组形式。它是债权人为了实行债权清偿率的最大化,而将原有债权转变为股权,以便最大限度介入和控制债务人的活动,通过各种有效手段使债务人恢复生机,具备足够的清偿能力。

3. 重组方式

资产重组的方式主要有四种:

(1)以低于债务账面价值的现金清偿债务。

(2)以资抵债,即以非现金资产清偿债务。债务人所有或债务人依法享有处分权,并且具有较强变现能力的财产:如动产、不动产、无形资产、有价证券、其他有效资产。抵债资产管理应遵循严格控制、合理定价、妥善保管、及时处置的原则。

(3)债务转为资本,即债务转为资本是指债务人将债务转为资本,同时债权人将债权转为股权的债务重组方式。

(4)修改其他债务条件。比如将抵押或质押转换为保证;将保证转换为抵押或质押,或变更保证人;直接减轻或免除保证人的责任;根据企业偿债能力制定合理的还款期限。

其中前三种属于即期清偿债务,后一种属于延期清偿债务。

(三)核销[①]

对通过各种方式均无法实现回收价值的不良贷款,银行应该在完善相关手续的前提下予以核销,同时应做好相应账务管理及后续追索工作。商业银行核销呆账应遵循的原则是:"严格认定条件,提供确凿证据,严肃追究责任,分项逐级申报,

---

[①] 资料参考:中国银行业从业人员资格认证办公室. 中国银行业从业人员资格认证考试教材·公司信贷[M]. 北京:中国金融出版社,2014;《金融企业呆账核销管理办法》。

总行审核批准,对外严格保密,账销案存管理,加强后续清收。"

1. 呆账的认定

认定为呆账的资产可以分成两类:一是按照五级分类认定为损失类的信贷资产。包括各类贷款、银行卡透支、贴现、银行承兑汇票垫款、信用证垫款、担保垫款、进出口押汇、拆出资金等;二是按照五级分类认定为损失类的非信贷其他融资性资产,包括金融租赁、同业拆放和投资债权或股权等。符合下列条件之一的债权或者股权可认定为呆账。

(1)借款人和担保人依法宣告破产、关闭、解散或撤销,并终止法人资格,银行对借款人和担保人进行追偿后未能收回的债权。

(2)借款人遭受重大自然灾害或者意外事故,损失巨大且不能获得保险补偿,或者以保险赔偿后确实无力偿还部分或者全部债务,银行对其财产进行清偿和对担保人进行追偿后未能收回的债权。

(3)借款人和担保人虽未依法宣告破产、关闭、解散、撤销,但已完全停止经营活动并被县级及县级以上工商行政管理部门依法注销、吊销营业执照,银行对借款人和担保人进行追偿后未能收回的债权。

(4)借款人和担保人虽未依法宣告破产、关闭、解散、撤销,但已完全停止经营活动或下落不明,未进行工商登记或连续2年以上未参加工商年检,银行对借款人和担保人进行追偿后未能收回的债权。

(5)借款人触犯刑律,依法受到制裁,其财产不足归还所借债务,又无其他债务承担者,银行经追偿后确实无法收回的债权。

(6)由于借款人和担保人不能偿还到期债务,银行诉诸法律,借款和担保人虽有财产,经法院对借款人和担保人强制执行超过2年以上仍未收回的债权;或借款人和担保人无财产可执行,法院裁定执行程序终结或终止(中止)的债权。

(7)银行对债务作诉诸法律后,经法院调解或经债权人会议通过,并与债务人达成和解协议或重整协议,在债务人履行完还款义务后,银行无法追偿的剩余债权。

(8)对借款人和担保人诉诸法律后,因借款人与担保人主体资格不符或消亡等原因,被法院驳回起诉或裁定免除(或部分免除)债务人责任;或因借款合同、担保合同等权利凭证遗失或丧失诉讼时效,法院不予受理或不予支持,银行经追偿后仍无法收回的债权。

(9)由于上述原因借款人不能偿还到期债务,银行依法取得抵债资产,抵债金额小于贷款本息的差额,经追偿后仍无法收回的债权。

(10)开立信用证、办理承兑汇票、开具保函等发生垫款时,凡开证申请人和保证人由于上述原因无法偿还垫款,银行经追偿后仍无法收回的垫款。

(11)按照国家法律、法规规定具有投资权的银行的对外投资,由于被投资企业依法宣告破产、关闭、解散或撤销,并终止法人资格的,银行经清算和追偿后仍无法收回的股权;被投资企业虽未依法宣告破产、关闭、解散或撤销,但已完全停止经营活动,被县级及县级以上工商行政管理部门依法注销、吊销营业执照,银行经清算和追偿后仍无法收回的股权;被投资企业虽未依法宣告破产、关闭、解散或撤销,但财务状况严重恶化,累计发生巨额亏损,已连续停止经营3年以上,且无重新恢复经营改组计划的,或被投资企业财务状况严重恶化,累计发生巨额亏损,已完成破产清算或清算期超过3年以上的;被投资企业虽未依法宣告破产、关闭、解散或撤销,但银行对被投资企业不具有控制权,投资期限届满或者投资期限超过10年,且被投资企业因连续3年以上经营亏损导致资不抵债的。

(12)银行经批准采取打包出售、公开拍卖、转让等市场手段处置债券或股权后,其出售转让的价格与账面价值的差额。

(13)对于余额在50万元(含50万元)以下[农村信用社、村镇银行为5万元(含5万元)以下]的公司类贷款,经追索2年以上仍无法收回的债权。

(14)因借款人、担保人或法定代表人(主要负债人)涉嫌违法犯罪,或因银行内部案件,经公安机关立案2年以上仍无法收回的债券。

(15)银行对单笔贷款额在500万元及以下的,经追索1年以上确实无法收回的中小企业和涉农不良贷款,可按照账销案存的原则自主核销;其中,中小企业标准为年销售额和资产总额均不超过2亿元的企业,涉农贷款是按《中国人民银行中国银行业监督管理委员会关于建立(涉农贷款专项统计制度)的通知》规定的农户贷款和农村企业及各类组织贷款。

(16)经国务院专案批准核销的债券。

2. 呆账核销的申报与审批

(1)核销的原则

损失核销是一项长期性的日常工作,凡能够提供确凿证据、经审查符合条件的不良贷款,可按随时上报、随时审核审批、及时转账的原则处理,不得隐瞒不报、长期挂账和掩盖不良资产。

(2)核销的依据

可供认定为损失的合法证据,是指具有法律效力的外部证据(如司法、公安、行政机关和专业技术鉴定部门依法出具的书面文件)、具有法定资质的中介机构出具的经济鉴证证明(如专项经济鉴定证明和鉴定意见书)、特定事项的银行内部证据(银行内部原始凭证以及法律意见书、对特定事项的情况说明等)。各行在申报资产损失核销时,须提交足以证明资产损失确属实际发生的合法证据。

(3)核销的审批

银行核销呆账,必须严格履行审核、审批手续,核销的工作实行"损失申报、集体审议、总行审批、分行实施"。呆账核销审查要点主要包括呆账核销理由是否合规;银行债权是否充分受偿;呆账数额是否准确;贷款责任人是否已经认定、追究。除法律、法规和《呆账核销管理办法》的规定外,其他任何机构和个人包括债务人不得干预、参与银行呆账核销运作。

(4)呆账核销后的管理

呆账核销后进行的检查,应将重点放在检查呆账申请材料是否真实上。一旦发现弄虚作假现象,应立即采取补救措施,并且对直接责任人和负有领导责任的人进行处理和制裁。触犯法律的,应移交司法机关追究法律责任。

呆账核销是银行内部的账务处理,并不视为银行放弃债权。对于核销呆账后债务人仍然存在的,应注意对呆账核销事实加以保密,一旦发现债务人恢复偿债能力,应积极催收。

此外,银行还可在灵活运用直接催收、诉讼、减免息、以物抵债、呆账核销等传统手段的基础上,尝试探索打包处置、债权转让等市场化、批量化处置渠道。

(四)证券化

资产证券化是一种已经被国际经验证明、可以面向市场持续大规模处置不良资产的技术和手段。商业银行通过有效地实施不良资产证券化,能够将其不良资产以"真实出售"的方式转移到资产负债表外,使其风险加权资产减少,从而在不增加资本的情况下提高资本充足率。

但是资产证券化要求是可预见的、有稳定现金流的基础资产,而不良贷款本身的未来现金流量是不确定的,甚至存在较高的风险,如何标准化计量和组合不良资产是证券化过程的重要难题。2016年,我国重启不良贷款证券化试点,并在证监会大力支持下迅速发展。

表11-6 我国不良贷款证券发行情况

产品名称	监管机构	基础资产类型	发行总金额(亿元)	发行日/设立日	发起机构/原始权益人	发行人/计划管理人
交诚2016-1	银监会	不良资产重组	15.8	2016/11/15	交通银行	交银信托
和萃2016-3	银监会	不良资产重组	6.43	2016/9/28	招商银行	华润信托
建鑫2016-2	银监会	不良资产重组	15.6	2016/9/27	建设银行	建信信托
工元2016-1	银监会	不良资产重组	10.77	2016/9/27	工商银行	外贸信托
建鑫2016-1	银监会	不良资产重组	7.02	2016/9/23	建设银行	建信信托
农盈2016-1	银监会	不良资产重组	30.64	2016/8/3	农业银行	中信信托
和萃2016-2	银监会	不良资产重组	4.7	2016/6/29	招商银行	华润信托
和萃2016-1	银监会	不良资产重组	2.33	2016/5/31	招商银行	华润信托
中誉2016-1	银监会	不良资产重组	3.01	2016/5/27	中国银行	兴业信托
信元2008-1	银监会	不良资产重组	48	2008/12/30	信达资管	中诚信托

续表

产品名称	监管机构	基础资产类型	发行总金额（亿元）	发行日/设立日	发起机构/原始权益人	发行人/计划管理人
东元2006—1	银监会	不良资产重组	10.5	2006/12/21	东方资管	中诚信托
信元2006—1	银监会	不良资产重组	48	2006/12/20	信达资管	中诚信托

（五）金融企业不良资产批量转让管理

金融企业还可以将不良资产打包批量转让给资产管理公司，批量转让是指金融企业对一定规模的不良资产进行组包，定向转让给资产管理公司的行为。这种方式具有规模效应，使不良资产的平均处置成本得以降低。

在我国，资产管理公司是指具有健全公司治理、内部管理控制机制，并有5年以上不良资产管理和处置经验，公司注册资本金100亿元（含）以上，取得银监会核发的金融许可证的公司，以及各省、自治区、直辖市人民政府依法设立或授权的资产管理或经营公司。

金融企业应在每批次不良资产转让工作结束后（即金融企业向受让资产管理公司完成档案移交）30个工作日内，向同级财政部门和银监会或属地银监局报告转让方案及处置结果，其中中央管理的金融企业报告财政部和银监会，地方管理的金融企业报告同级财政部门和属地银监局。同一报价日发生的批量转让行为作为一个批次。

金融企业应于每年2月20日前向同级财政部门和银监会或属地银监局报送上年度批量转让不良资产情况报告。省级财政部门和银监局于每年3月30日前分别将辖区内金融企业上年度批量转让不良资产汇总情况报财政部和银监会。

上市金融企业应严格遵守证券交易所有关信息披露的规定，及时充分披露。

本章小结

对银行来说，贷款风险是客观存在的，如果风险能被人们认识、识别并把握其存在和发生的规律，并且运用技术手段对风险的形成和发展进行预测监控、定量和定性的分析，就能在一定程度和范围内控制风险的产生并降低、分散与转嫁可能发生的损失。

贷款风险主要包括信用风险、市场风险、操作风险和其他风险。贷款风险管理是银行全面风险管理的一部分，它也是全员、全程、全面的风险管理过程，主要包括风险监测和识别、风险预警和报告、风险评估和计量、风险控制和处置几个步骤。商业银行常用的贷款风险控制方法包括规避、分散、转移、对冲和补偿。对提取贷款损失准备金也是降低风险的方法之一，它是建立在对贷款质量分析和贷款风险五级分类基础之上的。

贷款操作风险是指由于内部程序、人员、系统的不完善或失误及外部事件造成贷款损失的风险。贷款操作风险具有独特性、内生和外生性、人为性、复杂性等特点,较难通过对冲和分散方法降低损失。商业银行通常借助自我评估法和因果分析模型,对所有业务岗位和流程中的操作风险进行全面识别,并据此建立操作风险成因和损失事件之间的关系。控制操作风险的措施主要包括加强相应内部控制措施、制订业务连续方案、保险等。

不良贷款是指借款人未能或者有迹象表明不能按照原来约定的贷款协议及时偿还银行的贷款本息的贷款。只要从事贷款业务,都会产生不良贷款。银行须建立不良贷款管理的常规机制,不良贷款认定、报告、责任、处置方面采取积极措施处理不良贷款。

复习思考题

1. 商业银行贷款业务主要面临哪些风险?
2. 访问一家商业银行的网站,从其最新的年报中查看其贷款风险管理的体系。
3. 如何对贷款风险进行监控和识别?
4. 如何评价贷款的风险程度?
5. 贷款五级分类的目的和依据是什么?从第2题中你所选商业银行年报中查看该银行五级分类及贷款担保准备金提取的情况及其变化。
6. 贷款风险管理的方法和策略有哪些?
7. 我国商业银行不良贷款产生的原因有哪些?如何处置不良贷款?
8. 案例分析:

内部流程因素引发的操作风险

某公司在商业银行贷款2 400万元,其中1 200万元以该公司所有的100亩土地作抵押,另外1 200万元由于欠缺手续,尚未来得及办理他项权证。该贷款发放不久后,该公司法人代表出车祸死亡,经营活动停止。该笔贷款中的1 200万元贷款因无抵押物而处于高风险状态。本案例是应对内部流程执行不严造成的操作风险。该商业银行如果未在授信管理规定中明确"先落实抵押手续、后放款"的规定,则属于该商业银行流程缺失、设计不完善;如果有明确规定,但没有被严格执行,或者对客户通融办理授信提款,在贷后管理中未及时完成有关手续,则属于执行无效。

问题:

(1)银行操作风险的来源有哪些?
(2)操作风险有哪些特点?
(3)如何防范操作风险?

参考文献

1. 车德宇. 商业银行操作风险管理理论与实务[M]. 北京:中国经济出版社,2008.
2. 陈铨亚,潘志刚. 商业银行授信管理教程[M]. 杭州:浙江大学出版社,2012.
3. 孙建林. 授信风险管理实务[M]. 北京:中国金融出版社,2014.
4. 刘忠燕. 商业银行经营管理学(第2版)[M]. 北京:中国金融出版社,2014.
5. 陈建华. 银行信贷实务[M]. 上海:上海大学出版社,2014.
6. 《中国金融安全报告》联合课题组. 中国金融安全报告2015[M]. 上海:上海财经大学出版社,2014.
7. 顾晓安. 问题贷款识别与防范(第2版)[M]. 上海:立信会计出版社,2012.
8. 中国银行业从业人员资格认证办公室. 中国银行业从业人员资格认证考试教材·风险管理[M]. 北京:中国金融出版社,2015.
9. 中国银行业从业人员资格认证办公室. 中国银行业从业人员资格认证考试教材·公司信贷[M]. 北京:中国金融出版社,2015.
10. 殷孟波. 金融业全面开放下的商业银行信贷行为研究[M]. 成都:西南财经大学出版社,2012.
11. 蔡鸣龙. 商业银行信贷管理[M]. 厦门:厦门大学出版社,2014.
12. 何铁林. 商业银行业务经营与管理[M]. 北京:中国金融出版社,2013.
13. 何自云. 商业银行管理[M]. 北京:北京大学出版社,2014.
14. 辛建. 银行风险防范案例[M]. 北京:中国经济出版社,2013.
15. 贾芳琳. 商业银行信贷实务(第2版)[M]. 北京:中国财政经济出版社,2014.
16. 刘淑莲,任翠玉. 高级财务管理[M]. 大连:东北财经大学出版社,2014.